U0625877

The New Criticism
in the Perspective
of Chinese Poetics

中国诗学视域下的

新批评

成盈秋 著

世界图书出版公司
北京·广州·上海·西安

图书在版编目（CIP）数据

中国诗学视域下的新批评 / 成盈秋著 . —北京：世界图书出版有限公司北京分公司，2023.1
ISBN 978-7-5192-9879-1

Ⅰ . ①中… Ⅱ . ①成… Ⅲ . ①诗学—研究—中国 Ⅳ . ① I207.2

中国版本图书馆 CIP 数据核字（2022）第 159851 号

书　　名	中国诗学视域下的新批评
	ZHONGGUO SHIXUE SHIYU XIA DE XINPIPING
著　　者	成盈秋
责任编辑	赵　茜
封扉设计	崔欣晔
出版发行	世界图书出版有限公司北京分公司
地　　址	北京市东城区朝内大街 137 号
邮　　编	100010
电　　话	010-64038355（发行）　 64033507（总编室）
网　　址	http://www.wpcbj.com.cn
邮　　箱	wpcbjst@vip.163.com
销　　售	新华书店
印　　刷	北京建宏印刷有限公司
开　　本	720mm×960mm　 1/16
印　　张	22.5
字　　数	343 千字
版　　次	2023 年 1 月第 1 版
印　　次	2023 年 1 月第 1 次印刷
国际书号	ISBN 978-7-5192-9879-1
定　　价	76.00 元

致　谢

　　谨在此向我的博士生导师耿幼壮老师，以及热心关怀我的杨慧林老师致以衷心的敬意与感谢！在本书的研究选题及写作的过程中，两位老师给予了悉心的指导。他们开阔的视野、丰富的学识和严谨的治学态度，使我受益匪浅。

　　黄克剑老师、王燕老师、邓宝剑老师在我的治学道路上给予的关怀和帮助，将永远激励着我。

　　孔令燕老师对本书的出版给予了热情的支持；本书责任编辑赵茜女士付出了辛勤的劳动，在此致以诚挚的感谢！

目　录

引言

「新批评」诗学在中国

一、新批评诗学在中国的传播及与中国传统诗学的比较

在西方流派纷呈的文学理论中，"新批评"学派与中国的关系相当密切。"新批评"的文学理论诞生之初，就迅即传到了中国，引起一些学者的高度重视。迄今为止，就其受到中国学界的广泛关注和热烈讨论而言，主要有两个时期。第一个时期是二十世纪三四十年代，重点在于引以为中国文学和中国文论的借鉴。这个时期又可以分为两个阶段：三十年代主要是借鉴"新批评"以充实中国传统文论，四十年代主要是借鉴"新批评"以实现中国的"新诗现代化"。第二个时期是二十世纪八九十年代至今，重点在于用以同中国传统诗学相比较。

新批评文学理论在中国的传播，首先应归功于英国文论家瑞恰慈[①]（Ivor Armstrong Richards）。瑞恰慈是新批评文学理论的开拓者。1927年，他在婚后的蜜月旅行中来到中国，参观了清华大学，这给他留下了美好的印象。1929年，他受清华大学邀请来校任教，讲授"文学批评"等课程。1930年，他阐释自己的文学理论名著《意义的意义》的论文《〈意义的意义〉的意义》在《清华学报》发表。于是，一股"瑞恰慈热"以清华大学为中心迅速兴起。瑞恰慈的《科学与诗》一书被译成中文出版，而且几乎同时出了两个译本：一本是伊人译，由华严书局出版；一本是曹葆华译，由商务印书馆出版。清华大学外文系主任叶公超还为曹译本写了《序》。著名学者朱自清、吴世昌、周煦良、钱锺书等，都相继发表了有关的评论

[①] Ivor Armstrong Richards旧译为"艾·阿·瑞恰慈"或"I. A. 瑞恰慈"，今多译为"I. A. 理查兹"，本书依据具体谈论或引用的著作或译本使用其中某种译名，不做统一，并将所有不同的译名列于附录三《新批评重要人物名字英汉对译表》备查。其他新批评代表人物名字的中文译名同样依此处理。

文章。一时间，报刊杂志也纷纷刊载有关的译介与评述。在这股热潮中，新批评诗歌理论的另一位开拓者T. S. 艾略特（Thomas Stearns Eliot）也多被谈及。到三十年代后期，瑞恰慈的学生威廉·燕卜荪（William Empson）也来华到燕京大学与西南联合大学任教，进一步推动了新批评文学理论在中国的传播。

一种思想理论也像一粒种子，它的异地传播在很大程度上要取决于当地的土壤和气候。瑞恰慈的思想理论之所以会受到当时中国学界的热情欢迎，是同"五四"新文化运动所掀起的变革图新思潮分不开的。那时，瑞恰慈与另一位同时被邀请的美国芝加哥大学教授莱特（Quineey Wright）在国立清华大学的开学典礼上发表了演讲。学生们这样评论道：他们的讲演"对于西洋文化，有所发挥"，"意谓西洋文化系动的文化，自希腊至今，无时无地不动，不断向前进步，方有今日之欧洲文明。今后仍将继续前进，彼甚望此种动的精神，能影响于世界上他种文化，以助其推动前进云"①。实际上，瑞恰慈的《科学与诗》之所以大受重视，诚如徐葆耕所说，是因为"五四"新文化运动倡导"科学"与"民主"，在中国学界历经二十年代的"科学与玄学"大论战之后，"'科学'的意义远远超出了认识和改造物质世界的范畴。科学意味着反传统、反封建、反愚昧，意味着进步、启蒙和革命"②。所以叶公超、朱自清、钱锺书等学者对于瑞恰慈的《科学与诗》的主要兴趣，并不在于借助心理学以建立科学化的诗学，如该书的主旨所述；而在于汲取书中提倡的科学的分析方法，以充实和完善中国传统诗学。

叶公超为曹葆华翻译的《科学与诗》所写的《序》，即明确提出希望曹葆华能继续翻译瑞恰慈的著作，"因为我相信国内现在所缺乏的，不是浪漫主义，不是写实主义，不是象征主义，而是这种分析文学作品的

---

① 徐葆耕编：《瑞恰慈：科学与诗》，北京：清华大学出版社，2002年，第125页。

② 同上，第151页。

理论"①。

朱自清谈到他的《诗多义举例》一文之撰，也说到英国燕卜荪的《多义七式》中的分析法很好，可以适用于中国旧诗，所以选了四首脍炙人口的诗作例子②。在这篇论文中，他还特别谈到"分析"的问题，认为光吟诵是不够的，"人家要问怎么个好法，便非先做分析的工夫不成"③。值得注意的是，朱自清虽然提倡"分析"，却并不迷信"分析"。他在这段话后面紧接着说，汉代毛苌的《诗传》，后来金圣叹的诗论，这两派"似乎都将诗分析得没有了"④。的确，"分析"可能会"将诗分析得没有了"，但"分析的方法"仍然是必要的，而这正是中国传统诗学的弱项。钱锺书有取于瑞恰慈的文学理论的，也主要是"分析"方法。如王先霈主编的《文学批评原理》所说："钱锺书在《谈艺录》、《宋诗选注》等著作中曾自觉不自觉地从事过新批评的实践。""在对李贺、李商隐、陶渊明、辛弃疾等人的诗歌分析中，他对其中的一些字句的推敲、玩味和旁征博引，对于比喻中的两柄和多变的含义的阐释，都可以看到新批评的'细读法'的痕迹。"⑤显然，这些批评实践都是借鉴西方的分析方法来分析中国古代的诗歌作品。

以上是二十世纪三十年代的情况。到了四十年代，随着一批诗人对诗歌现代化的追求，新批评的理论又恰好成了中国新诗现代化的借鉴。

关于"诗歌现代化"的历史，我们可以从中国文学现代化的开端——"五四"新文化运动开始。新文化运动初期，诗歌的创作方法主要是胡适的"写实主义"。1921年成立的"创造社"，以惠特曼（Walt Whitman）、雪莱（Percy Bysshe Shelley）等浪漫派诗人为榜样，在诗坛上

---

① 徐葆耕编：《瑞恰慈：科学与诗》，北京：清华大学出版社，2002年，第7页。

② 同上，第97页。

③ 同上，第95页。

④ 同上，第95–96页。

⑤ 王先霈主编：《文学批评原理》，武汉：华中师范大学出版社，1999年，第154页。

掀起了一股浪漫主义的雄风。从"创造社"到左翼文学，创作方法由浪漫主义转向现实主义。而与此同时，在二十年代中后期，有李金发、穆木天等人倡导的象征主义；三十年代，又出现了以戴望舒、施蛰存、卞之琳等人为代表的现代印象派，兼取法国象征派和英美现代派的主张。抗日战争爆发时，英雄浪漫主义和写实主义占领诗坛，但现代派并未就此消歇。四十年代初期，在抗战大后方昆明的西南联合大学，由于西方现代批评家燕卜荪、白英（Robert Payne）的任教，也由于那里开放性的学术环境，英美现代派的诗歌得到进一步发展，形成了一个由穆旦、杜运燮、郑敏等人组成的诗人群。稍后，诗人兼诗论家袁可嘉亦加入其中。四十年代后期，这些人以诗会友，在平、津两地的报刊杂志上发表诗作和诗论，形成了一个以艾略特、瑞恰慈等人为旗帜的英美"现代诗"派。从1946年冬至1948年底，袁可嘉以"新诗现代化"为宗旨，发表了二十多篇论文，后结集为《论新诗现代化》一书，是这个英美"现代诗"派的当之无愧的理论代表。①

三十年代中期以后，美国的新批评，即新批评的主体，或称正式的、标准的新批评，已经登上诗坛，出版了兰色姆（John Crowe Ransom）的《新批评》、布鲁克斯（Cleanth Brooks）的《精致的瓮》等重要著作。为了实现"新诗现代化"，袁可嘉所借鉴的新批评的诗论观点，远比上述三十年代诸公丰富而全面。他提出了"新诗现代化"的七项"理论原则"，"绝对"地规定了诗与政治、诗与现实、个人与社会等各方面的根本关系以及诗歌评价的根本标准。诸如："绝对肯定诗与政治的平行密切联系，但绝对否定二者之间有任何从属关系"；"绝对肯定诗应包含，应解释，应反映的人生的现实性，但同样地绝对肯定诗作为艺术时必须被尊重的诗的实质"；"绝对强调人与社会、人与人、个体生命中诸种因子的相对相成，有机综合，但绝对否定上述诸对称模型中任何一种或几种质素

---

① 蓝棣之：《坚持文学的本身价值和独立传统》，见袁可嘉著《论新诗现代化·附录》，北京：生活·读书·新知三联书店，1988年，第235–236页。

的独占独裁"；"诗篇优劣的鉴别纯粹以它所能引致的经验价值的高低、深度、广度而定，而无所求于任何迹近虚构的外加意义"。[①]相对于当时流行的"人民的文学"的口号，袁可嘉竖起了"人的文学"的旗帜。上述诸条大约就是他的"人的文学"的"理论原则"。而这些"理论原则"显然都是新批评的观点。

袁可嘉还特别强调新批评所提倡的诗歌"戏剧化"的主张，提出了"戏剧主义"的口号。其具体"要点"约有：

1.设法使意志与情感都得着戏剧的表现，而闪避说教或感伤的恶劣倾向；

2.尽量避免直截了当的正面陈述，而以相当的外界事物寄托作者的意志与情感；戏剧效果的……第一个大原则即是表现上的客观性与间接性；

3.无论想从哪一个方向使诗戏剧化，以为诗只是激情的流露的迷信必须击破；

4.没有一种理论危害诗比放任感情更为厉害；

5.它的批评的标准是内在的，而不依赖诗篇以外的任何因素；

6.戏剧主义的批评体系十分强调矛盾中的统一，因此也十分重视诗的结构；

7.诗即不同张力得到和谐后所最终呈现的模式；

8.戏剧主义的批评体系是有意识的、自觉的、分析的，它与以印象为主的印象派，以各种教条为权威的教条主义，都是尖锐对立的。它十分重视学力、智力和剥笋式的分析技术。

读过新批评的诗学著作的人，对这些"要点"应该是很熟悉的。就连新批评那些与此相关的"常用的批评术语"，袁可嘉也没有忽略。上面已经出现"张力（tension）"这个术语；此外对"机智（wit）""似是而非，似非而是（paradox）""讽刺感（sense of irony）"等，他都做了简要

---

① 袁可嘉：《论新诗现代化》，北京：生活·读书·新知三联书店，1988年，第4-6页。

的解释。这些概念都是新批评理论最核心的组成部分。

以上这些，就是袁可嘉关于"新诗现代化"的主要观点。后来，有学者评论说，袁可嘉关于"人的文学"的概念乃至他的理论体系，借鉴了现代英诗发展和新批评代表人物瑞恰慈、艾略特等的理论，甚至"几乎没加分析就引为立论的根据"[①]。他自己也说过："在对待西方现代诗派和批评理论上，我处处引述它们的主张来支持自己的论据。"[②]由此可见，关于"新诗现代化"的思考，袁可嘉是站在"新批评"派理论的立场上对四十年代后期的中国诗坛进行观察与分析的，并对中国诗坛乃至文学批评的理论建构、批评实践与诗歌创作产生了一定的影响。

新批评的诗学再度被中国学界谈起，已是二十世纪八九十年代"改革开放"之后的事情了。这次它是乘着"比较文学"的热潮而到来的，所以它的旨趣已经不是"借鉴"而是"比较"了。

当然，要比较，首先还是要了解、要译介。于是有新批评诗学论著的中译本的大量涌现。在新批评诗学的译介方面贡献最大的，当数赵毅衡。他先后编选了两种版本的《"新批评"文集》，一种由中国社会科学出版社1988年出版，一种由天津百花文艺出版社2001年出版。他还撰写了两种评述新批评诗学的专著，即《新批评——一种形式主义文论》和《重访新批评》。四川文艺出版社1989年也出版了一种"新批评"文集，即列入《二十世纪西方文学批评丛书》的《新批评》。此外，新批评一些大部头的诗学专著，也陆续被译为中文出版，如兰色姆的《新批评》、布鲁克斯的《精致的瓮》、韦勒克（René Wellek）与奥斯汀·沃伦（Austin Warren）的《文学理论》等。这一时期，对新批评著作的译介规模远远超过了上个时期。

更大量的论著是进行"新批评"诗学与中国诗学的比较。这类论著，

---

① 蓝棣之：《坚持文学的本身价值和独立传统》，见袁可嘉著《论新诗现代化·附录》，北京：生活·读书·新知三联书店，1988年，第251页。

② 袁可嘉：《论新诗现代化》，北京：生活·读书·新知三联书店，1988年，第2页。

依其比较的内容，可归纳为以下三类：

一是新批评诗学与中国传统诗学的比较。杨晓明的《英美新批评与中国古典诗学》①是一篇综合性的比较文章。文章认为，中国诗学与新批评诗学的相异之处，主要在于"本体选择的歧路异途"。中国诗学的"本体选择"是以"诗言志"为代表的"表现论"和以"兴观群怨"为代表的"实用说"；与这种本体论的选择相适应，形成了"以意逆志"的传记式批评方法和强调"滋味"的印象式批评方法。与此恰相对立，新批评诗学的"本体选择"走向了"客观化"的道路，认为诗歌的本体即作品本身；与这样的本体论相呼应，明确反对"意图谬见"与"感受谬见"。中国诗学与新批评诗学亦有相同之处：首先，新批评的张力论与中国诗歌批评的"内外意"理论相一致；其次，新批评提倡的"反讽论"在中国诗学中也不难发现，如"克制陈述""夸大陈述""正话反说"等都可以在中国诗论中找到相应的言论；再次，新批评的"隐喻"理论强调"远距异质"，中国诗学也有同样的见解，如中国诗学中的"因象悟意说"与艾略特的"客观对应物"，"一言多义说"与燕卜荪的"含混说"之间就具有同一性。而较多的论文是就某个概念或者问题，即"汇通点"进行比较，如李清良的《气势与张力》②、任先大的《兴趣与张力——试比较严羽诗学理论与英美新批评（之四）》③、《严羽"熟参"与英美新批评"细读"比较研究》④、《试比较宋代诗学的"熟读"与英美新批评的"细读"》⑤、

①　杨晓明《英美新批评与中国古典诗学》，《外国文艺研究》1989年第2期，第114–121页。

②　李清良《气势与张力》，《湖南师大社会科学学报》1993年第4期，第71–76页。

③　任先大《兴趣与张力——试比较严羽诗学理论与英美新批评（之四）》，《云梦学刊》2001年第4期，第64–66页。

④　任先大《严羽"熟参"与英美新批评"细读"比较研究》，《湖南科技学院学报》2006年第1期，第49–51页。

⑤　任先大《试比较宋代诗学的"熟读"与英美新批评的"细读"》，《甘肃社会科学》2002年第3期，第87–89页。

徐克瑜的《中国式细读——金圣叹杜诗评点价值和方法的新批评透视》[①]及朱园的《用典：非个人化理论在中国古典诗歌理论中的应用》[②]等。

二是新批评与《文心雕龙》的比较。《文心雕龙》不仅是中国古代最具代表性的文论著作，而且具有高度重视作品的语言形式与写作技法的突出特点，因而与新批评诗学之间具有明显的可比较性，自然也就成了新批评诗学与中国传统诗学比较研究的一个焦点。黄维樑的《中国古典文论新探》第四部分就是《精雕龙与精工瓮——刘勰与新批评家对结构的看法》。书中说刘勰与布鲁克斯都十分重视对作品艺术性的把握，还不约而同地强调"结构的重要，认为好作品必须是个有机体"。汪洪章的《〈文心雕龙〉与二十世纪西方文论》一书，则提出了更多的《文心雕龙》与新批评诗学的相同或相通之处。如谓刘勰《文心雕龙·比兴》篇将"比"理解为明喻与暗喻兼具，而将"兴"理解为暗喻与象征兼具，这就与韦勒克《文学理论》中详尽分析的隐喻与象征理论具有相通之处；新批评的"反讽"理论追求隐、微、曲，就是刘勰所说的"深文隐蔚，余味曲包"；刘勰《知音》篇的"六观"说与新批评的"细读"法有一定的相似之处；艾略特的"客观对应物"论与《文心雕龙·比兴》篇中的"拟容取心"说大体一致；兰色姆的"肌质—结构"说中的"肌质"和"结构"与《文心雕龙·序志》篇"擘肌分理"中的"肌"和"理"基本相当；等等。单篇论文，则有李国辉的《含混与复意：燕卜荪与刘勰意蕴论比较》[③]、张丽青的《〈文心雕龙〉的"新批评"理论性质研究》[④]、冉思玮的《〈文心雕

[①] 徐克瑜《中国式细读——金圣叹杜诗评点价值和方法的新批评透视》，《山西师大学报（社会科学版）》2009年第3期，第48–53页。

[②] 朱园《用典：非个人化理论在中国古典诗歌理论中的应用》，《群文天地》2012年第3期，第61–62页。

[③] 李国辉《含混与复意：燕卜荪与刘勰意蕴论比较》，《求索》2008年第1期，第193–195页。

[④] 张丽青《〈文心雕龙〉的"新批评"理论性质研究》，《集宁师范学院学报》2012年第4期，第99–102页。

龙〉与英美新批评关于文学性的共同"诗心"》①，以及郭勇的《〈文心雕龙〉"比兴"论解析——兼与新批评隐喻观念比较》②等。

三是新批评与明清小说评点的比较。明清小说评点对作品的一些细节和技法特别感兴趣，往往会有精细乃至过分的解读，这不禁会使人想到新批评的以"文本"为中心的"细读"法，因而也成了以新批评与中国古代文学批评相比较的一个焦点。王奎军的《"新批评"与小说评点之可比性研究》③从四个方面论述了二者的相同之处：第一，都是富有创新精神的文论。第二，"都以文本为惟一的批评对象"。第三，都注重"探索作品批评的标准"。第四，都是"早亡的婴儿"。两者的相异之处主要在于：第一，就理论形态而言，新批评具有较强的逻辑性和严密的论证过程，而明清小说评点则建立在欣赏与感悟的基础上，理论的逻辑性较弱。第二，虽然都以文本为批评对象，但新批评的文本中心意识更为强烈，完全割裂了作品与其他外在因素之间的关系，而小说评点常常有超出文本范围之外的议论，经常会对文本进行道德批评。陈晓润的《简论明清小说评点与英美新批评》④更注重论述二者的相同之处。首先，就理论基础而言，二者都以文学本体论为基础，批评的中心与基础都是文本。其次，就批评对象而言，二者"批评的对象便是语言及语言存在的形式"，明清小说评点关注谐音、双关与曲笔等修辞方法的运用，而新批评则关注语言的反讽、隐喻、张力等性质。再次，就批评方法而言，二者都采取细读的批评方法。二者的相异之处为，新批评主要针对诗歌这种抒情性的文体，而明清小说评点自然是关于小说这种叙事性文体的批评理论。另外，新批评更注重理

---

① 冉思玮《〈文心雕龙〉与英美新批评关于文学性的共同"诗心"》，《重庆教育学院学报》2008年第4期，第56–59页。

② 郭勇《〈文心雕龙〉"比兴"论解析——兼与新批评隐喻观念比较》，《青海师范大学学报（哲学社会科学版）》2005年第4期，第77–81页。

③ 王奎军《"新批评"与小说评点之可比性研究》，《郑州大学学报（哲学社会科学版）》2000年第1期，第61–62页。

④ 陈晓润《简论明清小说评点与英美新批评》，《南京工业职业技术学院学报》2004年第1期，第52–55页。

论的建构，而明清小说评点则理论性较弱，更注重批评实践。①

这些比较论著大多带有明显的探讨的性质，某些方面更需进一步参考中西兼通的上一代学者的相关论著，如钱锺书、叶嘉莹等的著作，或是像朱自清的文章《诗多义举例》，这些论著虽不以"比较文学"为专业，而只是兼及或涉及中西文学的比较，却能为中西诗学比较提供启发和收获。但无可否认，正式的而且成规模的新批评诗学与中国传统诗学的比较，就是从上述这些论著开始的。

二、本书的研究方法与范围

新批评诗学是一种宗旨相当鲜明、体系较为完整的西方诗学。中国传统诗学当然也自有独特的宗旨，自成一定的体系。它们同为系统完具的诗学，却因为产生于迥然不同的社会、历史与文化环境，而具有迥然不同的理论面貌。把它们放在一起比较分析，会发现许多有价值乃至有趣味的异同点。

乐黛云等学者提出："以西方诗学为出发点来整理和观照中国诗学，或以中国诗学为出发点去观照和阐释西方诗学，都不失为有效的方法，都有其存在的合理性，因为这样做不仅会使被整理、被阐释、被观照的对象的性质和特点更加清晰可见，而且会使用以整理、阐释和观照的东西自身的特点更加清晰可见。"②事实的确如此。西方学者那些汉学论著或西中文化比较论著，如刘若愚的《中国文学理论》③、宇文所安的《中国文

① 均参见胡亚民《中学西学 诗心攸同——新批评派与中国古典诗学的比较研究述评》，《长治学院学报》2012年第1期，第41-44页。
② 乐黛云等：《比较文学原理新编》（第二版），北京：北京大学出版社，2014年，第175页。
③ ［美］刘若愚：《中国文学理论》，杜国清译，南京：江苏教育出版社，2006年。

论：英译与评论》①等丰硕成果，往往难以避免用西方的视角来观照中国的理论，虽然可能产生一些误解或曲解，但也往往会有他们独到的发现，对我们颇有启发。法国学者谢和耐的《基督教与中国文化的冲撞》就是一例。而中国学者也往往不自觉地以中国文化的眼光来理解西方。一个明显的例子就是对"张力"这个西方概念的引入。按理说，对这个概念的理解应当与西方相通。但实际上，有研究者指出：西方学者所理解的张力侧重于"对立统一"的"对立"方面，而中国学者所理解的"张力"却侧重于"统一"方面。②又如用中国诗学的传统议题"言意之辨"去统括、阐释新批评的"语义论"。因此，从中国诗学出发来观照新批评诗学亦是顺理成章。

有学者说，中国人阅读西方人的论著，自然就是比较的。这话有一定道理。因为中国人在看西方人的论著的时候，头脑里已提前装载了许多中国的传统观点。那么对于新批评的诗学，也可以不做那种中西两方平行、并列的比较，而是把它放在中国诗学的视野中去考察，或者说用中国诗学体系作为参照系去考察，在考察中见有与中国诗学相近、相通或相异、相反的地方，分析议论随处生发，或长或短酌情处置。这样做虽未必标称"比较"之名，却有比较之实。

这种"参照系"的研究方法，首先并不是"模子"的方法，即采用那种名义上可以涵盖双方、实际上未必站得住脚的框架。前人不乏采用西方理论框架建立了一套又一套难以得到公认的"中国诗学体系"。而"中国诗学"或者"中国文论"绵延数千年，其思想内容与理论形态极其复杂，虽有其内在的统一性，但概括出一个类似于西方那样的逻辑理论体系是很困难的，至今也没有一个学界公认的这样的体系。所以本书也不试图以中国的"诗学"或"文论"的"模式"，去强制拆解、拼凑产生于异质文化

---

① ［美］宇文所安：《中国文论：英译与评论》，王柏华、陶庆梅译，上海：上海社会科学院出版社，2003年。

② 杨果《隐藏的视点：中西"张力"范畴再辨》，《江汉学术》2013年第5期，第92-98页。

的新批评诗学。按余虹的说法,这是"先行对西方'诗学'整容,然后进行比较"①。毕竟中西之间确实存在着"结构性差异和不可通约性"②。陈跃红在《比较诗学导论》中也谈到,承认中西"诗学"二者之间的差异,是中西比较诗学的"逻辑起点"③。既然有本质上的差异,如果"西方中心主义"是需要批判的,那么"中国中心主义"同样也不可取。因此本书仍按照新批评理论的内部逻辑结构进行梳理,力求还原其"本来面目"。

其次,"参照系"的研究方法,也不是"会通点"的研究,为的是避免那种聚焦单个"点"的局限和拘泥。这些"点"必须放到各自所在的整体之中去考察,方能得出其真正含义,否则就难免囿于字面意义或浅层意义做出不够精当的判断。如见到新批评所说的"structure(结构)",就以为是我们常说的"篇章结构";遇上新批评所说的"tension(张力)",就想到"气者,力也"之类的中国古话,以为那一定是指"气势"。这不是用中国诗学的眼光去考察新批评,而是用中国诗学的眼光去误解新批评。此外,既然是"用中国诗学的眼光",首先必须研究透彻中国诗学。《文心雕龙·比兴》篇有"比显而兴隐"一语,而新批评诗学好讲"比喻",尤其是"隐喻";那么"比显而兴隐"岂不就是以"比"为"明喻"、以"兴"为"隐喻"?似与新批评的观点遥相呼应,但这种似是而非的"比较"是片面而肤浅的。

本书愿意做一次用中国诗学的眼光考察新批评诗学的尝试。其主旨在于阐明新批评的诗学,而不是与中国诗学做平行比较。虽经常联系中国诗学,除了彰显异同之外,也是为了更全面地理解新批评的诗学。

这里有两个问题需要先交代清楚。对于本书而言,这两个问题在一定意义上具有前提的性质。

一是关于"诗学"与"中国诗学"的概念。本书参照我国近年来同

---

① 杨果《隐藏的视点:中西"张力"范畴再辨》,《江汉学术》2013年第5期,第6页。

② 同上。

③ 陈跃红:《比较诗学导论》,北京:北京大学出版社,2005年,第1页。

类的学术论著，采用了等同于"文学理论"的"诗学"概念。为了便于同"新批评诗学"相提并论，也用了"中国诗学"的提法代指中国文学理论。

余虹在《中国文论与西方诗学》中认为需要反思乃至全盘否定"中西比较诗学"这一概念，因"比较诗学"这一说法已隐含了"西方中心主义的逻辑"①。这些概念、说法，都是经由现代汉语从西方引进的，而"那些在现代汉语语境中翻译过来的西语语词其概念内涵与中国古汉语中的概念内涵往往相去很远"②。甚至说"在现代汉语语境中不能写'中国古代文学理论史'，……因为……我们无权将某种古人没有的意识强加给古人"。因为现代汉语中存在的语词与古代汉语的语词，是"同形而不同义的。……更为重要的是，这不同之义绝不是该术语自身变化的结果，而是纯然外加的……"③这就不仅否认了"可译性"，进而也否认了中西之间的"可比性"。

对此书的观点，徐新建提出了商榷④，认为现代汉语中的翻译语词以及"翻译诗学"是作为中西之间的"中介者"而存在的，而非"纯然外加的"外来者。他考察了"诗学"在现代汉语语境中的多种意义源流，认为"中国诗学是一个全新术语"，"尽管有待填充、有待定义，然而其现任昭示着一个无比广阔和诱人的想象与创造空间……"⑤陈跃红认为此见解具有启发性，因其跳出了语言符号仅具有单一语义关系的局限，从而包含了复杂丰富的意义"能指"。⑥这种具有丰富"能指"的现代汉语中的

---

① 余虹：《中国文论与西方诗学》，北京：生活·读书·新知三联书店，1999年，第4页。

② 同上，第61页。

③ 同上，第61–62页。

④ 徐新建《比较诗学：谁是"中介者"？》，《中国比较文学》2001年第4期，第15–29页。

⑤ 同上，第19–20页。

⑥ 陈跃红：《同异之间——陈跃红教授讲比较诗学方法论》，北京：中央编译出版社，2014年，第24页。

"诗学"概念,"既不是完全西方的概念,也不是纯粹的中国古代的概念,而是在'传统'和'西方'两大资源的共同影响下,融会了较多现代意识的新生汉语文论概念"①。而且在具体操作中,"今天我们在多数场合所谈的所谓诗学,其实是一种广义的诗学",是"一种习惯性的表述,就简称为诗学",但这种诗学,"更接近通常的文艺研究或者说关于文学的批评理论研究","更加具有历史感和包容性,其关注的意蕴有着更多的感性、诗性、方法和范式诸方面的内涵"②。因此,反思是必要的,但也不能无视现代汉语的"诗学"概念的意义源流的复杂性而加以绝对否定。

乐黛云也在《世界诗学大辞典·序》中说:

> 现代意义的诗学是指有关文学本身的、在抽象层面展开的理论研究。它与文学批评不同,并不诠释具体作品的成败得失;它与文学史不同,并不对作品进行历史评价。它所研究的是文学文本的模式和程式,以及文学意义如何通过这些模式和程式而产生。③

依此,"诗学"不属于文学史与文学批评,而是抽象层面的理论研究,如另有学者所说,"既包括了诗论,也包括了一般的文艺理论乃至美学理论"④。北京大学版的《比较文学原理新编》的"比较诗学"一章,讲的就是文学理论的比较,故其行文中有时在"文学理论"后面加括号注曰"诗学"⑤。

本书在承认"诗学"这个概念在学科研究的理解上存在争议和追问的前提下,运用这个概念,并不是说在中、西之间,在"诗学"与"文艺理

---

① 曾艳兵:《走向比较诗学》,北京:北京大学出版社,2017年,第4页。
② 陈跃红:《比较诗学导论》,北京:北京大学出版社,2005年,第2页。
③ 乐黛云等编:《世界诗学大辞典·序》,沈阳:春风文艺出版社,1993年,第4页。
④ 曹顺庆:《中西比较诗学》,北京:中国人民大学出版社,2010年,第2页。
⑤ 乐黛云等:《比较文学原理新编》(第二版),北京:北京大学出版社,2014年,第16页。

论"或"古代文论"之间的选择具有随意性，而是"有着扩张还原和返回文学研究本身的原初状态和本体存在的意味，……暗含着找回诗学之所以作为诗学的全部生动性和丰富性的意图"①。

二是关于"新批评"学派的范围。有人把英国的瑞恰慈、艾略特、燕卜荪等人也归入"新批评"，称为"早期新批评"，而把美国的"新批评"称为"后期新批评"，合称"英美新批评"。而乐黛云主编的《世界诗学大辞典》中的"新批评"一条指出，英国的I. A. 理查兹、T. S. 艾略特、威廉·燕卜荪等人虽然是"新批评"的"开拓者"，但他们都另有主张，不属于真正的"新批评"。真正的"新批评"起初就是美国的"南方学派"，其核心人物是约翰·克罗·兰色姆和他的几个学生，其中主要是艾伦·退特（Allen Tate）、克林斯·布鲁克斯与罗伯特·潘·沃伦（Robert Penn Warren）。至20世纪40年代末50年代初，"新批评"盛行于美国文论界，一批重要文论家成了"新批评"的骨干力量，包括W. K. 维姆萨特（William Kurtz Wimsatt），雷内·韦勒克，以及美学家门罗·C. 比尔兹利（Monroe C. Beardsley）等。

虽存在以上的不同意见，本书从新批评的理论完整性出发，以美国的"新批评"为主，同时也论及I. A. 理查兹、T. S. 艾略特、威廉·燕卜荪等人的相关理论主张。例如，理查兹是新批评诗歌语义学的奠基人，尤其需厘清其"语境定理"，否则无法清晰地交代兰色姆、布鲁克斯等人的语境论及其批评实践；又如艾略特虽被兰色姆冠以"历史学批评家"而受到批判，但他的"客观对应物"理论却是"肌质""意象""特殊知识"等新批评基本范畴的基础。所以在论述这些新批评的非核心成员时，着重介绍其与本书议题密切相关的理论主张。

---

① 乐黛云等：《比较文学原理新编》（第二版），北京：北京大学出版社，2014年，第3页。

第一章
新批评的诗歌结构论

第一节　新批评的"结构"概念

一、"结构"：新批评诗学的核心问题

兰色姆在其专著《新批评》[①]中提出，诗歌批评的"最基本模式"，就是"关注诗歌的结构特点"。当然科学更是研究结构的，一切科学的宗旨都是研究事物的结构，但诗歌结构与科学结构之差异，使诗歌结构具备了自己的特点。诗歌具有自己的"迥然有别于科学的"的"本体内容"（ontological materials），也有自己的特殊"结构"，诗学就是研究诗歌的特殊"结构"，诗歌"不属于科学的范围"。[②]

《新批评》全书详尽地分析了十首不同时期、不同流派的英语名诗，而后概括道："不难看出，这些诗所具有的共同精髓并不在于我们通常讲的'内容'（content）或'主题'（subject matter），而是结构。"[③]相对于其结构，诗的内容是千变万化的，如果想将诗的题材、意象之类归为诗

[①]　John Crowe Ransom，*The New Criticism*，Westport：Greenwood Press，1979. 按：本书中关于该英文原著的中文翻译，主要参考王腊宝、张哲译的《新批评》（［美］约翰·克罗·兰色姆著，北京：文化艺术出版社，2010年），有些地方略有改动。

[②]　Ibid.，p. xi.

[③]　Cleanth Brooks，"The Heresy of Paraphrase"，in *The Well Wrought Urn: Studies in the Structure of Poetry*. New York：Harcourt，Inc.，1970，p.193. 按：本书中关于该英文原著的中文翻译，主要参考郭乙瑶等译的《精致的瓮：诗歌结构研究》（［美］克林斯·布鲁克斯著，上海：上海人民出版社，2008年），以及赵毅衡编选的《"新批评"文集》（天津：百花文艺出版社，2001年）中的相关篇章，有些地方略有改动。

的共同特质，"那样做只会使问题变得模糊不清"[1]。这就是全书最后得出的结论：将诗的本质归结为"结构"。

退特最重要的诗学理论是"张力论"，其《论诗的张力》一文把诗的整体效果归结为意义构造的产物。而"张力"（tension），"就是我们在诗中所能发现的全部外延（denotation）和内涵（connotation）的有机整体"[2]。这其实就是对诗的结构特征的概括，即外延与内涵之间的结构关系。"外延"是意象凭以发展的逻辑线索，"内涵"即意象表达的意义。退特用邓恩的诗《告别辞：节哀》（John Donne, *A Valediction: Forbidding Mourning*）中的意象——黄金的外延（作为一种金属的性质）的有限性及其内涵意义（一对情人的灵魂统一与不可分割）的无限性为例，说明外延和内涵两者既互相矛盾又合二为一的整体结构关系。诗是"所有意义的统一体，从最极端的外延意义，到最极端的内涵意义"[3]。简言之，张力论就是以"张力"为中心的诗歌结构论，而诗歌批评家的任务就是研究诗歌的整体结构。

作为新批评诗学的总结者，韦勒克与奥斯汀·沃伦在《文学理论》中也突出强调："真正的诗必然是由一些标准组成的一种结构（a structure of norms）。"[4]并从一般认识论的角度解释说我们在认知事物的每一个行动中，总是抓住客体中某些"决定性的结构"（structure of determination）。认识所有的事物都是认识它的"决定性的结构"，那么认识诗歌这种艺术品自然也不例外，一件艺术品的结构也具有"我必须去认知"的特性[5]。再看文学作品，我们对一个文学作品的理解，如同对一个语言系统的理

---

[1] Cleanth Brooks, "The Heresy of Paraphrase", in *The Well Wrought Urn: Studies in the Structure of Poetry*. New York: Harcourt, Inc., 1970, p.193.

[2] Allen Tate, "Tension in Poetry", In *The Man of Letters in the Modern World: Selected Essays 1928-1955*. New York: Meridian Books, 1955, p.23.

[3] Ibid., p.69.

[4] ［美］勒内·韦勒克、奥斯汀·沃伦：《文学理论》，刘象愚等译，北京：文化艺术出版社，2010年，第160页。

[5] 同上，第162页。

解，永远也不可能全面、完美，但某种"决定性的结构"仍是存在的。

二、新批评"结构"概念的由来

新批评诗学的"结构"概念源于西方的"结构主义"学术思潮。

韦勒克与奥斯汀·沃伦的《文学理论》，在论述诗的"决定性的结构"的时候，特别谈到索绪尔和布拉格学派的结构主义语言学：

> 索绪尔和布拉格语言学派的语言学家们对语言（langue）与说话（parole）作了细致的区别，也就是对语言系统与个人说话的行为作了区别；这种区别正相当于诗本身与对诗的单独体验之间的区别。[①]

关于索绪尔的语言学，岑麒祥在其《普通语言学教程》中译本的《前言》中指出，德·索绪尔生活的年代，是欧洲学术思想发生激剧变化的时期；在语言学方面，就是从以"新语法学派"为代表的历史比较语言学转变为结构主义语言学："到二十世纪初，德国和欧洲各国掀起了一种所谓'格式塔思想'（德语Gestaltenheit，原是'完形性'的意思），起初应用于心理学，其后由心理学扩展到其他领域。语言学界在这种思想的诱导下特别注重对语言结构、系统和功能的研究。德·索绪尔也深受影响，在许多方面提出了好些与新语法学派针锋相对的见解"，从而"提供了语言学研究中较新趋向的理论基础"。[②]这里所说的语言学研究中的较新趋向，就是以索绪尔为代表的结构主义语言学。索绪尔强调，"语言"和"言语"有本质的区别，"言语"是个人行为，而"语言"是社会集团的

---

① ［美］勒内·韦勒克、奥斯汀·沃伦：《文学理论》，刘象愚等译，北京：文化艺术出版社，2010年，第160页。

② ［瑞士］索绪尔：《普通语言学教程》，高名凯译，岑麒祥、叶蜚声校注，北京：商务印书馆，1980年，第9页。

一整套必不可少的规约。①显然，在索绪尔看来，"语言的内部机构"就是"语言本身"。韦勒克上面这段话，不仅突出宣示了新批评的诗学与索绪尔的结构主义语言学的密切关联，也表明了他所说的诗的"决定性的结构"就是"诗本身"。

　　法国弗朗索瓦·多斯（François Dosse）的《结构主义史》进一步谈到，本是语言学核心概念的"结构"，在西方的"结构主义"学术思潮中"本体论化"了，对所有社会科学领域产生了革命性的影响："结构本是语言学的核心概念，却在所有社会科学领域导致了真枪实弹的革命。"②如果说"结构"原来只是事物的一个方面、一种因素，那么现在这个概念却远远超越了这个层次，成了事物的"本体"，即某种事物之所以是这种事物的根据和标准。多斯的这本书还指出，结构主义"是科学概念在社会研究领域崛起的结果"，"结构"概念即"来自某种科学模型"③。科学领域所讲的"结构"，如谓H_2O是水的"分子结构"，意即H_2O=水，H_2O就是水。被结构主义移植到人文学领域的"结构"，亦同于此。这就是"结构"这个概念的"本体论化"。而"本体论化"了的"结构"概念，就像柏拉图之"理念"那样，具有了形而上的性质。因此，当西方学术界把"结构"视为一切事物的本体的时候，"结构"也就"成了传统西方形而上学的替代物"④。由此我们进入这样一个结构主义的时代。

　　韦勒克在《批评的诸种概念》一书中，还回顾了包括新批评在内的二十世纪西方形式主义文学思潮从注重"形式"到强调"结构"的发展过程。据他所说，起初，俄国形式主义者为了反抗"意识形态批评"而竭力反对"形式"与"内容"的二分法。传统观念把"形式"看作容器，"只

----

　　① ［瑞士］索绪尔：《普通语言学教程》，高名凯译，岑麒祥、叶蜚声校注，北京：商务印书馆，1980年，第30页。
　　② ［法］弗朗索瓦·多斯：《结构主义史》，季广茂译，北京：金城出版社，2012年，第5页。
　　③ 同上，第17页。
　　④ 同上，第2页。

需要将现成的'内容'灌注进去就行了"①。俄国形式主义者在反抗围绕着他们的意识形态批评的时候，竭力反对将"形式"视为一种可灌装"内容"的容器，甚至倒过来，把"内容"归并于"形式"。但是俄国形式主义者也意识到，这种简单的倒置式的归并法并不完善，便采用新的二分法代替了旧的二分法："将与艺术无关的、非审美的材料和所有艺术技巧对立起来。"②这种新的二分法，一极是与艺术无关的、非审美的材料，而另一极"艺术技巧"（Device，priyom）则变成了文学艺术研究的核心。"艺术技巧"无外乎就是"技巧或程序的总和"或"因素之间的种种关系的总和"，韦勒克认为它们仍不免流为"机械论的概念"。最终结果是，俄国形式主义希望用一种科学的、几乎可以说是技术理想的实证主义方法去研究文学，以此来反抗文学被当作"形式"，受到"意识形态等内容"的灌注，实际上"还是退回到了旧的修辞学的'形式主义'的老路上"③。后来在两次世界大战之间，俄国形式主义传入波兰和捷克斯洛伐克时，在德国格式塔心理学即整体性和总体性的理论传统的影响下，在"深入沉思对象本质"的哲学思想的启发下，布拉格语言学派又用"结构主义"代替了"形式主义"，也就是用"结构"的概念代替了"形式"的概念。因为他们觉得"结构"这一术语加强了"总体性"的意涵，减少了"外在性"的意味。④"结构"这个概念也就在布拉格语言学派手里远离了"旧的修辞学"的形式、技巧或程序的层次，走上了本体论化、"沉思对象"本质的道路。而如李欧梵所说，新批评的代表人物之一勒内·韦勒克正是"师承布拉格语言学派的"。⑤

　　可知，新批评的"结构"概念乃至"结构"观念，是受胎于索绪尔

----

① ［美］勒内·韦勒克：《批评的诸种概念》，罗钢等译，上海：上海人民出版社，2015年，第71页。

② 同上。

③ 同上，第72页。

④ 同上。

⑤ 同上，《批评的诸种概念·总序（一）》，第6页。

的结构主义语言学，并由风靡西方学术界的结构主义思潮培育出来的。只有在这样的学术背景下才能真正理解新批评诗学的"结构"的真实内涵。这种"结构"概念和观念与"旧的修辞学"里所说的"结构"已经大不相同，这种不同才是新批评之"结构"的实际含义。

三、新批评"结构"概念的含义

首先，"结构"这个概念具有"本体论"的意义，它就是"诗本身"。

新批评所说的诗的"结构"，已经不是诗歌作品的一个层次或一个要素，而是诗歌之所以成为诗歌的基本标准，不具备这种"结构"就不成其为真正的诗歌；因而"结构"也已经不是诗歌研究的一个方面，而是诗歌研究的根本任务，舍此就不成其为真正的诗歌研究。这是新批评的"结构"概念与"旧的修辞学"的"结构"概念的根本区别。这也就是他们如此强调"结构"，而且认为只有"结构"才是诗学的核心问题的原因。

如上文谈到的兰色姆所说"科学几乎完全研究结构"，诗歌"批评所应该具有的最基本模式"就是"关注诗歌的结构特点"。布鲁克斯的观点更明确，他认为诗歌区别于其他话语的本质，不在于某个特殊的主题，而是"诗歌是以何种方式构建"[1]。诗歌建构的方式便是其结构，而且"这种特殊结构以诗歌的共同结构形式出现，尽管这些诗歌在其他问题上存在着许多差异"[2]。结构是从所有的诗歌中抽取出来的共同的本质，即诗本身，至于千差万别的诗歌的具体内容或主题，对于诗本身是不能起决定作用的。

韦勒克和奥斯汀·沃伦的说法则具有更强的理论性，认为在对文学做出各层次的分析之前，必须先回答如下问题："什么是'真正的'诗？

---

[1] Cleanth Brooks, "Criticism, History, and Critical Relativism", in *The Well Wrought Urn: Studies in the Structure of Poetry*, New York: Harcourt, Inc., 1970, p.218.

[2] Ibid., p.195.

我们应该到什么地方去找它？它是怎样存在的？"①文学作品的"存在方式"，就是文学作品的"本体"问题。他们的结论是："真正的诗必然是由一些标准组成的一种结构"②。诗就是由一些标准组成的一种结构，则这种"结构"对于诗而言就具有本体论的地位，就是对"什么是真正的诗"等一系列问题的回答。这也就是为什么布鲁克斯在谈到以约翰·邓恩为代表的"玄学派"诗时说："我们的世纪庆幸重新发现了约翰·邓恩，但我们发现的不只是约翰·邓恩的诗，而是诗本身。"③借此，布鲁克斯直接将玄学诗这种合乎新批评的"结构"标准的诗称为"诗本身"。

而潘·沃伦则把"结构"称作一个"神圣化了的字眼"（the sanctified word）④。这显然也是因为"结构"这个概念已经被"本体论化"了，"成了传统西方形而上学的替代物"，于是便被"神圣化"成了"本质"。沃伦进一步阐述，"诗歌本质上不属于任何个别的成分，而是取决于那一整套互相关系即结构"⑤。那么沃伦认为，什么成分能进入诗的结构，诗的结构是怎样的呢？沃伦的回答是："人类经验中可获得的东西没有什么理应被排除在诗歌之外。"⑥诗应该是不纯的，诗的结构里充满矛盾的因素、抵抗、反讽和张力，是"一种戏剧性的结构，一种通过动作朝着止息（action toward rest），通过复杂性发展为效果的简单性（simplicity of effect）的一种活动"⑦。在沃伦看来，诗歌的本体结构，是一个充满矛盾

---

① ［美］勒内·韦勒克、奥斯汀·沃伦：《文学理论》，刘象愚等译，北京：文化艺术出版社，2010年，第152页。

② 同上，第160页。

③ Cleanth Brooks, *A Shaping Joy: Studies in the Writers' Craft*, London: Methuen and Company Limited, 1971, p.331.

④ Robert Penn Warren, "Pure and Impure Poetry", *The Kenyon Review*, Vol. 5, No. 2（Spring, 1943）, p. 245. 按：本书中关于该英文原著的中文翻译，主要参考赵毅衡编选的《"新批评"文集》（天津：百花文艺出版社，2001年）中的相关篇章，有些地方略有改动。

⑤ Ibid., p.250.

⑥ Ibid.

⑦ Ibid., p.251.

的、复杂的统一体。

其次，"结构"既非"内容"，亦非"形式"，而是兼而有之。

上述韦勒克的《批评的诸种概念》已经谈到，俄国形式主义者已经用"与艺术无关的、非审美的材料"与"所有艺术技巧"这种"新的二分法"代替了"内容"与"形式"的"旧的二分法"。韦勒克和奥斯汀·沃伦赞同这个观点，他们认为，"内容"和"形式"这两个术语，未免"过于简单地将艺术一分为二（dichotomize），……忽略了对于作品的整体性加以考察的必要"①。在俄国形式主义新二分法的基础上，韦勒克和奥斯汀·沃伦的《文学理论》加以修订与完善，把诗中的非审美要素归结为"材料"，把诗中的审美要素概括为"结构"，从而以"材料"与"结构"的二分法取代"形式"与"内容"的二分法。区分"材料"与"结构"的标准为：是否依照审美目的而组织起来。"材料"包含了没有美学因素的那部分内容和形式，"结构"则包含了需要美学效果的那部分内容和形式。"这样，艺术品就被看成是一个完整的符号体系或者符号结构，为某种特别的审美目的服务。"②

布鲁克斯也认为，传统的文学批评的出发点是内容与形式的"二元论"，这种"二元论"往往使批评家陷入两难的困境：或者不得不靠政治、科学、哲学真理来评论一首诗，或者被迫从脱离人生经验的形式进行评论。③这种形式和内容的二分法阻碍了批评，它——

迫使我们把诗歌定位在诗歌创造的或是包含于诗歌里的真理陈述中（事实上，是对诗歌的释义，而不是诗歌本身）；或者，把诗歌定位在"形式"之中，它被认为是一个容器，一个美丽的外壳。必然结

---

① ［美］勒内·韦勒克、奥斯汀·沃伦：《文学理论》，刘象愚等译，北京：文化艺术出版社，2010年，第18页。

② 同上，第151页。

③ Cleanth Brooks, "The Heresy of Paraphrase", in *The Well Wrought Urn: Studies in the Structure of Poetry*, New York：Harcourt, Inc., 1970, p.196.

果是，意象的作用被分割在逻辑功能和修辞功能之间。①

因而他在那部研究诗歌结构问题的专著《精致的瓮——诗的结构研究》中多次强调：他所说的"结构"不是指诗的内容，那些名诗佳作的精髓并不在于内容或主题，而是结构；结构也不是指传统意义上的形式。②那么是什么？他说："这种结构是一种含有意义、评价和阐释的结构。"③就是说，这种"结构"既是诗的意义之所在，也是诗的评价的标准，又是诗的阐释的依据。显然，这样的"结构"只能是一个既超越了内容与形式的二分法，又有选择地综合了内容与形式的概念。

所以，恰如韦勒克在《新批评，是与非》一文中所说，"新批评家并不接受形式与内容这种区分方法"④。新批评的"结构"概念是对传统的"内容"与"形式"的二分法的否定和超越。

再次，诗歌的主要结构是"意象、隐喻、象征、神话"。

这种超越了内容和形式二分法的"结构"论的主旨，就在于揭示诗歌作为诗歌而存在的特殊"结构"，以划清诗歌与散文或曰科学的原则界限。因此，勒内·韦勒克与奥斯汀·沃伦的《文学理论》专门设有一章，题为"意象、隐喻、象征、神话"，这一章所讲的，就是"诗歌的主要结构"，亦即从其整个结构的复杂性来确定诗歌的"意义"，而不是按照题材来分类。⑤关于意象、隐喻、象征、神话这四个术语的确切含义容后文再议，但一望可知，这些都是诗歌中常用，而散文或科学中罕见的

---

① Cleanth Brooks, "Criticism, History, and Critical Relativism", in *The Well Wrought Urn: Studies in the Structure of Poetry*, New York: Harcourt, Inc., 1970, p.226.

② Cleanth Brooks, "The Heresy of Paraphrase", in *The Well Wrought Urn: Studies in the Structure of Poetry*, New York: Harcourt, Inc., 1970, p.194.

③ Ibid., p.195.

④ 雷内·韦勒克：《新批评：是与非》，见史亮编《新批评》，成都：四川文艺出版社，1989年，第338页。

⑤ ［美］勒内·韦勒克、奥斯汀·沃伦：《文学理论》，刘象愚等译，北京：文化艺术出版社，2010年，第203页。

"表述方式"。正是这样的"表达方式"生成了诗的意义，即一般所说的"诗意"。

新批评诸家的诗歌结构论，虽具体观点或术语各不相同，但实际上都是围绕这四个概念展开的，尤其是其中的"隐喻"和"意象"。例如，兰色姆的诗歌结构论强调"肌质"，而"肌质"其实就是由"隐喻"和"意象"构成的"细节"。他说"一首诗的肌质就是这首诗的细节所具有的复杂异质的特点"，而"隐喻给作品增加了一种客观的浓密性（an objective density），即肌质"。[①]隐喻和意象，借助客观物体，尤其是自然景物，构筑出充满细节即肌质的语境，成为审美体验的对象和诗意的来源。所以，当他强调肌质的时候，实际上就是强调"意象""隐喻"之类是"诗歌的主要结构"。布鲁克斯的诗歌结构论张扬"反讽"，但他说："我们可以用这样一句话来总结现代诗歌的技巧：重新发现隐喻并且充分运用隐喻。"[②]在他看来，"隐喻"是"反讽"的主要手段，"隐喻"构成的"反讽"就是诗的"结构"。而维姆萨特的诗歌结构论标榜"具体普遍性"（the concrete universal），这似乎距离"意象、隐喻"之类很远；但是他又说，诗歌的"具体普遍性"，"可以通过检查隐喻而得到理解"。理由是隐喻涉及的两个类之间的相似性会产生第三个类，第三个类更具有普遍性与一般性。[③]这个"第三个类"就是"具体普遍性"，它乃是隐喻一类的表述方式的产物。

正因为以生成诗的"意义"的"意象""隐喻"等为诗歌的"主要结

---

① John Crowe Ransom, *The New Criticism*, Westport: Greenwood Press, 1979, pp.163–164.

② 克利安思·布鲁克斯：《反讽——一种结构原则》（1949），见赵毅衡编选《"新批评"文集》，天津：百花文艺出版社，2001年，第377页。

③ W. K. Wimsatt, "The Concrete Universal", in *The Verbal Icon: Studies in the Meaning of Poetry*, Lexington: University Press of Kentucky, 1954, p.79. 按：本书中关于该英文原著的中文翻译，主要参考赵毅衡编选的《"新批评"文集》（天津：百花文艺出版社，2001）中的相关篇章，有些地方略有改动。

构"，所以新批评家称之为"意义构造"①或"内部结构"②。

以上三点，可以说是新批评的"结构"概念的基本含义。但为了更加深入地理解他们的"结构"概念，似乎还有更"基本"的一点应该提到，那就是，新批评的"结构"概念虽然是对"旧的修辞学"的重大突破，虽说已经"成了传统西方形而上学的替代物"，但从其思想根源来说，却仍然是"传统西方形而上学"的衍生品。"诗本身"这个词语会使我们立即想起柏拉图（Plato）。柏拉图在论"什么是美"的时候就强调，"花是美的""人是美的"这类说法只是列举具体的美的事物，而关键在于认识"美本身"。显然，新批评的"诗本身"即来自柏拉图的"美本身"。而"材料"与"结构"的二分法也会使我们想到亚里士多德（Aristotle）的"质料"与"形式"的二分法。亚里士多德认为，任何事物都有"质料"与"形式"两方面，"质料"只是制作该事物的材料，"形式"才是决定某事物是该事物的范型。即此而言，无论新批评诗学的"结构"概念显得多么新异，本质上都是柏拉图与亚里士多德的有关言论的翻版或综合。但它在现代语言学、心理学、哲学等学科发展的影响下，对于结构的内部运作，尤其是文学作品的语言符号运作，有了更深层、更先进的理论建树。

第二节　兰色姆的"结构—肌质"论

新批评诗学从英国诞生，在美国学界得到全面的发展及成熟。约翰·克娄·兰色姆作为美国第一代新批评诗学家，通常被认为是新批评的奠基人。他建立了一套内容系统、阐述详备的诗歌理论，通常称为"结

---

①　艾伦·退特：《论诗的张力》（1937），见赵毅衡编选《"新批评"文集》，天津：百花文艺出版社，2001年，第121页。

②　Robert Penn Warren, "Pure and Impure Poetry", *The Kenyon Review*, Vol. 5, No. 2（Spring, 1943）, p. 249.

构—肌质"论。

兰色姆提出，诗歌是一种结构与肌质的综合体，这是它区别于散文的"特有的结构"：

> 更有希望成为区别诗歌与散文的特征的是一首诗所展示的结构。……假如一种结构（1）在逻辑方面通常不及科技文章的结构那样严密与精确；（2）引入并携带大量对结构无益甚至有碍的不相关或异质的内容，……归纳起来就是说：诗歌是一种松散的逻辑构架，伴有局部不甚相干的肌质。[①]

这是他的"结构—肌质"论的大意。在兰色姆的理论体系中，"结构"有两个含义，一是作为诗的本体、诗的特有结构，一是指与带审美性的"肌质"相对的、松散的逻辑构架。

一、"结构—肌质"论的提出

就思想逻辑而言，兰色姆这套理论的提出，基于对英语世界的三种诗的比较分析。这三种诗就是意象派的"事物诗"、柏拉图式的"概念诗"和十七世纪以邓恩为代表的"玄学诗"。

1. "事物"与"概念"

兰色姆对"事物"与"概念"做了明确而严格的区分：

它具有的那种原始的新鲜性——这是概念所不可能具有的——是不可能被剥夺的。[②]

他强调："事物"（或称"意象"）具有原始的、自然的新鲜性；而

---

① John Crowe Ransom, *The New Criticism*, Westport: Greenwood Press, 1979, p.280.

② 约翰·克娄·兰色姆：《诗歌：本体论札记》（1934），见赵毅衡编选《"新批评"文集》，天津：百花文艺出版社，2001年，第56页。

科学所追求的"抽象化"，只能破坏事物的这种"原始的新鲜性"，科学"不是通过驳斥，而是通过抽象化来破坏意象的"①。他还颇具唯物主义色彩地申明：事物、意象、感觉、印象等本质上都相同，它们既是概念的对抗者，又是概念的原材料，是优先于概念的。

2.意象派的"事物诗"

兰色姆指出："意象主义的动机是对思想的系统抽象性所抱的反感。它的先决条件是对科学的了解——这种著名的活动对我们在这个世界上的经济作用的工具来说是'建设性'的，而对自然界来说则是破坏性的。意象主义者希望让自己沉浸在意象中以便从科学中摆脱出来。"②就此而言，意象主义显然具有一定的合理性。但是，兰色姆说，意象派"认为构成诗歌的材料的只是一些事物"，所以他们的诗虽然"具有最大量的物质内容"，但在表达理性概念方面却是"矫揉造作和不得要领的"③。他批评道：

> 公众希望在诗歌中找到的是概念，不论是大的概念还是小的概念，崇高的概念还是卑微的概念，反正是一些为之而生为之而死的概念；但是意象派诗人却认为构成诗歌的材料的只是一些事物。④

的确，诗不仅要有新鲜生动的意象，还应该包含有价值的思想内容。

3.柏拉图式的"概念诗"

兰色姆谈到，某些作家给艺术下的定义是"把概念归结于意象"，其实就是用意象来证明概念。但这样做的结果，概念并没有被完全证明，而艺术却被弄得一无是处。这是因为，"概念并不能遮住它被加于其上的客

---

① 约翰·克娄·兰色姆：《诗歌：本体论札记》（1934），见赵毅衡编选《"新批评"文集》，天津：百花文艺出版社，2001年，第57页。

② 同上。

③ 同上，第79页。

④ 同上，第54页。

体，它们太稀薄、太纤细了"，也就是说"概念具有外延性，而物体具有内包性；但外延性是薄的，而内包性是厚的"。①

这种诗就是柏拉图式的"概念诗"。"柏拉图式的诗歌"虽然"竭尽全力地把自己装成事物诗的模样"，实际上不过是"想用客观现实及事物性的糖衣把它的药——即它所传达的概念——包起来"。②兰色姆尖锐地指出，这并不是真正的诗，而只是概念的图解：

> 柏拉图主义者所以创作他们那种伪造的诗歌，其目的在于证明意象也是一种概念，但完成了这一微妙使命的作品却并不含有真正的意象，而只有图解。③

至于这种诗里的"事物"，兰色姆说，那只是一种"譬喻"、一种"修辞"："柏拉图式的诗歌是一种譬喻，是用事物进行论述，……或者说，柏拉图式的诗歌是对这些概念的详尽的阐述，但在阐述过程中为了装潢门面而引进了一些仿照事物诗的某些事物性；而这是修辞。"④

结合对柏拉图式的"概念诗"的批判，兰色姆还进一步对长期统治西方世界的"柏拉图主义"（Platonism），即"罗格斯中心主义"（logocentrism）哲学进行了简明而透彻的剖析：

> 人们要我们相信：自然界是有理性的，而凭着推理的力量，我们将占有自然界。……这是因为这些概念似乎不是以正确性、而是以统治为目标的。柏拉图的世界观最终是掠夺性的，因为它变成了科学性的——这一点我们是知道的。柏拉图式的概念成了科学所崇拜的逻

---

① 约翰·克娄·兰色姆：《诗歌：本体论札记》（1934），见赵毅衡编选《"新批评"文集》，天津：百花文艺出版社，2001年，第65–66页。

② 同上，第60页。

③ 同上，第67页。

④ 同上，第61–62页。

各斯……①

继而，作为一个艺术家，兰色姆表示了对于柏拉图式的"概念世界"的本能的反感，和对于那个鲜活的"物体世界"的热烈向往。他说："美好的柏拉图式的概念世界却与原来的直觉世界不相符合，后者是充满了顽强的和不断产生的物体的世界，是我们作为艺术家带着羞愧飞往的世界。"②

4.以邓恩为代表的"玄学诗"

兰色姆意识到，"艺术是从原始的意象中自动组成的，并出现于早年的天真时期"③。但是，作为一个"成熟的公民"，诗人虽然向往那个鲜活的"物体世界"，却已经不可能完全回到那个"天真时期"了。"许多人确是从原来所信仰的柏拉图主义重新转到了事物方面来。但这不可能是完完全全的'向后转'"，"从柏拉图主义解脱出来的头脑并不是完整无损及未受玷污的"。④诗人的"美学时刻的天真"，只能"存在于我们头脑中的柏拉图主义（它是富于战斗性的，老是想把其他东西科学化并加以吞没）以及一心想获得天真的被压制的愿望（它只要一旦获得自由，就愿意在显现自己时尊重和了解客体）之间"。处于"柏拉图主义"与"一心想获得天真的被压制的愿望"之间的诗人，为了"重新组成感觉世界"，"为了增加感觉和感性的分量"，不能不"发展许多技术手段"，如韵律、虚构和比喻等。其中，"最高级的修辞，那就是隐喻"。而正是"这种修辞曾一度在我们的历史上的一个美丽、丰富的展现中所产生的诗歌，叫作玄学诗"。⑤兰色姆说：

---

① 约翰·克娄·兰色姆：《诗歌：本体论札记》（1934），见赵毅衡编选《"新批评"文集》，天津：百花文艺出版社，2001年，第62-63页。

② 同上，第63页。

③ 同上，第57页。

④ 同上，第67页。

⑤ 同上，第69-71页。

　　玄学诗的目的是补充科学以及改进论述。……诗人就引进了奇迹的心理上的手段。……它使我们在刚得到奇特描述的厚实的事物中观察、惊叹和欢跃。[①]

　　"奇迹的心理上的手段"就是指"隐喻",因为隐喻往往会超出现实生活的常理。这就是说,"玄学诗"既包含了清楚和敏捷的理性论断,又运用隐喻之类的修辞手段充实以满含具体意象的细节,从而克服了意象派的"事物诗"与柏拉图式的"概念诗"两方面的弊端。兰色姆认为这是"我们诗歌中最出色的成就之一"[②]。

　　至此,兰色姆的诗学主张也就呼之欲出了。

二、"结构—肌质"论的主要内容

1. "结构"与"肌质"

　　兰色姆的"结构—肌质"论是对诗的整体结构的概论。为了实现对诗的各个层次的全覆盖,他做过这样一个总括性的说明:

　　　　一方面,诗是一个意义的综合体,它具有两个不同的特征:逻辑结构和肌质。另一方面,诗又是声音的综合体,它有两个相应的特征:格律与乐句(即肌质)。此外,为了满足我们所谓"人文关怀"的偏见,如果我们将声音从属于意义,那么,我们就可以将意义视为结构,而声音则是它的肌质,二者常常相互联结成为一体。[③]

---

　　①　约翰·克娄·兰色姆:《诗歌:本体论札记》(1934),见赵毅衡编选《"新批评"文集》,天津:百花文艺出版社,2001年,第79页。

　　②　同上,第77页。

　　③　John Crowe Ransom, *The New Criticism*, Westport: Greenwood Press, 1979, p.268.

兰色姆把诗的总体结构分成了三个层次：

（1）就一首诗的整体结构而言，其意义系统属于"结构"，其声音系统属于"肌质"；

（2）仅就诗的意义系统而言，其理性概念属于"结构"，其感性细节属于"肌质"；

（3）仅就诗的声音系统而言，其常规格律属于"结构"，其具体乐感属于"肌质"。

三个层次之中，关键显然在第二个层次，即意义系统的"逻辑结构和肌质"。兰色姆的"结构—肌质"论也主要是围绕这个层次展开的。

兰色姆重视诗的思想内容即"逻辑结构"。他说过：

> 我看不出有什么必要替诗人们放弃理性标准。如果但丁的信仰不能为他的读者所接受，这将有损于他在这位读者心目中的地位，……。[1]

他明确指出："为什么诗歌不能只有肌质而没有论点（argument）呢？这样的诗如今差不多也有人尝试过，但总的来说是失败的。我们无法理解这种诗歌，证明了这种方法不成功；我们需要理解的是论点，虽然我们所寻求的很可能……是肌质而非论点。"[2]的确，没有任何思想观点和逻辑线索的诗是不可理解的，即使"我们所寻求"、所感兴趣的主要是诗的艺术描写即"肌质"，也无法接受这样的作品。从心理学上说，注意力的启动与保持要求我们"将特定的细节与某个逻辑语境联系起来"[3]。所以兰色姆强调：

---

[1]　John Crowe Ransom，*The New Criticism*，Westport：Greenwood Press，1979，p.208.

[2]　Ibid.，p.271.

[3]　Ibid.，p.272.

结构必须存在，我们必须时刻感觉到自己在向它接近，并最终把握到它，否则注意力就不能正常地持续，导致半途而废，即或我们继续保持注意力，最后也会觉得它受了骗。①

兰色姆还一并谈到，即使是创造"肌质"的重要手段、被他称作"奇迹信仰"的隐喻，也必须合乎逻辑："任何一个特定的隐喻都需要因由，它需要能够成立的逻辑，或者某种明确的'类比用意'。"②

兰色姆虽然强调诗的"逻辑结构必须存在"，但却认为诗之所以为诗的决定因素却不在于"逻辑结构"，而在于"肌质"。他说，"诗的逻辑内容是它的散文核心"；但是，"我们不仅关注抽象出来的东西，也关注抽象背后活生生的肌质。否则，我看不出我们称为诗歌的东西究竟是什么，更看不出我们称为完整体验的东西是什么"。③诗歌之所以成为诗歌，关键在于其抽象背后活生生的肌质。所以他把"诗歌的肌质"称作"诗歌的本体个性"④。下面这些话，就把这个意思表达得更为鲜明：

> 诗人的"独出心裁"是他了解事件真实肌质的唯一途径，没有了它，诗歌就不存在，取而代之的是一种概述或"释义"，……⑤
>
> 如果一个批评家，在诗的肌质方面无话可说，那他就等于在以诗而论的诗方面无话可说，那他就只是把诗当作散文而加以论断了。⑥

---

① John Crowe Ransom, *The New Criticism*, Westport：Greenwood Press，1979，p.274.

② Ibid.，p.85.

③ Ibid.，p.114.

④ Ibid.，p.113.

⑤ Ibid.，p.113.

⑥ 约翰·克娄·兰色姆：《纯属逻辑推理的文学批评》（1941），见赵毅衡编选《"新批评"文集》，天津：百花文艺出版社，第108页。

虽然诗的逻辑结构必须存在，但诗之所以为诗的决定因素却不在于逻辑结构，而在于如肉体般活生生的肌质。所以他把"诗歌的肌质"称作"诗歌的本体个性"①。没有肌质，诗歌就不存在；不懂得肌质，就不懂得诗歌。而诗歌的"逻辑结构"绝对没有这样的意义。他更简要地提出：

> 我们需要逻辑结构，是为了支撑局部肌质。②

至此便最终确定了"肌质"与"逻辑结构"在诗歌中的意义和地位："肌质"是决定性的，是主导者；"逻辑结构"是附属性的，是为"肌质"服务的。

2. "结构"与"肌质"的产生

兰色姆认为，在实际的诗歌创作中，"结构"与"肌质"是在诗歌的"立意"与"韵律"二者之间相互磨合的过程中产生的。简单地说，就是"意义必须适应格律，于是就产生了意义中的肌质，而格律必须适应意义，又产生了格律中的肌质"③。对于这一点，作为诗学家兼诗人的兰色姆解释得非常详尽。关于"语音肌质"，他说：

> 一个诗人必须同时做两件事，一面要搭建一个逻辑结构，一面要创造韵律。……意义选择它认为适合的字眼；……韵律也要求用它认为合适的词，而不是来者不拒。……在完成的诗歌中，韵律与意义的关系正是肌质与结构的关系。④

---

① John Crowe Ransom, *The New Criticism*, Westport: Greenwood Press, 1979, p.315.

② Ibid., p.269.

③ Ibid., p.318.

④ Ibid., p.219.

　　"立意"与"韵律"之间，为了相互适应而不断选择、不断调试，最终形成既表达了基本的"立意"又具有"韵律"之美，也就是既树立了"逻辑结构"又增加了丰富的"肌质"的诗篇。继而他强调"由意义构成的肌质"：

　　　　然而，完成的诗作……还有由意义构成的肌质，这一肌质是由意义表达过程中韵律安排方面的要求造成的。文字的推敲使逻辑松散起来，造成了迂曲、省略、含混，更有价值的是，……找出属于这一细节而不属于逻辑结构的相关情况，这样，意义的肌质就相对于结构而建立起来，……它正是诗之为诗的关键所在，是诗歌的特质。①

　　在意义表达的过程中，出于韵律方面的要求所做的"文字的推敲"，改变了当初的逻辑陈述，使之变得"迂曲、省略、含混"，而且引进了非逻辑性的陌生材料，即感性的意象。"这样，意义的肌质就相对于结构而建立起来"了。而这种"意义的肌质"，如兰色姆所重申的，正是诗之为诗的关键所在。

　　这样，诗歌创作，具体而言就是创造"结构"与"肌质"。所以兰色姆提出，诗歌创作"要考虑两种不同的技巧"，即"不仅要设置思想结构，还要提供丰富的肌质；要考虑结构—肌质间关系的合理化问题"②。两种技巧之中，后者即创造"肌质"，是最重要的。兰色姆说："与结构本身玄奇弄巧的需要相比，如何设法使结构藏而不露，或只是间接、隐约地加以显露，这样的技巧要重要得多。"③"如何设法使结构藏而不露"，"间接"而"隐约"，就是指给逻辑结构加上丰富的肌质。

　　对于如何在"立意"与"韵律"之间磨合调试，以形成诗的"结构—

---

　　①　John Crowe Ransom, *The New Criticism*, Westport: Greenwood Press, 1979, p.220.

　　②　Ibid., p.208.

　　③　Ibid., p.274.

肌质"整体，兰色姆的论述可谓繁复详尽，结合了他自己的经验，也似乎很符合一些刻意作诗的人的切实感受。但实际上，雕琢造作未必能"作"出好诗，许多真正的好诗也不是这样"作"出来的。在中国，当自觉的文学创作论诞生之初，就已经自觉地认识到："是以或竭情而多悔，或率意而寡尤。虽兹物之在我，非余力之所勠。"（陆机《文赋》）后人亦每云："炼句炉槌岂可无，句成未必尽缘渠。老夫不是寻诗句，诗句自来寻老夫。"（杨万里《晚寒题水仙花并湖山》）而中国诗学所追求的这种不谋而至的"自然英旨"（钟嵘《诗品》），是拘泥于"有为"的西方人难以理解的。

3. "结构"与"肌质"的关系

关于结构与肌质二者之间的关系，前面已经涉及二者的外在关系，如说在诗歌中"肌质"是决定性的，"逻辑结构"是附属性的。而这里要研究的是两者之间内在的有机联系。

兰色姆在否定结构与肌质之间的联系中，强调肌质的独立性。他说："细节的独立性就是诗的肌质，它在某种意义上'依赖'于诗的逻辑论点，但并不完全由后者决定。"①又说："诗歌的最大特点便是从其表面论旨旁逸斜出，常用的手法就是类比。"②从其表面论旨旁逸斜出的，就是从逻辑结构中游离或曰逃逸出来的"肌质"。他还分别对结构与肌质做了这样的论述：

> 诗歌的结构本身就是诗歌的散文释义，它几乎可以是任何种类的逻辑话语，可以表达适合于逻辑话语的任何内容。同样，肌质几乎是诗人可以随意想到的任何真实的内容，只要它是自由的（free）、不受束缚的（unrestricted）、硕大的（large），因而无法完全进入结构当中去。③

---

① John Crowe Ransom, *The New Criticism*, Westport: Greenwood Press, 1979, p.271.

② Ibid.

③ Ibid., p.280.

如此说来，结构与肌质虽然同在一首诗中，却说不上有什么内在的有机联系了。

这个问题，还可以从兰色姆对"喻本（tenor）"和"喻体（vehicle）"关系的论述中得到进一步的理解，因为在诗歌中喻本和喻体的关系实际上就是结构和肌质的关系。兰色姆曾说，任何一个特定的隐喻都需要某种能够成立的逻辑，或者某种明确的"类比用意（point of the analogy）"。这是在强调隐喻的喻体与喻本的逻辑联系，只是为说明逻辑结构的必要性。接下来着重陈述的是："喻体内容本身必须精彩出色"，"喻体必须既独立完整，又超越原始场景"，而"在此过程中，喻体变得与主题结构无关，它支持诗歌实现植入局部肌质"。[①]就是说喻体固然是因喻本而立，但在它自我完善的过程中，却逐渐走向"独立"，"变得与主题结构无关"了。

因此，对于柯勒律治（Samuel Taylor Coleridge）与理查兹那种认为喻本和喻体是个可以相互"激活"的"复合体"的观点，兰色姆批评他们在双方的关系上"走过了头"。喻体的意义在于："通过喻体对论旨的介入，我们得到了一个崭新而肯定的语境"；"这一特定的喻体给喻本以某种方向，对诗歌的逻辑结构产生了真实的影响，同时也丰富了诗歌的局部意义，即诗歌的纯粹肌质"；但是，"喻体赫然自立，不管柯勒律治和理查兹怎么说，在它与喻本之间很难发现有多少相互修正或多少'相互激活'的内容"。[②]显然，兰色姆仅仅承认在语境的层面上喻体会对喻本产生"真实的影响"，而不承认在各自的"内容"方面喻体与喻本会有什么相互影响。他认为在"内容"方面二者仍是各自独立的，即使在喻体与喻本之间有一些"相互激活"之类的"互动"，也没有多大意义，也不会改变二者的相对独立性。

---

①　John Crowe Ransom, *The New Criticism*, Westport: Greenwood Press, 1979, p.85.

②　Ibid., p.83.

兰色姆要否认这种影响颇大的"互相激活说"的原因是：一、兰色姆更注重肌质的作用，因此更强调喻体的影响力；二、"隐喻意味着对于纯粹逻辑的背弃（disaffection）"[①]，隐喻再重要也不能影响诗歌的主旨，隐喻只是诗歌附带的收获与次生品。总之，隐喻与诗歌相对独立，隐喻的喻本与喻体相对独立。

结构与肌质或喻本与喻体的关系问题，实质上是人的思维活动的两种方式即理性思维与感性思维的关系问题。兰色姆之所以否认结构与肌质、喻本与喻体在内容上可以成为"相互激活"的"复合体"，即否认双方之间存在某种内在的有机联系，是因为他根本否认理性思维与感性思维这两种思维方式可以相互融合。艾略特在论述十七世纪的玄学派诗人时说，他们"具有一种感受机制"，"一种对思想直接的质感体悟"，能够"像闻到玫瑰花香一样立刻感受到他们的思想"。[②]兰色姆根本不承认有这样的"感受肌质"：

> ……我倾向于认为他们根本就没有那种东西。……我们不大明白如何去感受一种思想，我们能做到的顶多就是，在思考时不否认这个过程中一切单纯的、无关的情感。思想与情感的二元关系依然存在。[③]

兰色姆还更详尽地提到，那种以为"理性活动"与感性的"包容性体验"可以融合为"浑然纯质的统一体"的观念已经过时了，已经是一种被近世科学所否定了的落后观念了。所以，他批驳道：

---

① John Crowe Ransom, *The New Criticism*, Westport: Greenwood Press, 1979, p.77.

② 王恩衷编译：《艾略特诗学文集》，北京：国际文化出版公司，1989年，第30—31页。

③ John Crowe Ransom, *The New Criticism*, Westport: Greenwood Press, 1979, pp.183—184.

　　我认为，我们必须抛弃那种感受思想的心理魔术，代之以某种更易于把握也更为可信的东西：在探索细节的个别特性时，暂时将主题思想搁置起来。我们不再追寻主题思想，而是转移方向，去追寻细节的来龙去脉，然后，我们又返回到主题思想上来。[①]

　　这样，理性思维与感性思维就被不容置疑地确定为各自分立的"二元关系"，隐喻的"喻本"和"喻体"、诗的"逻辑结构"和"肌质"也就只能作为各自独立的两回事分别加以探索了。兰色姆认为，这才是更易于把握也更为可信的方法。

　　在结构与肌质的关系问题上，最鲜明，也最通俗易懂地表达了兰色姆的观点的说法，是把诗的逻辑架构比喻成房子，而肌质则是"糊的纸，挂的画幔"之类的装饰物，"是和构架无关的"。[②]在兰色姆看来，诗的结构与肌质就是这样的关系，没有什么内在的有机联系。

　　不难看出，结构与肌质的关系，其实就是理性与感性的关系。而如何处理理性与感性的关系，以实现这两方面的有机统一，是新批评的诗歌结构论所要解决的核心问题。新批评诗学家们围绕此问题进行过反复的讨论。

　　4."结构—肌质"论的"本体性"

　　在兰色姆的思想中，诗歌之所以是结构与肌质的综合体，是因为现实世界本身就是这样的综合体，诗歌与现实世界同构。因此，他说诗歌的这种特征"是本体性的"：

　　诗歌作为一种话语的根本特征是本体性的。诗歌表现现实生活的一个层面（an order of existence），反映客观世界的一个等级（a grade

---

　　①　John Crowe Ransom, *The New Criticism*, Westport: Greenwood Press, 1979, p.185.

　　②　约翰·克罗·兰色姆：《纯属思考推理的文学批评》（1941），见赵毅衡编选《"新批评"文集》，天津：百花文艺出版社，2001年，第107–108页。

of objectivity），而对于这样一个层面和等级，科学话语无能为力。①

"反映客观世界的一个等级"，是指反映那个尚未被科学抽象化的、意蕴更为丰富的实际存在的世界。兰色姆并不否认科学的具体内容，称科学世界"脉络有致"（schematized）②，但否认科学可以提供合理的世界观和本体论。诗歌世界"表现现实生活的一个层面"，亦即指表现那种超越单纯的经济活动与功利活动的更为丰富、健全的人生。兰色姆曾这样谈论"人类生活"：

> 也许在济慈眼里，一般的人类生活是病态的，……那是一种麻木的生活，……它就是一系列没有肌质的结构。③

上述观点都带有显著的人文主义色彩，表明兰色姆的理想是在科学技术统治的现代社会中，用诗歌来维系这种人文主义色彩。这或许有助于我们理解他的"结构—肌质"论诗学的哲学本质。

5. "结构"与"肌质"的含义与译名

"结构"与"肌质"这两个术语，显然来自兰色姆在分析事物诗、概念诗和玄学诗这三种诗时所说的"概念"与"事物"。简而言之，"结构"即"概念"，"肌质"即"事物"。故体现在诗歌作品中，"结构"就是"立意"，或谓之"主题思想""散文释义"，这是"逻辑话语"；而"肌质"则是可以让人在"厚实的事物中观察、惊叹和欢跃"的"具体细节"，是由"逻辑话语"转换而来的"意象话语"。以诗歌创作的最高级的修辞技巧——"隐喻"而言，"结构"就是"喻本"，而"肌质"乃是"喻体"。以诗歌的"本体性"而言，"结构"是"世界的骨架"，

---

① John Crowe Ransom, *The New Criticism*, Westport: Greenwood Press, 1979, p.281.

② Ibid., p.79.

③ Ibid., p.248.

"肌质"是"世界的血肉"。"结构"与"肌质"，这"异质性"的两方面的组合，既是世界的结构，也是诗歌的结构。

把上述所有这些说法归结起来，显而易见，兰色姆所论述的结构与肌质的问题，实质上就是理性与感性的问题，包括思维方面"分门别类的理性活动"与"周纳任何事物的包容性体验"，以及存在方面"从世界抽象出来的概念世界"与"抽象背后的活生生的物体世界"。"理性"与"感性"是西方传统哲学的基本范畴，理性与感性的关系是西方传统哲学的基本问题。兰色姆以及整个新批评派的诗学，尤其是他们对诗歌的根本特征即诗歌的特殊结构的探讨，就是围绕理性与感性关系展开的，即试图解决诗歌中理性与感性如何统一的问题。

与上面的内容相联系，在此略为交代关于"结构"与"肌质"这两个术语的译名问题。在兰色姆的著作中，作为整体的诗歌结构论的"结构"和作为诗歌结构内部的"结构"（与"肌质"相对的逻辑结构），用的是同一个词——structure，意即结构、构造。structure的这两个含义显然应该是有区别的。中文译者对于作为整体的诗歌结构论的structure，一般都译为"结构"；而对于与"肌质"相对的逻辑结构的structure，则有多种不同的译法，有的仍译为"结构"，有的译为"构架"，还有的译为"骨架"。至于"肌质"，兰色姆用的英文原词是texture，有组织、质地、事物的纹理、皮肤的肌理等多种含义，中文译者大都认为译作"肌质"较为恰当，但也有的译为"肌理"。例如：罗钢等译的韦勒克的《批评的诸种概念》，就把兰色姆的"结构"与"肌质"译为"骨架"和"肌理"[1]；赵毅衡在《重访新批评》中也谈道，兰色姆把诗的具体性看成是世界的"血肉"，与科学的抽象造成的"骨架子"相对。[2]

这些说法无疑是符合兰色姆的思想实际的。据此，将他的与texture（肌质）相对的structure译为"骨架"似更恰当。但texture则译成"肌质"

---

[1]　［美］勒内·韦勒克：《批评的诸种概念》，罗钢等译，上海：上海人民出版社，2015年，第329页。

[2]　赵毅衡：《重访新批评》，成都：四川文艺出版社，2013年，第8页。

为妥，因中文"肌理"一词主要是指肌肤的纹理（有时也指器物、花木的纹理），而不是作为"肉体"的肌肤本身。考虑到本书多次引用的中文译本的译法，本书仍采用"结构"与"肌质"这两个译名。

三、兰色姆的"肌质"与中国诗学的"肌理"

《〈文心雕龙〉与二十世纪西方文论》一书，以兰色姆的"结构—肌质"论（structure-texture）与中国古代文论中的"肌理说"相比附，先提出兰色姆所说的"肌质"与"结构"就"约略相当于"刘勰《文心雕龙》中"擘肌分理"的"肌"和"理"，又提出兰色姆的"结构—肌质"论与翁方纲的"肌理说""在诗论指导思想上非常相像"。笔者以为这两个看法均似尚可再议。

1.兰色姆的"结构—肌质"论与刘勰的"擘肌分理"

该书指出：

> 兰塞姆的所谓诗的局部"肌质"和"逻辑结构"约略相当于刘勰《文心雕龙·序志》篇所谓"擘肌分理"中的"肌"和"理"。前者指诗歌作品具体可感、细腻而微的语词质地，……而后者则指寓于诗歌作品中的抽象而不易把捉的情、理，……《情采》篇云"情者，文之经；辞者，理之纬：经正而后纬成，理定而后辞畅，此立文之本源也"。"擘肌分理"中的"肌"和"理"大概就分别相当于文、辞和情、理。[1]

这里约略有以下三点尚需讨论。

第一，刘勰《文心雕龙·序志》篇里的"擘肌分理"，出自汉代

---

① 汪洪章：《〈文心雕龙〉与二十世纪西方文论》，上海：复旦大学出版社，2005年，第106-107页。

张衡的《西京赋》，似应视为成语。张衡《西京赋》曰："若其五县游丽辩论之士，街谈巷议，弹射臧否，剖析毫厘，擘肌分理。"这里的"肌""理"二字，就是合指肌肉或肌肤的纹理。故《汉语大词典》注释"擘肌分理"一语曰："喻分析精密。理，肌肉的纹理。"另注"肌理"曰："皮肤的纹理；器物、花木果实等表面的纹理。"由此可见，作为成语的"擘肌分理"中，"肌""理"二字并无"词语质地"与"抽象情理"的含义与分别。

第二，刘勰《文心雕龙·序志》篇里的"擘肌分理"就是张衡《西京赋》中的"擘肌分理"，语义并无变化。故陆侃如、牟世金的《文心雕龙译注》注曰：

> 擘肌分理：张衡《西京赋》中曾说："剖析毫厘，擘肌分理。"（《文选》卷二）指剖析的精细。擘：剖。理：肌理，指肌肉的纹理。这里是比喻对文学理论的分析。①

这里对《文心雕龙·序志》篇里"擘肌分理"的注释，与上述《汉语大词典》对此语的注释几乎完全相同，仅针对《文心雕龙》一书增加了"这里是比喻对文学理论的分析"一句。另外，这部《文心雕龙译注》还对《文心雕龙·序志》篇里"擘肌分理"的句段，即"同之与异，不屑古今；擘肌分理，唯务折衷"数语，做了如下的今译：

> 无论与前人相同或不同，并不在于这些说法是古人的还是今人的，主要是通过具体分析，力求找出不偏不倚的正确主张来。

这里对《文心雕龙·序志》篇里"擘肌分理"一语的今译，仅仅是"通过具体分析"，也丝毫未见"肌"是指"词语质地"、"理"是指"抽

---

① 陆侃如、牟世金：《文心雕龙译注》，济南：齐鲁书社，1995年，第611页。

象情理"这样的分别理解。如果我们没有理由否定这些《文心雕龙》专家对《文心雕龙》的理解，那就应该承认：即使是在《文心雕龙·序志》篇里，也找不到"肌"是指"词语质地"、"理"是指"抽象情理"的意思。

第三，引《情采》篇为据，证明《序志》篇"擘肌分理"的"肌""理"，"分别相当于文、辞和情、理"，亦属牵强。《文心雕龙·情采》篇就是中国传统文论中的"文质论"，所论自然是诗文的内容与形式，即"情理"与"文辞"的关系问题。该书引用的"情者，文之经；辞者，理之纬：经正而后纬成，理定而后辞畅，此立文之本源也"那几句话，《文心雕龙译注》译为："思想内容犹如文辞的经线，文辞好比是内容的纬线，必须首先确定了经线，然后才能织上纬线。所以写文章也要首先确定内容，然后才能产生通畅的文辞：这就是文学创作的根本原则。"[1]这里，乃至于《情采》篇的全篇，均未言及"肌理"。既然《序志》篇"擘肌分理"的"肌""理"二字本无分别指称"文辞"和"情理"之意，而《情采》篇虽专论"文辞"和"情理"，却从未言及"肌理"二字，如何能用后者证明前者，说《序志》篇"擘肌分理"的"肌""理""大概就分别相当于"《情采》篇的"文、辞和情、理"？

显然，本无须用《情采》篇来论证，"'擘肌分理'中的'肌'和'理'大概就分别相当于文、辞和情、理"的结论其实是早已有了的。至于这个结论是怎么来的，文中未有所证。

其实，即使把"肌"和"理"解释成"文辞"和"情理"，也未必就"相当于"兰色姆的"肌质"与"结构"，因为"文辞"与"肌质"还相去甚远。下文将就此问题进行讨论。这里先补充一句似乎是"题内"的题外话。如果仅仅是从字面上寻找《文心雕龙》与兰色姆的"结构—肌质"相似的言论，则《辨骚》篇里"观其骨鲠所树，肌肤所附，虽取熔经意，亦自铸伟辞"中的"骨鲠所树，肌肤所附"八个字，倒似贴切可用。

---

① 陆侃如、牟世金：《文心雕龙译注》，济南：齐鲁书社，1995年，第404–405页。

2.兰色姆的"结构—肌质"论与翁方纲的"肌理说"

该书在谈过刘勰之后，随即转向清人翁方纲，认为翁方纲继承了刘勰的上述论文思想，创立"肌理说"，并且翁方纲与兰色姆在诗论指导思想上非常相像，前者所用的"肌理"二字分别相当于后者的"肌质"和"逻辑结构"：

> 而翁方纲也重诗法的研究，他在《诗法论》中说："法之立也，有立乎其先、立乎其中者，此法之正本探原也；有立乎其节目、立乎其肌理解缝者，此法之穷形尽变也。……夫惟法之尽变者，大而始终条理，细而一字之虚实单双，一音之低昂尺黍，其前后接榫，乘承转换，开合政变，必求诸古人也。"翁方纲所谓"穷形尽变"正是就诗文具体而微的写作技巧和方法而言的，它包括遣词造句、篇章结构的起承转合以及作品的声韵格律等种种技法。①

需要深思的内容略分为两点。

其一，上述言论提出，翁方纲的"肌理"二字分别相当于兰色姆的"肌质"和"逻辑结构"。

实际上，翁方纲虽然提倡"肌理说"，却从未单独论述过"肌"字。我们实在无法有根据地说清，他的"肌"字究竟是什么意思；因此也实在无法有根据地断定，他的"肌理"二字是否"分别相当于"兰色姆的"肌质"和"逻辑结构"。从翁方纲有关"肌理说"的言论中可以看到的，就是集中强调一个"理"字。其《言志集序》云：

> 在心为志，发言为诗，一衷诸理而已。理者，民之秉也，物之则也，事境之归也，声音律度之矩也。……义理之理，即文理之理，即

---

① 汪洪章：《〈文心雕龙〉与二十世纪西方文论》，上海：复旦大学出版社，2005年，第109-110页。

肌理之理也。

这篇《言志集序》是他集中阐述"肌理说"之宗旨的最重要的论文。这段话清楚地表明，"肌理说"的要义仅在一个"理"字，"肌"只不过是个形容性、比喻性的衬字。"理"分为两类：一是"义理之理"，如"民之秉""物之则""事境之归"，等等；一是"文理之理"，即"声音律度之矩"，包括各种形式规则、技术方法。而"义理之理""文理之理"也都是"肌理之理"。这里"肌理"二字很难分开解释，只能说"肌理"就是"理"，"理"就是"肌理"。故云"在心为志，发言为诗，一衷诸理而已"。就是说，为诗之道，"肌理"之说，一"理"字足矣。可见翁方纲"肌理说"的"肌"字并不相当于兰色姆的"肌质"。

其二，该书以兰色姆强调"肌质"的一段话与翁方纲论"诗法"的一些话相提并论，以证明他们于"尚理"的同时也重视形式技巧。

这里的主要问题并不在于"他们于'尚理'的同时也重视形式技巧"这个结论。"尚理的同时也重视形式技巧"就是既重视内容也重视形式，简单地说就是文质并重。在古今中外的文论家中，大多数都是在不同程度上文质并重的，不足以说明翁方纲与兰色姆"在指导思想上非常相像"，简而言之，就是将"肌质"论与翁方纲的"诗法"论这两种迥然异趣的理论混为一谈了。

兰色姆所说的"肌质"，主要是指用"隐喻"之类的艺术方法创造出来的具体的、活生生的感性意象，所以他又称之为"抽象背后活生生的肌质"，并突出强调了"自然景物"与"肌质"的特殊亲缘关系："自然景物几乎不可避免地会成为审美体验的象征。大自然中差不多全都是肌质，形态纷繁几近于无形。"[①] 他还以诗人所特有的热情，赞美那个"充满了顽强的和不断产生的物体的世界"，说"这是一些必须体会而不能言传的

---

① John Crowe Ransom, *The New Criticism*, Westport: Greenwood Press, 1979, p.249.

物体"等。在他看来，这样的"活生生的肌质"才是诗的生命。

在引述了兰色姆论"肌质"的话之后，该书以"翁方纲也重诗法的研究"一语接转到后者的《诗法论》。本来，与兰色姆论"肌质"的那些话相近，强调以物写心，以景寓情，"立象以尽意"，原是中国古代诗学的强项，更为中国古代诗论家所常谈。但是翁方纲除外，他的《诗法论》可以说几乎与此全然无关。首先需要申明，翁方纲之"法"并不仅指形式技巧，也包括思想内容之"理"。即如该书引述的《诗法论》那段话：

> 法之立也，有立乎其先、立乎其中者，此法之正本探原也。
> 杜云"法自儒家有"，此法之立本者也。

此等"正本探原"之法、"立本"之法就是指"义理之理"。

> 立乎其节目、立乎其肌理解缝者，此法之穷形尽变也。
> 又曰"佳句法何如"，此法之尽变者也。

此等"立乎其节目、立乎其肌理解缝"或用于推敲"佳句"的"穷形尽变"之法才是指形式技巧，也就是"文理之理"。"理"与"法"本来相通：从"知"的角度来说"法"也是"理"，从"用"的角度来说"理"也是"法"。所以翁方纲重"理"也重"法"，言"理"也言"法"。只是按照习惯，"义理之理"多称之为"理"，"文理之理"多称之为"法"罢了。

翁方纲所说的属于形式技巧方面的"穷形尽变"之法是指："大而始终条理，细而一字之虚实单双，一音之低昂尺黍，其前后接榫、乘承转换、开合正变。"该书又进一步解释道："翁方纲所谓'穷形尽变'正是就诗文具体而微的写作技巧和方法而言的，它包括遣词造句、篇章结构的起承转合以及作品的声韵格律等种种技法。"这里我们看到，翁方纲这些言论只是一套遣词造句、篇章结构之类的文章作法，丝毫没有涉及"立象以尽意"的感性意象，即兰色姆之"活生生的肌质"。兰色姆把他的"肌质"视为诗之所以为诗的本质特征，翁方纲的言论与诗的本质特征相去甚远。兰色姆说，如果对诗的肌质无话可说就等于就只不过是将诗视为散文而已。翁方纲的"诗法"论，除了"一音之低昂尺黍"一句之外，可以说就是"将诗视为散文"了。这也顺理成章，因为翁方纲的"肌理说"本来就是搬到诗坛上来的桐城派的"古文义法论"。

上述情况不免使人觉得，这些"比较"的产生，主要是因为texture这个词被中文译者译成了"肌质"或"肌理"，更准确地说主要是因为这种译法的字面上有个"肌"字。如果texture被译成了别的语词，没有"肌"字，如"织物"等，大概就不会有这么多的联想了。根据在线词源词典①，英语"texture"一词来源于15世纪早期，意义是"网络、结构"，从17世纪50年代开始才有"结构特征"之意的语料记录，词根"texere"的意思是"编织"。其拉丁语词源为"textura"，意为"网状物、织物"。②可见，"texture"的基本意义是"编织物"，与中国的"肌理"之论相差甚远。

第三节　沃伦与退特的两种张力论

美国的第二代新批评诗学家，主要是兰色姆的三个学生：潘·沃伦、克里安斯·布鲁克斯和艾伦·退特。潘·沃伦和艾伦·退特在诗的结构问题上虽然都提倡"张力"，但侧重点并不相同，可以说是两种不同的张力论。

---

① 网址为https：//www.etymonline.com/search？q=texture.

② ［奥］雷立柏编著：《拉丁语汉语简明词典》，北京：世界图书出版公司，2011年，第277页。

一、潘·沃伦的张力论

潘·沃伦有一篇重要的诗学论文，名为《纯诗与非纯诗》。文章对提倡"纯诗"的主张做了有力的批判，并在此基础上提出了他自己的主张，就是张力论。

1.对纯诗论的批判

纯诗论的要旨，就是认为诗歌应该排除一切"散文成分"，仅仅保留"诗的成分"；散文成分主要是指理性的概念，诗的成分则主要指感性的意象。

沃伦分析说，虽然纯诗的学说和关于诗中的杂质由什么构成的解说，有着许多种，但纯诗论者有个共同的信念，就是认为"诗意"是"被寓于一首诗的……某个特殊成分内的精髓"。他把各种各样的"纯诗"论者所排除的因素汇总起来，列了一张表，其中包括"思想，真理，概括，意思"，"精确的、复杂的、理智的意象"，"背景，叙述，逻辑过渡"，"讽刺"，以及"主观和个人的因素"等共十条，而后指出：

> 没有哪条纯诗的理论把上述条目全部摒除在外，……如果其中有一个条目似乎是纯诗理论的核心，那么它就是第一个："思想"。据说，"思想与诗的效果无关，甚至可能对它有害"。①

可知，纯诗论，要排除的主要就是"思想，真理，概括，意思"等纯粹理性的、概念性的因素。

沃伦并没有简单地否定"诗要排除思想"这种说法。他指出，这种说法其实可以有多种不同的解释。首先是诗的散文释义不等于诗，诗的要旨或主题不等于诗的叙述。其次是一种"极端的解释"，就是认为诗应该仅

---

① Robert Penn Warren，"Pure and Impure Poetry"，*The Kenyon Review*，Vol. 5，No. 2（Spring，1943），p. 247.

仅提供单一的鲜明意象，仅有意象而无其他。第三种是介于上述这两种解释之间的一种"复杂和混乱的变体解释"，认为"概念"虽不被包含在诗的效果之内，但必须出现。

这三种解释，第一种实际上并不排斥诗歌中的"散文成分"，只是认为诗的"散文释义"并不等于诗本身。沃伦对这种解释并无异议。他要辩驳的是后两种，即认为诗只应提供单一的鲜明意象的"极端解释"，以及概念必须出现但却把它排除在诗的效果之外的"变体解释"。

沃伦首先批驳的是第三种。上面这段概述"变体解释"的话，提到"波特尔的散文成分"。波特尔（Frederick Pottle）在《诗歌的表现方法》（*The Idiom of Poetry*）中回答"诗里的什么样的散文成分才是可以接受的"时，说散文成分起某种"结构的作用"时就是有益的，如果过于明显和独特，甚至地位超过了意象就会令人反感，即把散文成分排除在诗歌之外。关于"结构的作用"，波特尔用了三个隐喻："一种背景，意象投射在它上面；一个框架，意象出现于其中；或者一根索，意象系于其上。"[①]沃伦认为波特尔的"结构"，就像"珠宝商的陈列柜"一样，诗歌中的意象就像珠宝放在那里展览，但是珠宝（即意象）和陈列柜（即结构）之间，甚至珠宝和珠宝之间，没什么关系。这就是说诗中的概念与意象之间乃至意象与意象之间纯属机械组合，并无任何有机联系。波特尔的基本观点，就是"只把诗歌置于意象中"，认为背景、轮廓、线索等等概念性的散文因素不参与一首诗所产生的诗的效果，而且实际上它们都在破坏诗的效果，因此不应该使它们显得鲜明、明显和独特。在沃伦看来，这种虽然不排斥概念，但却把它排除在"诗的效果"之外的"变体解释"，是"纯诗学说"向本来对纯诗论"持有怀疑的批评家的理论"的渗入，实质上是一种变相的纯诗论。沃伦还谈到，即或艾略特，也曾表示"一首诗中的概念并不参与诗的效果"，看来也在致力于一种纯诗理论。

---

① Robert Penn Warren, "Pure and Impure Poetry", *The Kenyon Review*, Vol. 5, No. 2（Spring, 1943）, p.245.

不难看出，沃伦所批驳的这种"变体解释"其实也是兰色姆的观点。兰色姆的"结构—肌质"论就是认为，诗中概念性的"散文因素"虽然不可缺少，但诗之所以为诗的"本体个性"却在于意象之类的肌质；概念性的"散文因素"只是"支持诗的肉体的脊柱骨"，他也称之为诗的"结构"。沃伦对"变体解释"的批驳表明，他并不赞成他的老师的"结构—肌质"论，也不赞成把概念性的散文因素视为诗的"结构"。

对于第二种，即那种排斥理性、独标意象的极端的纯诗论，沃伦做了深刻有力的批判：

> 即使在最严格的意象主义的诗歌里也会有概念悄悄潜入——在意象离开了它原来的所在地而进入一首诗时，它便开始"意指"某种东西了。那种企图从诗中排除概念的努力破坏了我们的存在的统一和我们的经验的统一。[1]

的确，诗中的意象并不是纯粹客观的物象。当一个意象进入一首诗的时候，它就已经同诗人的某种心意不可分割地联系在一起了，即"便开始'意指'某种东西了"。当然，与意象相关联的心意未必全是理性，但是同"意象"相对而言，新批评是把人的心意笼统地理解为"理念"或"概念"的。维姆萨特就有"理念和形象两方面的协调和统一"[2]的说法。所以沃伦也把这种"意指"视为"概念"的"悄悄潜入"。正是这种"意指"，把概念与意象，即理性与感性有机地结合了起来。上述这段话后面又指出，"从诗中排除概念"，就破坏了"存在的统一"和"经验的统一"。"存在的统一"是指客观的现实世界的统一。新批评认为，客观的现实世界本来就包含理性与感性两个方面。如兰色姆所说，"科学世界"是指抽象的、纯理性的世界，而"生活世界"则是指理性与感性浑然

---

① Robert Penn Warren，"Pure and Impure Poetry"，*The Kenyon Review*，Vol. 5，No. 2（Spring，1943），p.249.

② 赵毅衡：《重访新批评》，成都：四川文艺出版社，2013年，第53页。

一体的现实世界，亦即"更丰富多彩（denser）也更难驾驭的（refractory）本原世界"。①沃伦所说的"存在的统一"，就是现实世界中的理性与感性的统一。"经验的统一"是指人的精神世界中的理性与感性的统一。新批评认为，人的精神世界也同时包含理性与感性两种经验。亦如兰色姆所指出的两种互相排斥的经验：理性活动（the abstracted exercise）和包容性体验（the inclusive experience）。前者要求准确和分类，后者却几乎能容纳一切。②

显而易见，这里所说的两种"互相排斥的经验"就是理性经验与感性经验。兰色姆虽然否认这两种经验可以融为一体，但却明确指出人的精神世界同时存在这两种经验。沃伦所说的"经验的统一"，就是这两种经验的统一。总之，无论诗的世界、现实世界还是人的精神世界，无不是理性与感性统一的世界。而沃伦对独标感性意象的纯诗论的批判，就是坚持诗的世界应该是理性与感性统一的世界。

尚不止此。沃伦紧接着还引述了桑塔亚那（George Santayana）的一段话，说明诗歌根本不可能完全排除理性的"散文因素"而仅存纯粹的感性意象：

当诗人不是没有头脑时，哲学就不可避免地走进诗人的诗歌中去，因为哲学已经进入了他的生活；或者还不如说，在事物的细节和概念的细节同样地躺在把他引向他的理想的小路之上时，它们就同样地进入了他的诗句。反对诗歌中的理论就如同反对诗歌中的语言；因为语言也是符号，不具备它们所代表的事物的感性特征。可是在语言唤起我们对事物的回忆的过程中，只有通过语言加在事物上面的新的

---

① John Crowe Ransom, *The New Criticism*, Westport: Greenwood Press, 1979, p.281.

② Ibid.

关系网，诗才有可能形成。①

　　这段话包括两层意思。一层是说，理性并不在人的生活之外，因而也不在人的经验之外；当诗人要呈现他的经验之时，"事物的细节和概念的细节"，即感性因素与理性因素就已经"同样地进入了他的诗句"。另一层是说，诗人对经验的呈现就是用语言的呈现，而语言本身就是一种概念化的符号，它并不具备它所指称的"事物的感性特征"；只是"在语言唤起我们对事物的回忆的过程中"，"通过语言加在事物上面的新的关系网"，才带有了"事物的感性特征"，诗也"才有可能形成"。如果说前面沃伦自己那段话侧重于强调诗应该呈现"我们的存在的统一和我们的经验的统一"，那么他引述的桑塔亚那这段话，则是强调诗所能够呈现的也只能是"我们的存在的统一和我们的经验的统一"，而不可能是纯粹感性的意象。

　　总之，既不能把理性的散文成分排除在诗之外，也不能把理性的散文成分排除在诗的"效果"即诗意之外。在做了上述分析之后，沃伦提出："难道这还没有使我们得出如下结论：诗歌本质上不属于任何个别的成分，而是取决于我们称之为一首首诗的那一整套相互关系即结构。"②

　　2.对张力论的阐述

　　接下来，沃伦正面阐述了自己的诗歌结构论，提出：

　　　　于是就产生了下面的问题，即在那样的结构中什么成分不能使用？我的回答应该是，凡是在人类的经验可获得的东西都不应被排除在诗歌之外。③

---

　　①　Robert Penn Warren，"Pure and Impure Poetry"，*The Kenyon Review*，Vol. 5，No. 2（Spring，1943），pp. 249–250.

　　②　Ibid.，p.250.

　　③　Ibid.

从原则上说，似乎凡是人类"经验"到的东西，无不可以入诗；但实际上，那些纯粹知性的经验，即兰色姆所说的以确凿事实与准确推理为内容的、分门别类的理性活动，是很难单独入诗的。作为对这个原则的解释，沃伦甚至说在一定的场合和功能的前提下，任何的材料比如化学公式都可以入诗。因为事物是平等的，对事物的经验也是平等的，一个诗人的是否伟大"就要取决于它能够在作诗上掌握的经验的范围大小"①。沃伦的这种说法，显然都是为了往"张力"的方向引导，因为如果是纯诗，就会把冲突或抵触部分排除出去。②那么可以说，他的张力论与此恰恰相反，就是要把经验中那些"可能调整其原来的冲动或与之抵触的某些成分"尽数接纳，以形成足够的张力，使诗的结构变得尽可能地复杂。

所以下文即说："我们能不能就诗的结构的本质做出任何概括呢？首先，这个问题涉及不同程度的对抗（resistances）。"③"对抗"，也就是"张力"，接着便罗列许多种"张力"：

诗的韵律和语言的韵律之间存在着张力；

张力还存在于韵律的刻板性与语言的随意性之间；

存在于特殊与一般之间；

存在于具体与抽象之间；

存在于即使是最朴素的比喻中的各因素之间；

存在于美与丑之间；

存在于各概念之间；

存在于反讽包含的各种因素之间；

存在于散文体与诗体之间。

诗的世界是充满张力的世界，甚至简直就是张力的世界。但沃伦意犹未

---

① Robert Penn Warren，"Pure and Impure Poetry"，*The Kenyon Review*，Vol. 5，No. 2（Spring，1943），p.250.

② Ibid.，p.241.

③ Ibid.，p.250.

尽，还补充："列出的清单并非是想包罗万象，只是给人以启示而已。"①

　　"张力"就是矛盾，就是冲突；有矛盾就会有抵抗、有斗争。所以一首诗的进程就是通过抵抗和斗争使矛盾和冲突得到解决的过程，也就是使张力得到缓解、使对立走向统一的过程，就像是一场戏剧的演出。这是沃伦的张力论的必有之意，或谓之固有之意。他说："一首诗要成功，就必须要赢得自己。""赢得自己"就是自己解决自己的矛盾，自己证明自己的观点："它是一种朝着静止点方向前进的运动，……一种受到抵抗的运动……"一首没有张力、没有抵抗的诗无法引起人们的注意，唤不出读者的紧张感。因此，一首"好的诗必须在某种程度上涉及抵抗，它必须具有某些它自己创造的语境，它必须最终与茂丘西奥达成协议"。茂丘西奥（Mercutio）是莎士比亚《罗密欧与朱丽叶》（William Shakespeare, *Romeo and Juliet*）的浪漫爱情故事中一个讲究现实的、煞风景的角色，这里比喻同诗的主旨相对立的因素。下面沃伦就是以戏剧来说诗了：

　　　　我们在悲剧里很容易发现这样的情况：善或恶的定义在悲剧中不是一个"被给予的东西"，而是在全剧的发展过程中被获得的某种东西，……所有这些汇总成如下的事实：结构是一种戏剧性的结构，是一种通过动作朝着静止，通过复杂性朝着效果的简单性发展的一种运动。②

　　沃伦的张力论的要旨概见于此。

　　还有一个不可忽略的重要概念，那就是"反讽"（irony）。反讽可以说是张力的一种突出表现，因为对于诗人的观点而言，反讽不仅是一种否定，甚至是一种破坏。所以沃伦强调：

---

　　①　Robert Penn Warren, "Pure and Impure Poetry", *The Kenyon Review*, Vol. 5, No. 2（Spring, 1943）, p.250.

　　②　Ibid., p.251.原文为："And all of this adds up to the fact that the structure is a dramatic structure, a movement through action toward rest, through complication toward simplicity of effect."

诗人用以证明自己的观点的方法是把它放进反讽的火焰——他的结构的戏剧中去，并期望他的观点在火焰中会得到精炼。换言之，诗人希望说明他的观点能够对照经验的复杂与矛盾性之后仍然存在。而反讽就是对照这些东西的一种手段。[①]

二、艾伦·退特的张力论

退特的诗学以张力论著称。他的《论诗的张力》一文，开篇即宣布好诗的共同特点与性质就是张力。张力的定义为：

> ……我提出张力（tension）这个名词。……是把逻辑术语"外延"（extension）和"内涵"（intension）去掉前缀而形成的。我所说的诗的意义就是它的张力，即我们在诗中所能发现的全部外展和内包的有机整体。[②]

这段话约可分为前后两个半段。前半段是交代"张力"这个名词的产生，申明它是在"内涵"与"外延"这两个概念的基础上产生的，是对这两个概念的某种综合。后半段则是概述"诗的张力"的基本含义。这里所说的"外展"和"内包"，有的译本仍译作"外延"和"内涵"。两种译法并无实质区别，故本书亦不作分辨。

1. "外延"和"内涵"

"外延"（extension/denotation）和"内涵"（intension/connotation）是两个重要的逻辑学术语，但退特这里所说的外延和内涵并非一般逻辑学之

---

① Robert Penn Warren, "Pure and Impure Poetry", *The Kenyon Review*, Vol. 5, No. 2（Spring, 1943）, p.252.

② 艾伦·退特：《论诗的张力》（1937），见赵毅衡编选《"新批评"文集》，天津：百花文艺出版社，2001年，第129–130页。

义，故须一辨。

T. E. 休姆（Thomas Ernest Hulme）在《浪漫主义与古典主义》的论文中谈到，柏格森（Henri Bergson）曾把一个词在诗中的复杂含义称为"内包的"，与另一种他所称"外延的"相对；并且提出："智力只能处理外延的多样性。要对付内包的你必须用直觉。"[①]说"智力只能处理外延的多样性"，则外延是指那种理性的亦即概念性或逻辑性的内容；说"对付内包必须用直觉"，则内包或内涵是指那种感性的、具有复杂性与含混性的内容，或至少带有这种性质的内容。一个词在一首特定的诗中的实际含义，显然就是后一种内容。休姆明确赞同柏格森的说法，而休姆正是新批评的一位先驱者。

兰色姆亦有此意，而且表述得更为清晰。他说：

> 概念并不能遮住它被加于其上的客体，它们太稀薄、太纤细了；因为概念具有外延性，而物体具有内包性；但外延性是薄的，而内包性是厚的。[②]

一个实实在在的"物体"，具有丰富、深厚乃至无限的意涵，绝非一个用以称呼它的、看似简单明了而实际单薄空洞的概念所能穷尽。即此而言"概念具有外延性，物体具有内包性"，则外延无疑是指理性的概念，而内包亦即内涵，则无疑是指感性的具体事物。兰色姆还以"上帝"一词为例说道：

> 赋予上帝以一种本性、一种形式、各种才能，以及一个历史的不是别人，而是诗人；就是这个上帝（所有名词中意义最广泛的词），

---

① T. E. 休姆：《浪漫主义与古典主义》（1915），见赵毅衡编选《"新批评"文集》，天津：百花文艺出版社，2001年，第24页。

② 约翰·克娄·兰色姆：《诗歌：本体论札记》（1934），见赵毅衡编选《"新批评"文集》，天津：百花文艺出版社，2001年，第65–66页。

> 如果没有诗人的感情冲动把他现实化或找到他，那么他将仍然是柏拉
> 图式概念中最乏味和最无生命的东西，他的一切内包都牺牲给了无限
> 的外延。[①]

赋予"上帝"以生命的血肉，把它现实化、感性化的，正是诗人或那些富于诗情诗思的人；否则它就只是个抽象、干瘪的理念，即"柏拉图式概念中最乏味和最无生命的东西"。对于这种情况，兰色姆说"他的一切内包都牺牲给了无限的外延"，则内包或内涵就是指鲜活的感性生命，而外延就是指抽象的理性概念。兰色姆说："美好的柏拉图式的概念世界却与原来的直觉世界不相符合，后者是充满了顽强的和不断产生的物体的世界，是我们作为艺术家带着羞愧飞往的世界。……这是一些必须体会而不能言传的物体。"[②]这可以说是对他自己及上述柏格森之意的进一步阐明。直觉就是"必须体会而不能言传"。这些话表明，他对理性的"概念世界"和感性的"物体世界"这两个不同的世界有充分的理解。只是如果他不把这两个世界绝对地二元化就更合理了。

兰色姆之后，布鲁克斯在谈"诗人的语言"的时候，也指出："在这种语言中，内涵与外延起着同样重要的作用。我并不是说内涵之重要性在于提供一种花边装饰，外加于诗的题材之上。我是指诗人根本不使用标记语（notation）——应当说科学家才这么做。"[③]在有些理论家看来，能够"提供一种花边装饰"的语言，即运用隐喻等修辞手段所造成的富于形象或意象的语言。把这样的语言称作内涵，则内涵显然就是指这种感性化、意象化的语言。至于诗人根本不使用、只有科学家才乐于使用的"标记语"，则是指那种理性化、概念化的语言，即名称语、符号语、概念语、

---

① 约翰·克娄·兰色姆：《诗歌：本体论札记》（1934），见赵毅衡编选《"新批评"文集》，天津：百花文艺出版社，2001年，第78页。

② 同上，第63页。

③ Cleanth Brooks, "The Language of Paradox", in *The Well Wrought Urn: Studies in the Structure of Poetry*, New York: Harcourt, Inc., 1970, pp.8–9.

辞典语。

维姆萨特在《具体普遍性》这篇论文中有一条脚注：

> 文学批评家经常而且比较随便地使用外延与内涵这两个术语，他
> 们指的是一个词的词典意义（外延）和模糊的暗示氛围（内涵）。在
> 逻辑意义上这两者都属于内涵。[①]

"一个词的经典意义"就是一般语言词典上对这个词所下的定义，
这无疑是普遍性、概念性的，亦即理性的；"模糊的暗示氛围"则是一个
词在一首诗的具体语境中所含有的复杂而微妙的引申意义，这显然是感性
的，或至少带有感性的。维姆萨特这条正文之外似乎无关紧要的注释，却
可以视为对上述诸人一系列有关言论的总结。这个总结告诉我们：外延与
内涵这两个概念已经被文学批评家们彻底改造过了，它们已经不再是原来
的逻辑学概念，而转变成了一对诗学概念。作为诗学概念，外延是指词语
的字面意义，即词典意义；内涵是指这些词语在具体诗篇中的特定的"暗
示"意义。

或许会产生一个疑问：这样使用这两个概念合适吗？初见这种不合常规
的用法的确有点难于理解。但西方逻辑学对外延和内涵的一般定义是：

> 外延即此项所指的事物（it），或者所指事物的集合；内涵是指
> "什么"（what），是从事物（it）中推导出来的品质与分类，或者
> 使用此项或名称时所隐含的东西。[②]

内涵本来就是从事物中"推导出来的"东西，就是事物的名称"所隐
含的东西"，只不过这个推导出来的东西是抽象的概念。从外延和内涵的

---

① 　W. K. Wimsatt，"The Concrete Universal"，in *The Verbal Icon: Studies in the Meaning of Poetry*，Lexington：University Press of Kentucky，1954，p.70.

② 　Ibid.

这种逻辑学定义稍加引申，略一转换，以一个词语的经典意义即词典意义为外延，以这个词语所暗示的某种"模糊"意味为内涵，就成了文学批评家所使用的术语。但一细想，若以内里的诗意为坐标：词语的词典意义就是字面意义，仅居留于真正的诗意之外，岂不正是"外延"？而"暗示"意义则隐喻于词语的字面意义之内，非深思细品即无以领会，此非"内涵"而何？所以，这或可称作诗学的使用。用下表做一比较：

中文术语	外延/外展	内涵/内包
英文术语	Denotation/Extension	Connotation/Intension
逻辑学用法	所指的事物	事物的本质
诗学用法	理性义（字面义/词典义）	感性义（言外义/隐喻义）
与隐喻的关系	喻体	喻本
把握方式	理性	直觉
与诗意的关系	诗意之外	诗意之内即诗本身

退特也是在这种意义上使用这两个概念的。他在阐释自己的张力论时说：

> 柏拉图主义者将喜欢呆在离外延和容易把物体抽象成概念的那一极端相当近的地方，因为他迷恋于道德或某类著作，并会对内涵那一端的任何似乎有争议的含混意思坚持最简单的解释。[1]

这句话中，外延就是抽象的概念，内涵就是"似乎有争议的含混意思"，亦即维姆萨特所说的"模糊的暗示氛围"。可知，退特同样是以理性意义为外延、以感性意义为内涵的，只不过说法略有不同而已。

---

[1]　史亮编：《新批评》，成都：四川文艺出版社，1989年，第119页。

2. "诗的张力" 的基本含义

退特说 "诗的意义就是它的张力，即我们在诗中所能发现的全部外展和内包的有机整体"，他对这个定义进一步解释道：

> 我所能获得的最深远的比喻意义并无损于字面表述的外延作用，或者说我们可以从字面表述开始，逐步发展比喻的复杂含义：在每一步上我们可以停下来说明已理解的意义，而每一步的含义都是连贯一气的。[①]

所称 "最深远的比喻意义" 是指内涵，"字面表述的外延作用" 则是指字面上的逻辑关联。而这里的重心则是强调前者应 "无损于" 后者，即不能因为追求 "最深远的比喻意义" 而损害字面表述的逻辑性。换言之，就是说内涵应 "无损于" 外延，内涵与外延应该双轨并进、相辅相成。所以下文说，"可以从字面表述开始，逐步发展比喻的复杂含义"，而 "每一步的含义都是连贯一气的"，这是对内涵与外延双轨并进、相辅相成的具体说明。据此可见，在谈论 "诗的张力" 的时候，退特把理性与感性的关系问题着重落实到了字面意义与其隐喻意义的关系问题，要求这两方面具有明确的逻辑联系，使诗的 "全部外展和内包" 成为一个有机的整体。"诗的张力" 就是指这个由 "全部外展和内包" 构成的 "有机整体"。

本于这种观点，退特批评了从外延出发而有损于内涵，以及从内涵出发而有损于外延的两种偏向。他说：

> 玄学派诗人作为理性主义者从诗句的外延或接近外延的一端开始，浪漫主义或象征主义诗人则从另一端内包开始；而每一方都靠充分的想象的技巧尽量向对立的一端推进其意义，借以填满全部内涵——

---

① 艾伦·退特：《论诗的张力》（1937），见赵毅衡编选《"新批评"文集》，天津：百花文艺出版社，2001年，第130页。

外延的领域。①

当玄学派诗人从外延出发，向内涵推进的时候，会勉强某些事物作为隐喻的"意象"，而忽略这些事物的本义；结果是隐喻无法成立，当然也就失去了作为诗的内涵的隐喻意义。这是第一种偏向。退特举英国17世纪玄学派诗人阿布拉罕·考利的《赞歌：献给光明》（Abraham Cowley, *Hymn: To Light*）为例。诗中有这样两句：

紫罗兰，春的小宝宝，站起来，
裹在你紫色的襁褓中；②

这里的"襁褓"是用来比喻阳光对紫罗兰的爱抚。但退特说："襁褓"的本意是尿布，尿布如何能比喻阳光的爱抚？比喻无法成立，"深远的比喻意义"亦随之落空。所以退特说《赞歌：献给光明》"是内涵上的失败"③。当浪漫派、象征派诗人从内涵出发，向外延推进的时候，也会搜罗各种美好事物以为比喻，而忽略这些事物同喻本之间的逻辑联系；结果是留下许多逻辑漏洞，使语言经不起推敲。这是第二种偏向。退特举英国19世纪浪漫派诗人詹姆斯·汤姆森的《葡萄藤》（James Thomson, *The Vine*）为例。诗中有这样两句：

爱情的酒是音乐，
爱情的盛宴是歌；④

---

① 艾伦·退特：《论诗的张力》（1937），见赵毅衡编选《"新批评"文集》，天津：百花文艺出版社，2001年，第133页。

② 诗句原文为："The Violet, spring's little Infant, stands, / Girt in thy purple Swaddling-bands."（按：本书中的外国诗句，若无特别标注，皆为笔者所译）

③ 艾伦·退特：《论诗的张力》（1937），见赵毅衡编选《"新批评"文集》，天津：百花文艺出版社，2001年，第128–129页。

④ 诗句原文为："The wine of love is music, /And the feast of love is song."

何以"爱情的酒是音乐"而不是"歌"，"爱情的盛宴是歌"而不是"音乐"？喻本和喻体之间毫无客观联系。这种随意拼凑的比喻语，逻辑不通，难以理喻。所以退特说《葡萄藤》"是外延上的失败"。由此可知，退特的张力论非常强调外延与内涵即字面意义与隐喻意义之间的有机联系，要求二者形同表里，相互依存，结合得天衣无缝。

而做到了这一点的诗人，退特首推邓恩。邓恩《告别辞：节哀》（John Donne, *A Valediction: Forbidding Mourning*）里说的是"我们两个的灵魂为一体，虽我必须离去，忍受不了破裂，却能延展，就如黄金被捶打成薄片"[①]。退特赞赏道：

> 这节诗的全部意义从内包上包括在明显的黄金外展中。如果我们舍弃黄金，我们就舍弃了诗意，因为诗意完全蕴蓄在黄金的形象中了。内包和外展在这里合二而一，而且相得益彰。[②]

大意是说，爱情的永恒性这个内涵与黄金的延展性这个外延恰好相互吻合。只是邓恩这类刻意"捶打"出来的隐喻，逻辑上似乎十分贴切，若从中国诗学的角度来看，造作之痕极重而缺乏自然之趣。

但作为其张力论的"最后例证"，或许也是最高例证，退特对但丁《神曲》（Dante Alighieri, *Divina Commedia*）中的三行诗的赏析，却的确令人叹服。那三行诗的汉译是：

> 我诞生的城市坐落在海边，
>
> 那里波河流下来，

[①]　诗句原文为："Our two souls therefore，which are one，/ Though I must go，endure not yet /A breach，but an expansion，/Like gold to airy thinness beat."

[②]　艾伦·退特：《论诗的张力》（1937），见赵毅衡编选《"新批评"文集》，天津：百花文艺出版社，2001年，第130–131页。

同追随它的支流平静地汇合。[①]

退特亦赏亦析地说："虽然弗兰齐斯卡用尽可能直接描述的语言告诉但丁她居住的地方，但她告诉他的东西还有更多言外之意。对明确指出的自然环境毫无强加的斧凿痕迹，她同她诞生的地方波河溶化为一体了。"[②]确如退特所言，对弗兰齐斯卡的诞生之地的简单陈述，毫无刻意拉向隐喻之意的人为痕迹，却贴切地隐喻了弗兰齐斯卡的性格弱点及由此造成的悲剧命运几乎涵盖了她的整个人生。故令人感慨不已、回味无尽。这里已经提到"言外之意"。字面意义与隐喻意义，实际上就是言内之意与言外之意。但丁的诗与退特的评，若作一简要概括，就是字面意义与隐喻意义、言内之意与言外之意之间，真正做到了浑融无际、妙合无垠。"诗的张力"至此可谓魅力尽显。

三、"张力"与中国诗学

在中国的诗论中，有无与"张力"相应的概念呢？我们认为中国诗论里明代学者王夫之的"势"与"张力"颇有相通之处。在比较的过程中，还涉及"势"与相近的概念"气"与"气势"的辨析。[③]

1.中国诗论中"势"与"气"

"势"就其被重视的程度和被谈论的密度而言，经历了三个发展演进的高峰时段；而至少在这三个高峰时段里，人们是离"气"而谈"势"的，甚至是有意识地避开"气"而谈"势"的。

---

① 诗句原文为："Siede La terra dae nata fui /Sulla marina dwe il po discende /per acer pace co' seguaci sui."

② 艾伦·退特：《论诗的张力》（1937），见赵毅衡编选《"新批评"文集》，天津：百花文艺出版社，2001年，第136-137页。

③ 见成盈秋《"张力"的中国古代文论溯源》，《福建教育学院学报》2021年第1期，第107-111页、第125页。

第一个高峰时段是南北朝，突出代表就是刘勰的《文心雕龙》。刘勰并不是不重"气"。《文心雕龙·风骨》篇谈道：

> 故魏文称："文以气为主，气之清浊有体，不可力强而致。"故其论孔融，则云"体气高妙"；论徐幹，则云"时有齐气"；论刘桢，则云"有逸气"。公幹亦云："孔氏卓卓，信含异气，笔墨之性，殆不可胜。"并重气之旨也。

正是为了继承和发展建安以来曹丕、刘桢等人的"重气之旨"，《风骨》篇提倡"风力遒""骨髓峻"，树立了"风清骨峻，篇体光华"的审美理想。此外，在《时序》篇中，刘勰对"慷慨以任气，磊落以使才"的建安文学也给予了几可视为定评的高度赞赏。但是，在这篇阐扬"重气之旨"的《风骨》篇之后，刘勰又撰写了《定势》篇。而《定势》篇特别强调了"势"与"气"的区别：

> 刘桢云："文之体势，实有强弱，使其辞已尽而势有余，天下一人耳，不可得也。"公幹所谈，颇亦兼气。而文之任势，势有刚柔，不必壮言慷慨，乃称势也。

《定势》是中国文学理论史上第一篇关于"势"的专论。为"势"撰写这样一篇专论，且在创作论中的排位相当靠前，足见刘勰对于"势"的重视。而就在这一篇里，他把"势"与"气"明确地区别开来了。这个区别就在于："气"乃指阳刚之气，尚"强"，尚"壮"，雅好"慷慨"；而"势"则可刚可柔，"不必壮言慷慨，乃称势也"。故下文继云："刚柔虽殊，必随时而适用。"意即"势"不必论刚柔，唯求"适用"而已。

《定势》篇开头就对"势"做了这样一个界定：

> 夫情致异曲，文变殊术，莫不因情立体，即体成势也。势者，乘

利而为制也。

"因情立体，即体成势"，这是刘勰论"势"的出发点，也可以说是他对"势"的定位。而这段话很容易使人想起曹丕《典论·论文》论"气"的那段话：

> 文以气为主。气之清浊有体，不可力强而致。譬诸音乐，曲度虽均，节奏同检。至于引气不齐，巧拙有素，虽在父兄，不能以移弟子。

这里也讲到"体"。但细按：曹丕论"气"所说的"气之清浊有体"的"体"是指作为"气"之所依的人的本性，即天生的性情、气质，可称之为"性体"。文"气"之"清浊""刚柔"，从根本上说是源于人的"性体"，不是可以由人为而随意改变的。所以谓之"不可力强而致"，"虽在父兄，不能以移弟子"。前引刘勰《风骨》篇所称曹丕"论孔融，则云'体气高妙'"；及"公幹亦云：'孔氏卓卓，信含异气，笔墨之性，殆不可胜'"等语，也蕴含了这样的意思。而刘勰"即体而成势"的"体"则是指文章的体裁，即"文体"。选择什么样的文体，取决于要表达什么样的内容，这就是"因情立体"；但选择了什么样的文体，就应有什么样的规格和样式，这就是"即体成势"。所以下文解释说："是以模《经》为式者，自入典雅之懿；效《骚》命篇者，必归艳逸之华。"写《经》那样的文章就要"典雅"，写《骚》那样的文章就要"艳逸"。《经》或《骚》是"体"，"典雅"或"艳逸"就是"势"。"势"须遵循、符合体裁的规格，故云"势者，乘利而为制也"。《定势》篇后文还说道：

> 章表奏议，则准的乎典雅；赋颂歌诗，则羽仪乎清丽；符檄书移，则楷式乎明断；史论序注，则师范于核要；箴铭碑诔，则体制于

弘深；连珠七辞，则从事于巧艳。

一言以蔽之："此循体而成势，随变而立功者也。"这就又回到了《定势》篇开头所说的"即体成势"，"乘利而为制"。

刘勰《文心雕龙》的这篇《定势》，可以说标志着"势"的独立。它把"势"定位于文体，而不是"气"所依凭的性体；又宣布"势"当不分"刚柔"，而不像"气"那样以阳刚为尊：这就划清了"势"与"气"的界限，使"势"走上了独立发展的道路。

第二个高峰时段是唐五代迄宋。这个时段出现了一批诗格、诗式类的著作，大都喜谈"诗势"。如署王昌龄撰《诗格》有"十七势"，释皎然撰《诗式》强调"明势"，释齐己撰《风骚旨格》云"诗有十势"，延及宋释惠洪《天厨禁脔》又云"诗有四种势"，如此等等。

署王昌龄《诗格》的"十七势"，前面六种都是所谓"入作势"，就是"破题法"，讲如何开头。如"直把入作势"曰：

　　若赋得一物，或自登山临水，有闲情作，或送别，但以题目为定；依所题目，入头便直把是也。

简单地说，就是开门见山。如所举诗例《见谴至伊水》"得罪由己招，本性易然诺"，《送别》"春江愁送君，蕙草生氤氲"之类。又如"直树一句，第二句入作势"曰：

　　题目外直树一句景物当时者，第二句始言题目意是也。

就是先写一句当时景物，然后再入题。如《登城怀古》："林薮寒茫茫，登城遂怀古。"后面有几"势"讲的是句法。如：

　　"一句中分势"者，"海净月色真"。

"一句直比势"者，"相思河水流"。

第十、第十七两势又讲到诗的收尾。如第十"含思落句势"："每至落句，常须含思，不得令语尽思穷，或深意堪愁，不可具说。"就是要言有尽而意无穷，如《送别》诗"醉后不能语，乡山雨氛氛"是也。

诸如此类，不胜枚举。这里仅拈出王昌龄《诗格》中的几种"势"，以见这一时段诸家"势"论之一斑。这一时段的"势"论，似可视为刘勰"势"论的进一步发展。刘勰的"即体成势"虽然把"势"落实到了具体作品的文体，但所关注者还是作品的全篇，全篇行文的走势、态势。而这一时段的"势"论则又从全篇落实到了局部，如何开头、如何收尾，以至于如何造句。这种意义上的"势"其实就是"式"，"样式"之"式"。如果说刘勰"即体成势"的"势"已经有"法"的含义，那么如何开头、如何收尾之类就更是不折不扣的"法"了。

第三个高峰时段是清代。清代亦有不少人谈论"诗势"，诸如王夫之、沈德潜、方东树等。而其中理论性最强的是王夫之。他说："凡言势者，皆顺而不逆之谓也，从高趋卑，以大包小，不容违阻之谓也。"又说："理当然而然，则成乎势矣。"反过来说，就是"势之顺者，则理之当然而已"。（《读四书大全说》卷九）概而言之，"势"就是"理"之所当然，顺"理"则成"势"。如果说这还是一般地谈"势"，那么具体到"诗势"，则顺"理"成"势"的"理"就是诗人的思绪，王夫之称作"意中之神理"。因而他提出"势者，意中之神理也"：

> 把定一题、一人、一事、一物，于其上求形模，求比似，求词采，求故实，如钝斧子劈栎柞，皮屑纷霏，何尝动得一丝纹理？以意为主，势次之。势者，意中之神理也。唯谢康乐为能取势，宛转屈伸，以求尽其意；意已尽则止，殆无剩语。天矫连蜷，烟云缭绕，乃真龙，非画龙也。（《夕堂永日绪论·内编》）

人们引述这段话，往往略去前面几句，以为与"势"无关。其实这几句正是批判离"意"而为诗、离"意"而讲"势"的倾向。脱离了自己的心意，仅就物象作纯客观的描摹刻画，纵令形容酷似，也是一具无生命的死物。所以紧接着说"以意为主，势次之"，就是强调要把"势"同人的心意直接联系起来，"势"就是"意中之神理"。而"意中之神理"作为人的思绪，是感性的、自由流动的。王夫之常言："神理流于两间，天地供其一目"（《古诗评选》卷五）；"盖意伏象外，随所至而与俱流"（《古诗评选》卷一）。因此，作为"意中之神理"的"势"，在行文上是灵活的，而不是刻板的，具有有定而无定的灵活性。所以擅长"取势"的谢康乐，乃"宛转屈伸，以求尽其意；意已尽则止，殆无剩语。夭矫连蜷，烟云缭绕，乃真龙，非画龙也。"不仅如此，王夫之又说：

> 论画者曰："咫尺有万里之势。"一"势"字宜着眼。若不论"势"，则缩万里于咫尺，直是《广舆记》前一天下图耳。五言绝句以此为落想时第一义，唯盛唐人能得其妙，如"君家在何处？妾住在横塘。停船暂借问，或恐是同乡。"墨气所射，四表无穷，无字处皆其意也。李献吉诗："浩浩长江水，黄州若简边？岸回山一转，船到堞楼前。"固自不失此风味。（《夕堂永日绪论·内编》）

作为"意中之神理"的"势"，在含义上是浑厚的，而不是单薄的，具有有限而无限的含蓄性。所以说"咫尺有万里之势"，"墨气所射，四表无穷，无字处皆其意也"。这就是落脚到"意中之神理"上来的"势"。有定而无定的灵活性、有限而无限的含蓄性，是这种"势"的两大突出特点。王夫之的"势"论，应该说是对"势"这个概念的重大改造与深化。

王夫之"势"论与以往的"势"论有明显的差别。如前所述，刘勰的"势"邻于"法"，唐五代迄宋的"势"就是"法"，而王夫之最讨厌"法"。用他的话说："凡言法者，皆非法也。"（《夕堂永日绪论·内编》）当然，他并不是绝对地否定"法"。他认为"事自有初终，意自有起止，更天然一定之则，所谓范围而不过者也"（《明诗评选》卷五）。若谓"天然一定之则"也是"法"的话，那么这已经不是一般的"法"，而是"法法"者的那个"法"了。显然，以"意中之神理"为"势"与提倡"天然一定之则"是完全合拍的。但在有一点上，王夫之却与刘勰及唐五代迄宋的"势"论者一致，那就是离"气"而言"势"。这并不是说他们不谈"气"，只是说他们不把"势"与"气"联在一起，相提并论。王夫之的论"势"之语中还出现了一个"气"字，即"墨气所射"；但他并没有把"意中之神理"的"势"与"气"联在一起，他许之为最善"取势"的谢康乐也从不以"气"称。

可知，就中国文学理论史的主流而言，"气"与"势"是两个含义不同而各自独立、分头发展的概念。

2. "气势"

那么似乎是"气""势"二者之合的"气势"呢？"气势"一词虽亦早见于经、史、子各类著作，但在文论著作中却出现较晚，且运用较少。文论家纷纷言"气"、言"势"，却罕言"气势"。大约至晚唐司空图，才出现以"气势"评诗之语。这可能就是李清良专论《气势与张力》，却只举出两句言及"气势"之语的原因。也正因为出现较晚，且相当少见，所以"气势"远不如"气"与"势"重要；"气"与"势"毫无疑问都是中国古代文论的两个重要概念，而"气势"却未必。

司空图《题柳柳州集后序》评"韩吏部歌诗"，有"驱驾气势"一语：

> 尝览韩吏部歌诗累百首，其驱驾气势，若掀雷抉电，奔腾于天地之间，物状奇变，不得不鼓舞而狗其呼吸也。

因为这段话出现较早，所以后来许多"诗话"类著作出现的"气势"，其实都是对这段话的征引。此外，后来言及"气势"者还有如：

简斋诗，气势雄浑，规模广大。（《瀛奎律髓》卷二十四）

其气势张皇，积威凌劫，虽在数千里外，无不震骇失措。（《文章辨体汇选》卷一百十一）

权文公之文如朱门大第，而气势宏敞。（《后村诗话》卷六）

为文如鳌负山，鹏运海，气势轩揭，莫之与抗。（李东阳《琼台诗稿序》）

四十字气势欲与岱岳争雄。（评杜甫《望岳》，《唐宋诗醇》卷九）

无须深察细考，显而易见，从司空图的"驱驾气势"开始，所有这些例句中的"气势"大体都是"壮言慷慨"之意。依照刘勰"文之任势，势有刚柔；不必壮言慷慨，乃称势也"的"气""势"之辨，这些"气势"都仅只略同于"气"，而与"势"不侔。即使李清良文中仅举的那两个例句，也毫不例外："朱子曰：行文要紧健，有气势，锋刃快利，忌软弱宽缓"；曾国藩《日记》谓"阳刚者气势浩瀚"，此非"壮言慷慨"而何？方东树《昭昧詹言》还有一段话，更是以"气"来解释"气势"的：

气势之说，如所云"笔所未到气已吞"，"高屋建瓴"，"悬河泻海"，此苏氏所擅场。但嫌太尽，一往无余，故当济以顿挫之法。

"气势之说"就是"笔所未到气已吞"，岂不等于说"气势"就是"气"？据此亦可理解，为什么郭绍虞《文气的辨析》认为"严格地讲，文气之说不过指行文之气势言耳"。这是以"气势"解释"气"，所言完全符合事实。"气"与"气势"可以互训，正说明二者同义，"气势"几可视为"气"的双音节化。

总之，就中国文学理论的主流而言，"气势"就是"气"，它既不是"气"加"势"，也不是"气"或"势"；而"气势"和"气"却都显然有别于"势"。

就"气势"与"张力"的比较这个论题而言，上面所说的"气""势"与"气势"的关系问题是不能不预先澄清的前提。

3. "文气"论与"张力"

鉴于上面对"气""势"与"气势"的辨析，我们把中国古代关于"气"和"气势"的言论合称为"文气"说，因为这两个概念含义略同。

首先应该注意到的是：新批评的张力论与中国古代的"文气"论，二者的立足点并不相同。新批评的张力论是就诗论诗，而不及于人，即不涉及作者。这是他们的"文本中心论"的固有之意。他们认为"诗"就在于诗的"文本"，而无关乎作者；凡联系作者以分析作品的言论，他们一概斥之为"意图谬说"。前述潘·沃伦的张力论与艾伦·退特的张力论，都是仅就作品本身而言，从未涉及作者的精神气质。而中国的"文气论"则是由人及文，认为文之"气"乃是源于人而形于文，是作者的精神气质在作品中的体现。或曰："天以正气付伟人，必饰之使光耀于世。粹和氤氲积于中，铿锵发越形乎文。"（刘禹锡《唐故相国李公集纪》）或曰："天地间有粹灵气焉，……盖是气，凝为性，发为志，散为文。"（白居易《故京兆元少尹文集序》）这样，"气"就成了由人到文的中介，成了"文"的直接动力和统领。故云"气者，文之帅也"，"气昌则辞达"（方孝孺《与舒君书》）。李清良文中断言"气势"与"张力""都属于文学形式论的范畴"，恐欠妥。"文之帅""正气""粹灵气"等显然不属于文学的"形式"。而这个立足点的不同会影响到"气势"与"张力"其他方面的"同"。

李清良一文提出，"气势"和"张力"是"一对大致相当的概念"[①]，理由有三条，其中最重要的是第一条。下面按照先轻后重、先易后难的原则，且从第三条说起。

第三条是："从概念的外延看，'气势'与'张力'都是最适合于对

---

① 李清良《气势与张力》，《湖南师范大学社会科学学报》1993年第4期，第71–76页。

抒情诗的分析。"这一条很难得到认同。中国的"气势"历来就既以论诗，亦以论文，未见在论"文"方面有什么不适，上文所举诸多例句即可为证。即使西方的"张力"也早已越出"抒情诗"的范围，用以分析绘画、雕塑等其他艺术了，鲁道夫·阿恩海姆（Rudolf Arnheim）的《艺术与视知觉》①就是这方面的名著；只不过新批评主要用于分析抒情诗而已。

第二条是："从概念内涵的表现方式来看，'气势'和'张力'都主要体现在章法结构、语言词句、音律节奏等作品形式方面。"这一条意义不大。所列"章法结构、语言词句、音律节奏等"，已经涵盖了文学作品形式的各个方面，而文学作品的任何意涵与特色都须体现于形式，否则就无法存在，又岂止于"气势"和"张力"？当然，体现于形式不等于就是形式，但不体现于形式又体现于何处？

最后说到第一条。这一条是："从概念的内涵来看，'气势'和'张力'都指作品因为各组成部分有机统一而具有的一种力量。"这似乎不错。但"气势"与"张力"这两个概念，无论在"各组成部分有机统一"方面，还是在所"具有的力量"方面，都有实质性的差别。

新批评的张力论的"有机统一"是矛盾双方的对立统一。潘·沃伦所讲的"张力"是从形式到内容各个层面的一系列矛盾对立的"有机统一"，如"诗的韵律和语言的韵律""特殊与一般""具体与抽象""美与丑""比喻中的各因素""反讽包含的各种因素"，等等。艾伦·退特所讲的"张力"是意义层面的"全部外展和内包的有机整体"的统一，即言内之意与言外之意的矛盾统一。矛盾双方的对立、冲突和不协调是这种统一的前提和生命。没有这些矛盾、对立和不协调，就无所谓"有机统一"，也无所谓"张力"。

而中国的"文气"论的"有机统一"乃是从首至尾贯通一气的和谐统

---

① 参见［美］鲁道夫·阿恩海姆：《艺术与视知觉》，北京：中国社会科学出版社，1984年。

一。既然是遍及人、物与文的生命力，当然要贯通全体。如唐李德裕云："气不可以不贯，不贯则虽有英辞丽藻，如编珠缀玉，不得为全璞之宝矣。"（《文章论》）清郑板桥亦云："天之所生，即吾之所画，总需一块元气团结而成。"（《郑板桥集·补遗》）虽然诗中常有言内之意与言外之意的差别，也可能会有思想情感自身的犹疑矛盾，但这并不在"气"之"力"的含义之内。上述例证就丝毫没有涉及什么矛盾、对立、冲突或不协调。如果存在着"不协调"的话，那正说明作品没有贯通一气，正是对首尾贯通一气的"有机统一"的破坏。这种首尾贯通一气的"有机统一"，与张力论的矛盾双方对立统一的"有机统一"并不是一回事，性质也不相同。

各组成部分有机统一而具有的"一种力量"，究竟是什么"力量"？张力论的"力"是神经心理学范畴的注意力。"张力"一词的本义就是心理"紧张"。作为文学批评概念的张力，基本含义也是如此。这从潘·沃伦的下面这种说法即可一目了然："它是一种朝着静止点方向前进的运动，但是如果它不是一种受到抵抗的运动，它就成为无关紧要的运动。例如，一首依靠传统材料和传统反映的诗只是一种突然的下滑，或者是一种穿过空间的跌落。"[1] "不是一种受到抵抗的运动就成为无关紧要的运动"，就是说一首没有张力、没有抵抗的诗，唤不出读者的紧张感，引不起人们的注意。艾伦·退特所说的"我们可以从字面表述开始，逐步发展比喻的复杂含义"，"靠充分的想象"，"尽量向对立的一端推进其意义"，是指从外延到内涵之间的牵引力，这种牵引力也就是在读者心理上唤起的紧张感和注意力。

而中国的"文气"论所涉及的"力"则完全是另一回事。"气"作为一种生命力，当然也具有"力"的含义。如汉王充所言："人之精，乃气也；气，乃力也。"（《论衡·儒增》）但这种"力"是一种以情感

---

[1]　Robert Penn Warren，"Pure and Impure Poetry"，*The Kenyon Review*，Vol. 5，No. 2（Spring，1943），p.251.

为主，或至少伴随着情感的精神力量。孟子就曾十分突出地强调这一点。他说："其为气也，至大至刚，以直养而无害，则塞于天地之间。其为气也，配义与道。无是。馁也。"（《孟子·公孙丑上》）刘勰评论建安文学，亦曰："观其时文，雅好慷慨，良由世积乱离，风衰俗怨，并志深而笔长，故梗概而多气也。"（《文心雕龙·时序》）上文所引述的言及"气"或"气势"的那些例句，诸如"驱驾气势，若掀雷揭电，奔腾于天地之间"，"天以正气付伟人，……铿锵发越形乎文"，"为文如鼇负山，鹏运海，气势轩揭，莫之与抗"，等等，无不是指一种雄壮、盛大的精神力量。以情感为主的精神性与"莫之与抗"的强盛性，是"文气"论的"力"的两项基本内涵。回头再看张力论的"力"，并不曾涉及情感、精神，亦未强调过雄壮、盛大。把这两种迥然异质的"力"混为一谈，笼统地说成是"一种力量"，只能叫作"力"的困惑。

因此，我们不应把首尾贯通一气的"有机统一"混同于矛盾双方对立统一的"有机统一"，也不能把雄壮、盛大的精神"力量"混同于紧张关注的心理"力量"，所以，"气势"和"张力"两个概念的内涵不可相提并论。

4. "势"与"张力"

但是，"气势""气""势"与"张力"的比较还没有结束。如果说"气""气势"与"张力"存在相当大的隔膜，那么"势"呢？刘勰的"体势"之"势"主要是指某种文体的行文的态势，距"张力"较远。唐代的近于格式的"势"多着眼于作品之局部而非全篇之整体，离"张力"更远。但王夫之的"意中之神理"的"势"与"张力"的关系，却有值得思考之处。

鲁道夫·阿恩海姆的《艺术与视知觉》把"张力"称作"不动之动"，说"这种不动之动是艺术品的一种极为重要的品质"，并就此对绘画和雕塑这样的视觉艺术做了如下的分析：

　　在绘画和雕塑中见到的运动，与我们观看一场舞蹈和一场电影

> 时见到的运动，是极不相同的。……我们从中真正看到的仅仅是视觉
> 形式向某些方向上的集聚或倾斜，它们传递的是一种事件，而不是
> 一种存在。正如康定斯基所说，它们包含的是一种"具有倾向性的
> 张力"。①

　　这个"不动之动"的说法，的确从一定角度揭示了"张力"的一个
本质特征。在艾伦·退特所说的外延与内涵之间即言内之意与言外之意
之间，确实存在着一种"具有倾向性的张力"。诗的语词就摆在那里，并
没有，也不会发生变动；但它却能牵动读者的思绪延伸、扩展开来，使他
们体会到丰富的言外之意。这就是"不动之动"。正是这种"不动之动"
唤起了读者心理的紧张感，吸引了读者的注意力。我们不禁由此想到：王
夫之所谓"墨气所射，四表无穷，无字处皆其意也"，说的不就是一种
"具有倾向性的张力"吗？一幅咫尺大小的山水风景画，能够直接画出的
景象是非常有限的，但却可以给人以无边无际、苍茫万里之感。一首五言
绝句之类的小诗，能够直接写出的景象也是非常有限的，但却可以给人留
下丰富的遐想和无穷的意味。这不也是一种"不动之动"吗？而且，"君
家在何处？妾住在横塘。停船暂借问，或恐是同乡"，这四句诗所"传递
的"，的的确确"是一种事件，而不是一种存在"。这种"事件"究竟是
什么，不同的读者会有不同的体会，但总之都是动态的"事件"，而不是
静止的"存在"。因而似乎可以说，"意中之神理"也是一种"具有倾向
性的张力"，也会牵动读者的思绪"向某些方向集聚或倾斜"。就连王夫
之所称赞的谢灵运的"宛转屈伸，以求尽其意；意已尽则止，殆无剩语。
夭矫连蜷，烟云缭绕，乃真龙，非画龙也"，也是这种"具有倾向性的张
力""向某些方向集聚或倾斜"的结果。
　　不过，这并不是说"势"与"张力"是"一对大致相当的概念"，甚

---

① ［美］鲁道夫·阿恩海姆：《艺术与视知觉》，北京：中国社会科学出版社，
1984年，第569页。

至也不是说中国的"势"是新批评的"张力"的"汇通点"。因为这里所涉及的并不是中国的"势"论与新批评的张力论的全部内容，而仅仅是这两个概念的局部。前者只涉及王夫之，后者只涉及艾伦·退特。即使对于王夫之的"势"论和艾伦·退特的张力论，也没有囊括它们的全部含义，而只涉及其中的局部。所以这只能叫作局部的局部。但这局部的局部之相通，对于诗意的追索，也是值得思考的。

第四节　布鲁克斯的"戏剧化"论与"反讽"论

布鲁克斯的诗歌结构论，内容丰富。他在《精致的瓮：诗歌结构研究》一书中提出"诗的结构同戏剧的结构相似"[1]，而后在其论文《反讽——一种结构原则》中，又强调"一首好诗，就像一出好戏"[2]，"反讽"乃"是唯一的词汇可以用来指出诗歌的一个普遍而重要的方面"[3]。"戏剧化"（dramatism）与"反讽"（irony）虽立论角度不同，侧重方面不同，却密切相关，共同反映了布鲁克斯对诗歌结构的看法。下文阐释"戏剧化"与"反讽"这两种观点，以及二者的内在联系。

一、"戏剧化"论

布鲁克斯的"戏剧化"的理论逻辑是从"经验"说起的，从"经验"说到"情景"，又从"情景"说到"戏剧"。

---

[1] Cleanth Brooks, "The Heresy of Paraphrase", in *The Well Wrought Urn: Studies in the Structure of Poetry*, New York: Harcourt, Inc., 1970, p.204.

[2] 克利安思·布鲁克斯：《反讽——一种结构原则》（1949），见赵毅衡编选《"新批评"文集》，天津：百花文艺出版社，2001年，第378页。

[3] 同上，第381页。

1. "呈现经验自身的统一体"

布鲁克斯说："诗人是一个制作者（maker），而不是一个传播者（communicator）。诗人探索、统一总体经验（total experience），并赋予一定的'形式'，那就是诗。"①这等于为诗人和诗所下的一个定义。而这个定义的着眼点就是"经验"，强调的重点则是探索和形成"总体经验"，"把它们统一起来并赋予一定的'形式'"。诗人并不能仅仅像科学家去分析、归类，诗人"归还给我们的应该是经验自身的统一，正如人类在自身经验中所熟悉的那样"②。这样得出来的诗歌就是现实的一种模仿。

如此强调"总体经验"、强调"经验自身的统一"，原因是在英语世界中，experience（经验）一词具有两种含义，或者说包含两种"经验"。如前引兰色姆所说：有"两种通常互相排斥的经验，即以确凿事实与准确推理为内容的、分门别类的理性活动，和几乎能同时周纳任何事物的包容性体验"。这的确是两种不同的经验。前者是知性的，兰色姆称之为"理性活动"，如在一般工作中，尤其是在技术性工作中所经验到的东西。后者是感性的至少是不脱离感性的，如在自己的社会人生中所经验到的东西。在汉语世界里，前一种"经验"称作"经验"，后一种"经验"则一般称作"体验"。上面的汉语译文就把后一种"经验"译为"体验"，这是贴切的。但这两种不同的经验并不是绝缘的。特别要指出的是，许多有关社会人生的体验，虽然往往表现为情境曲折、刻骨铭心的具体感受，但同时也往往包含着远比单纯的理性考察更为深邃独到的思想认识，而这两方面又是浑然一体、涯际不分的。这就是自然地存在于人们心里的实际经验，就是布鲁克斯所强调的"总体经验"或者"经验自身的统一"。他之所以如此强调"总体经验"或"经验自身的统一"，意旨就在于强调诗和诗人所要呈现的就是这样的经验，就是感性与理性这两种经验，亦即经验

---

① Cleanth Brooks, "What Does Poetry?", in *The Well Wrought Urn: Studies in the Structure of Poetry*, New York: Harcourt, Inc., 1970, pp.74–75.

② Cleanth Brooks, "The Heresy of Paraphrase", in *The Well Wrought Urn: Studies in the Structure of Poetry*. New York: Harcourt, Inc., 1970, pp.212–213.

中的感性与理性这两个方面的自然而然的有机统一，而不是经过分析与抽象之后的经验的残余。

　　这正是布鲁克斯与兰色姆的分歧。就理论逻辑而言，也可以说是他们的分歧的起点。兰色姆明确区分了感性与理性这两种不同类型的经验，不失为一种有得之见，但却坚持认为这两种经验是绝对地"互相排斥"而无法融为一体的，坚决反对"把诗歌描述成一种统一的经验"。因此，他所理解的诗如同一般的散文，也是起始于表达某种思想观点、某个主题，以此作为"逻辑结构"，而后再装饰上"活生生的肌质"。这样人为的组装不可能真正建立起感性与理性的有机联系。恰如先造好一副"骨架"再为之贴上"血肉"，是不可能产生真正鲜活的生命的。针对兰色姆这种观点，布鲁克斯批驳说：

　　　　我们面对的一首纯正的诗篇的主题，并非抽象概念——即是说，并非一个人从有关的特殊经验中概括出来的东西。主题找到了恰当的象征体，经过参与其事的种种比喻确定和修饰以后，成为我们生活着的真实的一部分——植基于具体经验并由此产生的一种多方面的、有三度空间的洞察力。[1]

　　从实际"经验"出发，"主题"自身就已经"找到了恰当的象征体"，即已经具有了密切相关的感性对象；只要运用比喻之类的修辞技巧把这些"象征体"描述出来，就成了"我们生活的真实"。其中自然蕴含着"植基于具体经验并由此产生的"丰富而深刻的"洞察力"，即理性的"主题"。总之，离开了布鲁克斯所强调的"经验自身的统一体"，就不可能有诗歌中的感性与理性的有机联系。在这一点上，布鲁克斯的"呈现经验自身的统一体"的观点显然比兰色姆的"结构—肌质"论

---

　　① 克利安思·布鲁克斯：《反讽——一种结构原则》（1949），见赵毅衡编选《"新批评"文集》，天津：百花文艺出版社，2001年，第394页。

更合理。

2. "使情景得到真实的表现"

诗歌应该"呈现经验自身的统一体"，那么，这"经验自身的统一体"应如何呈现，怎样才能呈现？布鲁克斯曾这样谈论"态度的表现"：

> 一个科学的命题可以独自成立。如果它是真实的，那么它就是对的。可是一种态度（attitude）的表现如果脱离产生它的时机（occasion）和围绕着它的情境（situation），却是无意义的。[①]

这里所说的与"科学命题"相对的"态度"，实际上就是包含思想感情的"经验"；更准确地说就是人生体验，一种特定的人生体验就是一种特定的思想感情。一种产生于特定的人生体验的思想感情，不是一个"科学命题"，不是一种抽象观点，而是一种具体的、独特的内心感受。这种具体的、独特的内心感受只能存在于它的特定的背景和境遇之中，也只能在它的特定的背景和境遇之中才能得到真切的理解，否则将难以获取意义。

布鲁克斯强调"时机"和"情境"，就是要求呈现经验自身的统一体的诗歌，应当使情景得到准确的、真实的、戏剧性的表现，这样才能"进入诗的经验"[②]。一首诗的思想观点未必合乎我们的信仰，未必为我们所赞同，也常常难于做出是或非的评价，但就诗之作为诗而言，这一点并不重要；重要的是它是否"十分忠实于整个的情景"，能否"使情景得到准确的、真实的表现"。如果是，如果能，就可以使我们"进入诗的经验"，体会到诗的意蕴，包括其中的思想观点即"信仰"。忠实于经验中的情景，使之得到准确的、真实的表现，这是诗的生命。

---

① Cleanth Brooks, "The Heresy of Paraphrase", in *The Well Wrought Urn: Studies in the Structure of Poetry*. New York: Harcourt, Inc., 1970, p.207.

② 克利安思·布鲁克斯：《反讽——一种结构原则》（1949），见赵毅衡编选《"新批评"文集》，天津：百花文艺出版社，2001年，第394页。

布鲁克斯举过这样一个例子。马休·阿诺德的诗《多佛海滩》（Matthew Arnold, *Dover Beach*）中的说话者说世界"在我们面前延伸得像一个梦的国度……实际上既没有欢乐，也没有爱情，也没有光明……"①布鲁克斯就此阐释道：

> 不论如何，要是我们想来"证明"这个命题，我们将引起许多令人困惑的玄学问题；而且，这样一来，我们一定会离开诗篇的问题，最后离开诗篇的合法地位。因为这些诗句是从语境取得它们在诗篇中的合法地位的：说话者这时正站在他情人的旁边，从窗口眺望平静的海面，谛听着潮水倒退的长啸，而且感到"漂白了"整个景色的月光所造成的美丽的错觉。这句诗的"真理"，以及这句诗所在的那篇诗本身的"真理"是不能靠愿意证明这句话是真的社会学家协会、物理学家委员会或者玄学家大会所通过的得到大多数同意的报告所能证实的。②

为什么说世界"在我们面前延伸得像一个梦的国度"，"实际上既没有欢乐，也没有爱情，也没有光明"？这是真的还是假的？仅就这些话本身去思考，我们的确会感到"困惑"，既无法"证明"其真、其是，也无法"证明"其伪、其非。实际上，这样的思考本身就是荒谬的，因为它完全离开了这些话在这首诗中的"合法地位"，也完全离开了诗之所以为诗的"合法地位"，就是说这已经不是把诗当作诗来对待了。所以布鲁克斯强调："这些诗句是从语境取得它们在诗篇中的合法地位的"。这里的"语境"其实就是"情境"，即下文"说话者这时正站在他情人的旁边，从窗口眺望平静的海面，谛听着潮水倒退的长啸，而且感到'漂白了'整个景色的月光所造成的美丽的错觉"云云。只有结合这样的情境才能体会

---

①　诗句原文为："To lie before us like a land of dreams, /...Hath really neither joy, nor love, nor light, ..."

②　克利安思·布鲁克斯：《反讽——一种结构原则》（1949），见赵毅衡编选《"新批评"文集》，天津：百花文艺出版社，2001年，第381–382页。

这些诗句的意蕴，它们或许表现了说话者在这种情境中所产生的某种虚幻和迷茫的感觉。至于这种感觉的真实性、可信性，则还需要诉诸读者的经验。如布鲁克斯下文所说："这句陈述语看来是读者的头脑所能够接受、读者认为是连贯的、成熟的、建立在经验过的事实的基础上的吗？但是我们一提出这样的问题我们就被迫把诗当戏来看了。"[①]总而言之，诗句和诗篇的"真理"问题要看是否符合情境和经验，而不能靠社会学家、物理学家、哲学家等的研究报告来证实。

3. "诗歌是一种戏剧化"

布鲁克斯之所以认为"诗歌是一种戏剧化"，首先是因为，戏剧是"受到控制的体验"：

> 诗歌是一种戏剧化，而非一种程式；它是对所必须经历的东西的一种受到控制的体验，而非逻辑过程，即通过逻辑方法得出结论并运用逻辑测试来验证其有效性。在任何一首诗中，作为结构即诗的统一原则是一种态度或者多种态度的综合。当然，我们能发现各种命题可以或多或少准确地描述这个统一的态度。但是如果我们把这些命题看作是诗歌的核心，那么我们只是满足于删减和替代。这样做等于把树木的花或根当作了树本身。[②]

戏剧与诗歌，作为文艺，实质上都是呈现某种"必须经历的"的人生体验，而不是直接陈述某种思想观点，这是它们的最基本的共性。而要将人生体验写入文学作品，不可避免地要进行一定的整理和加工，故谓之"受到控制的体验"。这种人生体验之中当然也蕴含着一定的思想观点，即这里所说的作为一首诗的"结构的统一原则"的"态度"。这种"态

---

① 克利安思·布鲁克斯：《反讽——一种结构原则》（1949），见赵毅衡编选《"新批评"文集》，天津：百花文艺出版社，2001年，第382页。

② Cleanth Brooks, "Yeats's Great Rooted Blossomer", in *The Well Wrought Urn: Studies in the Structure of Poetry*. New York：Harcourt, Inc., 1970, pp.190–191.

度"无疑也可以"或多或少准确地"抽象出来，概括为某种"命题"。但是，布鲁克斯强调的是：这些命题并不是"诗歌的核心"；如果把这些命题视为"诗歌的核心"，那就等于脱离了、忽略了这首诗或这出戏本身，等于脱离了、忽略了这首诗或这出戏所呈现出来的人生体验。

布鲁克斯之所以认为"诗歌是一种戏剧化"，也是因为戏剧是通过特定的"情节"把它的意涵"表演出来"，这与诗歌通过特定的"情景"把一定的思想感情"表现"出来类似。[①] 戏剧是一种表演艺术，它的"本质"特征就是通过一定的"情节"，"把某种东西表演出来"，而不是像诗歌这样的语言艺术，似乎仅仅是把某种东西"表达"出来。正因为如此，所以"多数人不大倾向将'表达'的概念像强加给一首抒情诗那样强加给戏剧"。但是诗的通过语言的"表达"只是它的表面形式；诗之所以为诗的本质特征，恰恰在于超越表面的言说，通过一定的"情景"把真实的诗意"表现"出来。这同戏剧通过一定的"情节"把某种东西"表演出来"可谓异曲同工，颇为"相似"。所以布鲁克斯说"把诗的结构作为戏剧的结构来考虑，也许是最有益的类比"[②]。

布鲁克斯之所以认为"诗歌是一种戏剧化"，还因为"诗的结论"是"各种张力作用的结果"，犹如戏剧的结论体现于"戏剧冲突"的解决，即"达到一种和解、平衡与协调的模式"[③]。按照西方的戏剧观念，"戏剧冲突"就是戏剧的"主题"，戏剧的过程就是"戏剧冲突"的发生、发展到解决的过程。诗歌虽然不大讲"诗歌冲突"，但它作为"经验自身的统一体"，也有丰富而复杂的内容，通过隐喻、象征等手段，包含着诸如感性与理性之间以及感性与理性内部种种难言的矛盾，即布鲁克斯常说的"悖论"，这就是诗的"张力"。而"诗的结论"就在于各种"张力"相

---

① Cleanth Brooks, "Yeats's Great Rooted Blossomer", in *The Well Wrought Urn: Studies in the Structure of Poetry*. New York：Harcourt, Inc., 1970, pp.190–191.

② Cleanth Brooks, "The Heresy of Paraphrase", in *The Well Wrought Urn: Studies in the Structure of Poetry*. New York：Harcourt, Inc., 1970, p.204.

③ Ibid., p.203.

互作用所达到的某种"均衡"和"统一"。这个过程的确是一种戏剧性的过程，而不是一种逻辑性的过程。

4.陈述语要"符合剧情"

布鲁克斯在论述"诗歌是一种戏剧化"的时候，还特别讨论到一个似乎比较具体但却相当重要的问题，那就是如何对待、如何理解诗歌中的某些格言式、议论式的陈述语。孤立地看，这些陈述语与论说散文中的陈述语无异。那么它们究竟是诗歌的有机、有益的组成因素，还是对诗的损害？

这个讨论主要是围绕济慈《希腊古瓮颂》（John Keats, *Ode on a Grecian Urn*）中的两句诗展开的。这首诗写的是古希腊时期的一只石质的古瓮，上面雕刻着一些当时人的生活情景。这首诗以一个"陈述"（a statement）告终："美即是真，真即是美。"（Beauty is truth, truth beauty.）[1]有人认为，最后这个陈述语"违背了客观对应物的信条"，是这首优美的诗中的一大"缺憾"（blemish），是对整首诗的"侵损"（intrusion）。[2]如艾略特就持这种观点。对此，布鲁克斯说道，问题不仅仅在于艾略特等人说"美即是真，真即是美"损害了这首诗的看法是否正确——

> 真正重要的问题涉及更加广泛的意义上的美与真：一首诗的美（优美、完美）与它可能宣称的观点的正确与否是什么关系？[3]

他把这个具体问题提到了如何理解"诗歌的美与真的关系"的高度。

在讨论中，布鲁克斯突出地提出了"语境"的问题。他说："不要过

---

[1] Cleanth Brooks, "Keats's Sylvan Historian: Historian Without Footnotes", in *The Well Wrought Urn: Studies in the Structure of Poetry*, New York: Harcourt, Inc., 1970, pp.151-152.

[2] Ibid., p.152.

[3] Ibid.

分孤立地"、考虑"美即是真，真即是美"这两句话，而应该"回过头来认真考虑这一陈述的语境"。因为——

> 我们的问题并不是济慈其人对于美和真的关系想要表达什么样的看法，而是作为诗人的济慈是否能在这首特定的诗中证明美和真的关系。米德尔顿·默里说得对：诗中的最后陈述与整个语境的关系是最重要的。[①]

他指出："艾略特在他批评这首颂诗的文章中已经暗含了我们为它辩护所应采取的大致方针。在那篇文章中，艾略特接下去把颂诗结尾的那句与《李尔王》中的'成熟便是一切'一句加以对照。济慈的诗句使他觉得不合理；另一方面，莎士比亚的句子却不使他觉得那么不合理，或许还十分合理。"而后分析道：

> 人们有理由这样解释艾略特的不同感受："成熟便是一切"是从一个戏剧化的人物嘴里讲出来的陈述，它是由那出剧的整体语境所决定和限制的。它没有直接引起人们对它的正确性加以检验是因为它的合理性受到戏剧语境的强调和修饰。[②]

如果"可以用完全相同的方式"证明济慈的诗句也是这样的陈述，即证明这个陈述同样是出自某个特定人物的嘴，并且得到诗的全文即"整体语境"的修饰，那么它也就有了"成熟便是一切"所具备的合理理由了。由此我们就可以不再理会这句诗哲学或科学方面的正确与否，转而关注"如何使用一种与'剧情合理'（dramatically appropriate）有着奇特相似之

---

① Cleanth Brooks, "Keats's Sylvan Historian: Historian Without Footnotes", in *The Well Wrought Urn: Studies in the Structure of Poetry*, New York: Harcourt, Inc., 1970, p.153.

② Ibid., p.154.

处的原则"①。

这里又从"语境"说到了"符合剧情"（dramatic propriety）的原则。显然，这里所说的剧情其实就是语境或情景。如"出自某个特定人物的嘴"云云，都是剧情、语境或情景。因此，"符合剧情"的原则就是前面说到的"忠实于整个情景"的原则。

接下来就是用"符合剧情"的原则对这两句诗的检验。布鲁克斯详尽阐释了《希腊古瓮颂》的许多细节，诸如"首先是这只瓮会讲故事，能叙述历史。然后是画在瓮上的各类人物或演奏音乐或讲话或歌唱"，以说明古瓮已经"被恰当地戏剧化了"②。结论自然是：两者"有着同样的地位、同样的合理性"③，即"美即是真，真即是美"也是一种角色的言说，受到了整个语境的支持。

进而，布鲁克斯还把这个对一篇具体作品的论证上升为一条普遍规律，就诗歌中抽象的"陈述语"问题提出了这样的观点："诗篇从来不包含抽象的陈述语"，"诗篇中的任何陈述语都得承担语境的压力"，都"必须作为一出戏中的台词来念"，诗篇中的陈述语"意义都离不开它们所植基的语境"。④这就是他关于诗歌中的陈述语问题的结论。总之，"从戏剧整体性（dramatic wholeness）的角度"⑤来看待诗歌中的陈述语，是对"符合剧情"这个原则的概述。

---

① Cleanth Brooks, "Keats's Sylvan Historian: Historian Without Footnotes", in *The Well Wrought Urn: Studies in the Structure of Poetry*, New York: Harcourt, Inc., 1970, p.154.

② Ibid., p.165.

③ Ibid.

④ 克利安思·布鲁克斯：《反讽———一种结构原则》（1949），见赵毅衡编选《"新批评"文集》，天津：百花文艺出版社，2001年，第380–381页。

⑤ Cleanth Brooks, "Keats's Sylvan Historian: Historian Without Footnotes", in *The Well Wrought Urn: Studies in the Structure of Poetry*, New York: Harcourt, Inc., 1970, p.166.

二、"反讽"论

1.从隐喻到语境

布鲁克斯的戏剧化理论是从"经验"说起的，而他的反讽理论则是从隐喻说起的。他那篇《反讽——一种结构原则》的著名论文就是这样开头的：

> 我们可以用这样一句话来总结现代诗歌的技巧：重新发现隐喻并且充分运用隐喻。诗人必须首先通过特殊性的窄门才能合法地进入普遍性。[1]

那么，诗必须通过特殊性来体现普遍性，通过"具体细节"来获取"一般意义"的原理，这同隐喻这种"现代诗歌的技巧"有什么关系？文章写道：

> 诗人负荷的具体的特殊性好像否定他所向往的普遍性。诗人想要"说些"什么，那么他为什么不开门见山地说呢？为什么他只愿意通过隐喻来说？通过隐喻，他就冒片面或晦涩之险，甚至冒什么也没有说之险。但这种险是必须冒的，因为直接陈述语导向抽象化，它威胁着要我们离开诗歌。[2]

在布鲁克斯的观念中，隐喻这种诗歌技巧的功能，就是以特殊性来隐喻普遍性。也就是说，隐喻的喻体就是"具体细节"，就是特殊性；喻本就是"一般意义"，就是普遍性。特殊性与普遍性，本来是相互对峙的两

---

[1] 克利安思·布鲁克斯：《反讽——一种结构原则》（1949），见赵毅衡编选《"新批评"文集》，天津：百花文艺出版社，2001年，第377页。
[2] 同上。

极，所以这里说"具体特殊性"好像要否定"普遍性"，通过隐喻就要冒"片面或晦涩"之类的风险。但布鲁克斯要强调的是：这个风险是必须冒的，如果不用隐喻而直接陈述，就会导致抽象化，就不成其为诗歌了。

从隐喻再往下说，布鲁克斯提出了两条"原则"：

> 运用隐喻，就一般的主题思想来说，包含着一个间接陈述的原则。对于特殊的意象和陈述语来说，它包含着一个有机联系的原则。[①]

"主题思想"属于"一般意义"，亦即普遍性，它在诗中是通过隐喻之类的修辞技巧表现出来的，这就是"间接陈述"的原则。"特殊的意象"是指隐喻的喻体；"陈述语"是指隐喻的喻本，也就是可以"直接陈述"的抽象论断，也属于普遍性；以特殊性的喻体"隐喻"普遍性的喻本，二者自然是有机地联系在一起的，这就是"有机联系"的原则。更明白地说，因为诗必须通过特殊性来彰显普遍性，所以就必须运用隐喻之类的修辞方法；因为运用了隐喻之类的修辞方法，所以对于"主题思想"亦即普遍性而言，就是一种"间接陈述"；而对于作为喻本的普遍性与作为喻体的特殊性这两方面的关系而言，则建立了某种"有机联系"。

这两条"原则"结合起来，作用在具体的语言作品中，就形成了某种不同寻常的"语境"：

> 为了认识一首诗的各个部分是互相有机地联系在一起的，是间接与整个主题相联系的，我们必须看到语境的重要性。仔细观察一下，诗歌中令人不能忘怀的诗句——甚至那些好像多少含有内在"诗意"的诗句——是从它们与基本特殊语境的关系上取得它们的诗意的。[②]

---

① 克利安思·布鲁克斯：《反讽——一种结构原则》（1949），见赵毅衡编选《"新批评"文集》，天津：百花文艺出版社，2001年，第377页。
② 同上，第378页。

就是说，隐喻的运用所带来的间接陈述与有机联系，为诗歌创造了一个不同于一般散文的特殊语境。而诗中任何因素的意义都会受到这种特殊语境的"修正"，任何"令人不能忘怀的诗句"都是从这种特殊语境中取得它们的"诗意"的。换言之，语境赋予了诗的语言以新的意义，同时也赋予了诗以诗意，是语境成就了诗歌。为了证明语境的作用，布鲁克斯还举了诸如莎士比亚的《李尔王》（William Shakespeare, *King Lear*）中一个寻常字眼"不"重复了五遍之类的例子，并说明：

> 上面所引的最后一例可以最恰当地看作从语境"装货"的例子。语境赋予特殊的字眼、意象或陈述语以意义。如此充满意义的意象就成为象征；如此充满意义的陈述语就成为戏剧性发言。[①]

诗中的任何因素以至于整个一首诗，都要"从语境装货"[②]。这个比喻性的说法是对"语境"的意义的一个简明扼要的总结。

因为必须"从语境装货"，诗歌语言就同科学语言有了重大的、原则性的差别。这一点，布鲁克斯做了反复强调：科学语言就是"辞典语言"，它不受"语境"的影响，严格遵守一般的逻辑规则和语言规则；而诗的语言则须"不断地再创造"，它会"在语境的压力下改变意义"，打破一般的逻辑规则和语言规则，即"使语言脱轨进入意义"（dislocate language into meaning）。[③]

2.从"语境"到"反讽"

而说到"从语境装货"，也就说到了"反讽"。布鲁克斯提出："语

---

① 克利安思·布鲁克斯：《反讽——一种结构原则》（1949），见赵毅衡编选《"新批评"文集》，天津：百花文艺出版社，2001年，第379页。

② 同上。

③ Cleanth Brooks，"The Heresy of Paraphrase"，in *The Well Wrought Urn: Studies in the Structure of Poetry*. New York：Harcourt，Inc.，1970，p.210.

境对于一个陈述语的明显的歪曲，我们称之为反讽。"①

为了解释这个观点，布鲁克斯举了一个"简单的例"：

> 我们说"这是个大好局面"；在某些语境中，这句话的意思恰巧
> 与它字面意义相反。这是最明显的一种反讽——讽刺。这里意思完全颠
> 倒了过来：语境使之颠倒，很可能还有说话的语调标出这一点。这种修
> 饰即使远不到倒过来成为讽刺的程度，也可以有极大的重要性。②

意思就是，即使"语境"对一个陈述语的"修饰"远低于使之"倒
过来成为讽刺的程度"，也可以视为"反讽"。他再举出英国诗人葛雷的
《墓园挽歌》（Thomas Gray, *Elegy Written in a Country Churchyard*）中的
几句：

> 铭刻事迹的瓮，栩栩如生的雕像
> 能把消逝的呼吸召回府邸？
> 荣誉的声音能唤起沉默的尘土？
> 奉承能安慰死亡冰冷的耳朵？③

而后他阐释道："在这个语境中，疑问号显然是修辞上的。"④的
确，对于逝者而言，一切豪华的祭奠、荣誉的捧场都已经毫无意义。这几
句诗就是对这种世俗虚礼的质疑和否定，句式上采用了以反问为否定的常

---

① 克利安思·布鲁克斯：《反讽——一种结构原则》（1949），见赵毅衡编选
《"新批评"文集》，天津：百花文艺出版社，2001年，第379页。

② 同上。

③ 诗句原文为："Can storied urn or animated bust, /Back to its mansion call the
fleeting breath? /Can honor's voice provoke the silent dust, /Or Flatt'ry soothe the dull cold ear
of death?"

④ 克利安思·布鲁克斯：《反讽——一种结构原则》（1949），见赵毅衡编选
《"新批评"文集》，天津：百花文艺出版社，2001年，第379页。

见修辞手法。而布鲁克斯认为这也是"反讽"。举上述两例之后，论文就转入了从反面对上述观点的论证：

> 一个完全没有反讽可能性的陈述语——一个不表现语境任何影响的陈述语，会是什么样子呢？你势必举出像"二加二等于四"或者"直角斜边长平方等于另二边长平方之和"这类陈述语了。这些陈述语的意义是不受任何语境影响的；要是它们是真实的，它们在任何可能有的语境中也同样是真实的。这些陈述语有适当程度的抽象性，它们的词语也是纯粹表意的。[①]

这段话表明，在布鲁克斯看来，只要受到语境的影响，无论影响到何种程度，都可以视为反讽。"诗篇中的陈述语"更是如此，全部都是"反讽"。但是要指出的是，"语境"的影响固然会使某些诗句带上"反讽"的意味，而"语境"的作用绝非仅限于制造"反讽"，"反讽"也绝非诗句仅有的意味。如果是那样的话，"语境"的意义和诗句的意味就都未免太狭窄、太单调了。"语境"与"反讽"并无必然联系。把二者必然地联系起来，等同起来，说"语境对于一个陈述语的明显的歪曲"就是"反讽"，这是很武断的。这一点，布鲁克斯也未必不知。所以他在如此这般地论述了"语境对于一个陈述语的明显的歪曲，我们称之为反讽"之后，不得不解释说：

> 我无疑是过多地使用了"反讽"这个词，也许有时还滥用了这个名词，……但……这并不是为了使"反讽"这个词语合法化，倒是为了表明为什么现代批评那么喜欢用它。[②]

[①]　克利安思·布鲁克斯：《反讽——一种结构原则》（1949），见赵毅衡编选《"新批评"文集》，天津：百花文艺出版社，2001年，第380页。

[②]　同上，第381页。

这里是对滥用"反讽"这个名词的辩解。这个辩解显得软弱无力，因为即使"反讽"可以用来指出诗歌的一个普遍而重要的方面，也仅仅是"一个方面"而已，不足以支撑把"反讽"定为诗歌的"结构原则"。而这里真正值得注意的是，布鲁克斯明言：滥用"反讽"的目的，"是为了表明为什么现代批评那么喜欢用它"，也就是为了向"现代批评"靠拢。那是因为"大量的现代诗确实运用反讽当作特殊的、也许是典型的策略"[①]。

布鲁克斯真正要说的显然是"现代诗"。这里不仅提出了"大量的现代诗"以"反讽"作为"典型策略"的现象，而且列举了出现这种现象的"强有力的理由"。技术专制主义的现代文明"粉碎了"人们"共同承认的象征系统"，使价值观的"普遍性"受到"怀疑"；而"广告术"和商业文化的泛滥又把语言变成了"失血"的、"腐败"的语言垃圾。面对这样的社会现实，诗人不得不用"反讽"这种否定性更强、感情色彩更重的方式，以便"有力地、准确地表达意义"。这段话充满了对"现代文明"的愤怒和蔑视，表现了新批评诗论家对异化了的"现代文明"的抵制和反抗，对我们理解新批评诗论的文化倾向具有重要的启示。但是，为了适合"现代诗"的特点而特别地突出"反讽"，把这个"现代诗"的"典型策略"标榜为诗的一个超时代的"结构原则"，对于一直标榜要"超越表达其时代特殊价值观的局限，进而表现出更加普遍的东西"[②]的布鲁克斯与新批评来说，是否有些偏颇？在这段话之后，布鲁克斯还充满感情地宣布："无论如何，让我们这样来表扬现代诗人：他常常成功地使用他的反讽技巧，胜利地表现出明晰和激情。"[③]

"语境对于一个陈述语的歪曲"尚不是布鲁克斯之"反讽"的全

---

① 克利安思·布鲁克斯：《反讽——一种结构原则》（1949），见赵毅衡编选《"新批评"文集》，天津：百花文艺出版社，2001年，第390页。

② Cleanth Brooks, *The Well Wrought Urn: Studies in the Structure of Poetry*, New York：Harcourt, Inc., 1970, p.xi.

③ 克利安思·布鲁克斯：《反讽——一种结构原则》（1949），见赵毅衡编选《"新批评"文集》，天津：百花文艺出版社，2001年，第390页。

部含义，但他的《反讽——一种结构原则》就借此从"语境"走到了"反讽"。

3."反讽"与"悖论"

说"反讽"不能不提到"悖论"（paradox）。布鲁克斯虽然宣称"反讽"是诗歌的"一个结构原则"，但实际上既讲"反讽"，也讲"悖论"，且有时混用而不分。

赵毅衡曾经说道："新批评的反讽理论中首先一个触目的混乱是将悖论与反讽两个术语混用。"[①]的确如此，《精致的瓮：诗歌结构研究》的第一章就是《悖论语言》，里面宣布：

> 悖论是诗歌合适的、不可避免的语言。科学家的真理要求其语言清除悖论的一切痕迹；很明显，诗人要表达的真理只能使用悖论语言。[②]

这几乎等于以"悖论"来定义诗歌。所以在那里，布鲁克斯以"悖论"统摄"反讽"，把"反讽"视为"悖论"的一种类型：

> 这里的悖论强调反讽，而不是强调奇异（wonder）。[③]
>
> 如果失去了悖论特质，失去了悖论的两个伴随物——反讽与奇异，邓恩这首诗的题材就松散成生物学、社会学和经济学的"事实"。[④]

但是到了这部书的最后一章《释义误说》，布鲁克斯在下面这段话里，却是从"反讽"和"悖论"并提说起，继而过渡到似乎也包括"悖论"在内的"'反讽'这样的术语"，再过渡到排除了"悖论"的"'反

---

① 赵毅衡：《重访新批评》，成都：四川文艺出版社，2013年，第153页。
② Cleanth Brooks，"The Language of Paradox"，in *The Well Wrought Urn: Studies in the Structure of Poetry*，New York：Harcourt，Inc.，1970，p.3.
③ Ibid.，p.8.
④ Ibid.，p.18.

讽'这个词”，步步向“反讽”倾斜地一气说下来：

> 我在前几章不得不经常求助于像“反讽”和“悖论”这样一些术
> 语。……借助于使用“反讽”这样的术语，一个人当然就得冒使诗变
> 得狡黠不自然的风险，因为对于大多数诗歌读者来说，“反讽”这个
> 词是同讽刺诗、社交诗或其他“智性”诗相联系的。①

这或许已经预示了从“悖论”向“反讽”过渡的趋势。于是，到了
《反讽——一种结构原则》，“反讽”就变成“可以用来指出诗歌的一个
普遍而重要的方面”的“唯一的词汇”了。上述情况，大致反映了布鲁克
斯从“悖论”逐步向“反讽”倾斜和过渡的过程。其原因如上文所述，大
概主要是为了向现代诗靠拢。不过，无论过渡之前还是过渡之后，这两个
术语都往往是混用的。

在布鲁克斯的思想中，“悖论”与“反讽”这两个术语的内涵没有
确定而明显的差别。赵毅衡在《“新批评”文集》中就《反讽——一种结
构原则》这篇论文所写的“编者按”中说：“那么反讽和悖论究竟有什么
不同呢？悖论指矛盾的意义在字面上都出现，而反讽是指实际意义与字面
意义对立。但我们仔细阅读布鲁克斯这两篇文章（按：另一篇是指《精致
的瓮：诗歌结构研究》的第一章《悖论语言》）就可以看出，在新批评手
里，这两个术语没有多大差别，只是反讽这术语用得更多一些。”②而韦
勒克在《新批评，是与非》一文中，论及“悖论”与“反讽”这两个术语
的含义时，也是不加分辨地相提并论的：

> 布鲁克斯是在相当广泛的意义上使用反讽和悖论的概念的。它并

---

① Cleanth Brooks, "The Heresy of Paraphrase", in *The Well Wrought Urn: Studies in the Structure of Poetry*, New York: Harcourt, Inc., 1970, p.209.

② 克利安思·布鲁克斯：《反讽——一种结构原则》（1949），见赵毅衡编选
《“新批评”文集》，天津：百花文艺出版社，2001年，第377页。

不是某种公开陈述的对应物，"而是表明一篇作品中的各种因素所受到的那种语境的限定的一个具有普遍意义的术语"。它标志着对不协调的承认，即布鲁克斯发现存在于所有好的，也就是复杂的或"容他的"（inclusive）诗中的那种对立因素的统一。[①]

此亦可见，"反讽"与"悖论"并没有什么严格的区别。它们的共同的基本含义就是：一，都接受"语境的限定"；二，都是"对不协调的承认"，即都承认"对立因素的统一"。

其实，关于"反讽"与"悖论"的含义，布鲁克斯自己也说过，就在上文引述的《释义误说》那段论述"不得不经常求助于像'反讽'和'悖论'这样一些术语"的话里，不过那里只提到"反讽"：

> "反讽"是我们为达到限定而使用的最普通的术语，说明诗的各种成分接受来自语境的限定。……进而言之，"反讽"是我们用来表示承认不调和的事物时最普通的用语，而不调和的事物也是遍及一切诗歌的。[②]

还是"接受来自语境的限定"和"承认不调和的事物"这样两条。

但这两条又并不是各自独立的两条。"接受来自语境的限定"与"承认不调和的事物"实际上是一回事："接受来自语境的限定"是从语言的角度言其"来自"哪里；"承认不调和的事物"是从意涵的角度言其"表示"什么。赵毅衡曾引用布鲁克斯的《反讽与反讽诗》一文论证，正是"语境"记录下了"诗中不相容成分的张力关系"[③]，那么"接受来自语境的限定"与"承认不调和的事物"就是一回事。

---

① 韦勒克：《新批评，是与非》，见史亮《新批评》，成都：四川文艺出版社，1989年，第338页。

② Cleanth Brooks，"The Heresy of Paraphrase"，in *The Well Wrought Urn: Studies in the Structure of Poetry*，New York：Harcourt，Inc.，1970，p.209.

③ 赵毅衡：《重访新批评》，成都：四川文艺出版社，2013年，第150页。

所以，具体到布鲁克斯的那些例句，不仅"悖论"与"反讽"难以分举，"接受来自语境的限定"与"承认不调和的事物"也无法分述了。在叶芝的《驶向拜占庭》（William Butler Yeats, *Sailing to Byzantium*）中，有这样两句诗："……把我收进，永恒的手工艺品里。"① 布鲁克斯就"手工艺品"一词分析道：

> 他的灵魂将被带出世间；他的躯体将用黄金包裹锻造成手工艺品；最终它将不会老去而成为一件艺术品。但是"手工艺品"无疑含有反讽式的限定。②

变成了黄金的手工艺品，似乎就"不会老去"而获得了"永恒"；但那是永恒的死亡。这就是"反讽式的限定"。而叶芝《在学童中间》（William Butler Yeats, *Among School Children*）和《驶向拜占庭》的"反讽"，是"夹杂在自然和超自然的要求之间的人类境遇"。③

至于认为"最好的哲学家却是个孩子"（叶芝《在学童中间》），把成长为大人"不看作摆脱监禁而视作锒铛入狱"［华兹华斯《不朽颂》（William Wordsworth, *Ode: Intimations of Immortality from Recollections of Early Childhood*）］，济慈的古瓮"断言神话要比历史更真实"（《希腊古瓮颂》），"邓恩笔下的恋人们应该舍弃世界，以便拥有世界"［《圣谥》（John Donne, *The Canonization*）］诸言所云，"从科学观点看，这些象征的使用是相当反常的（perversely）"④。

以上是布鲁克斯所说的"不协调因素"。而他认为，这种"不协调因

---

① 诗句原文为："...gather me, Into the artifice of eternity."

② Cleanth Brooks, "Yeats's Great Rooted Blossomer", in *The Well Wrought Urn: Studies in the Structure of Poetry*, New York: Harcourt, Inc., 1970, pp.188–189.

③ Ibid., p.190.

④ Cleanth Brooks, "The Heresy of Paraphrase", in *The Well Wrought Urn: Studies in the Structure of Poetry*, New York: Harcourt, Inc., 1970, p.210.

素"就是"普遍意义上的反讽"。这些"不协调因素"，包含某种不合常识而超越常识的独特感受，以及某种违背常理而超越常理的深邃认知。而这些感受与认知的产生，都源于具体生活情景中的人生体验，都同那种具体的生活情景，即诗歌的"语境"血肉相连。或许正因为如此，这种感受和认知从另一面更深刻地揭示了世界的真实。世界的"诡论"虽然自古皆然，但在技术专制主义的现代表现得更为严重，人们对它的感受也更加强烈。这就是布鲁克斯的"反讽"论的时代性。

"反讽""悖论""张力"，这是新批评喜用，也常用的三个概念。潘·沃伦、退特就是如此，兰色姆也时而用到，布鲁克斯、维姆萨特更是如此。而在他们的言论中，这三个概念的基本含义是一样的，就是矛盾、对立、不协调。这显然反映了他们的诗学的一个共同倾向，那就是虽然也提倡"张力"矛盾双方的统一和协调，但着重强调的却是矛盾双方的对立和不协调。近来也有中国学者提出，就"张力"范畴来看，中西诗学隐藏着视点的差异：西方学者多从"对立"审视，强调异质因素之间不可调和的矛盾与冲突；而中国学者则大致基于"统一"，即更多关注异质因素间的辩证统一所生发的"整体感"。①而本书以上论述就是这种看法的呼应与思考。

三、"诗的基本结构是不合逻辑的"

布鲁克斯的"戏剧化"论和"反讽"论这两种理论之间，究竟有什么联系？表面看来，两种理论似乎相去甚远，几乎了不相涉。但它们作为同一个理论家关于同一个基本问题（诗歌结构论）的理论，不大可能是各自分立、毫无牵连的。下面就探讨这两种理论的相通之处与共同宗旨。

1.从"经验"与"语言"到"戏剧化"与"反讽"

布鲁克斯这样说："诗人探索和'形成'总体经验，把它们统一起

---

① 杨果《隐藏的视点：中西"张力"范畴再辨》，《江汉学术》2013年第5期，第92–98页。

来并赋予一定的'形式'，那就是诗。"不言而喻，"赋予一定的'形式'"就是用一定的语言把它呈现出来。与这个说法相关，布鲁克斯等又提出：

> 诗人必须考虑的不仅仅是经验的复杂性，而且还有语言之难制性；他必须永远依靠言外之意和旁敲侧击。[①]

经验作为感性与理性的统一体，内涵具体而丰富，无法纳入抽象而规范的逻辑规则，这就是"经验的复杂性"。而语言则是一套规范化、逻辑性的符号系统；一套规范化、逻辑性的符号系统，如何能够呈现一种非规范化、非逻辑性的经验内涵？这就是"语言的难制性"。换言之，就是诗所要呈现的经验与用以呈现这种经验的语言工具之间，存在着难以克服的矛盾。这个矛盾正是诗的难题。而这个"经验"与"语言"之间的矛盾，可以说是布鲁克斯的诗学思考的出发点。

布鲁克斯的"戏剧化"理论是从"经验"说起的，即"呈现经验自身的统一体"，亦即"总体经验"。要"呈现经验自身的统一体"就要"忠实于整个的情景"，"使情景得到准确的、真实的戏剧性表现"，也就是让"经验"在特定的具体情境中"表演出来"。在这个"表演"的过程中，"经验的复杂性"即其内部的种种矛盾，也就作为由命题、隐喻、象征等各种手段建立起来的"张力作用"的结果，得到了统一的"戏剧化"的呈现。

他的"反讽"理论则是从"隐喻"，其实也就是从"语言"说起的，因为"隐喻"正是克服"语言的难制性"的主要手段。再从"隐喻"说到既是"间接陈述"又有"有机联系"的"语境"，再从这样的"语境"说到诗篇中的任何因素的"意义"都要受到"语境的修正"，说到"语境对

---

① William K. Wimsatt and Cleanth Brooks, "Literary Criticism", in *A Short History*, New York: Alfred A. Knopf, 1957, p.673.

于一个陈述语的歪曲"，就说到了"反讽"。

不难看出，这两种理论虽然起点不同、角度不同，但讲的却是同一件事，即如何克服"语言的难制性"，以呈现"经验的复杂性"。所以，这两种理论实际上是彼此呼应而且血脉相通的。"戏剧化"理论中的"情景"或"剧情"，从语言的角度来说就是"反讽"理论中的"语境"。因此，从这两种理论迈出第一步开始，它们就交结在一起了。例如，"戏剧化"理论中"诗篇应当使情景得到准确的、真实的戏剧性表现"的那段话，即出自《反讽———一种结构原则》，文中提到"戏剧化"的地方还有很多：

> 任何特殊因素的"意义"都受语境的修正。因为不管说的什么，总是在特殊的场合中，由特殊的剧中人物说的。①
>
> 语境赋予特殊的字眼、意象或陈述语以意义。……如此充满意义的陈述语就成为戏剧性发言。②
>
> ……所作的陈述语———包括那些看来像哲学概念式的陈述语———必须作为一出戏中的台词来念。③

在主要是讲"戏剧化"的《精致的瓮：诗歌结构研究》中，也不止一次从"戏剧化"讲到"悖论"和"反讽"：

> 如果诗人必须把经验的同一性戏剧化，即使要赞颂它的多样性，那么，他所使用的悖论和含混就被认为是必要的。④

---

① 克利安思·布鲁克斯：《反讽———一种结构原则》（1949），见赵毅衡编选《"新批评"文集》，天津：百花文艺出版社，2001年，第378页。

② 同上，第378–379页。

③ 同上，第380–381页。

④ Cleanth Brooks, "The Heresy of Paraphrase", in *The Well Wrought Urn: Studies in the Structure of Poetry*, New York：Harcourt, Inc., 1970, p.213.

诗人必须为我们将死生并存戏剧化，并且他的戏剧化还必须包括反讽性的震惊（shock）和奇迹（wonder）。戏剧化要求将记忆中正相反的两方面合并为一个统一体，如果我们将其置于陈述的层面，它就是一个悖论，即对立统一的主张。[①]

由此可见"戏剧化"与"反讽"这两种理论是何等难解难分，真可以说是"你中有我，我中有你"。而布鲁克斯就是想用这两种理论，一道解决"经验的复杂性"与"语言之难制性"之关系这个诗学的难题。

既然是为了解决一个共同的问题，就必然会有一个共同的宗旨。"戏剧化"论与"反讽"论的共同宗旨就是强调诗的结构是不合逻辑的。

2."诗的基本结构是不合逻辑的"

"经验的复杂性"就在于它的非逻辑性，而"语言之难制性"就在于它的逻辑性。要克服"语言之难制性"以呈现"经验的复杂性"，以解决这个诗学的难题，就必须使诗的语言走向非逻辑化的道路。所以布鲁克斯提出："诗的基本结构是不合逻辑的。"[②]

无论"戏剧化"与"反讽"看上去相距多远，它们都有个明显的共性，那就是非逻辑性。布鲁克斯的"戏剧化"论与"反讽"论，即一致强调诗的结构的非逻辑性。仅在前面已经引述过："诗歌是一种戏剧化"，"而非逻辑过程"；诗中各种"不协调"因素的"统一的取得是经过戏剧性的过程，而不是一种逻辑性的过程"，等等。而布鲁克斯之所以要选择"悖论"与"反讽"这样的概念，就是因为这样的概念都是"不合逻辑"的，前者是相互矛盾，后者是正话反说。用这样的"不合逻辑"的逻辑概念来概括诗歌的结构，就是要说明诗歌的结构是"不合逻辑"的。

这里本来存在一个问题，就是"反讽"与"悖论"这类理性的逻辑术语是否适合于用来论说非理性、非逻辑的诗？兰色姆就不赞成把反讽

---

① Cleanth Brooks, "The Heresy of Paraphrase", in *The Well Wrought Urn: Studies in the Structure of Poetry*, New York: Harcourt, Inc., 1970, p.213.

② Ibid., p.211.

作为诗歌的常规结构："我相信，把反讽用于某一首诗例无可厚非，只有当它被奉为诗歌的常规时，它才会令人反感。"[1]这一点布鲁克斯并非不知。如其所说："借助于使用'反讽'这样的术语，一个人当然就得冒使诗变得狡黠不自然的风险，因为对于大多数诗歌读者来说，'反讽'这个词是同讽刺诗（satire）、社交诗（vers de société）或其他'智性'诗（'intellectual'poetries）相联系的。"[2]但是他坚持认为，"对某种这类术语的需要应该说依然是明显的"。理由就在于，这类术语能够"说明诗的各种成分接受来自语境的限定"，以"表示承认不调和的事物"，也就是说能够概括诗歌的非逻辑性。不仅如此，他还一反俗见地提出：

> 我们的偏见强迫我们把悖论看作是智力性的，而不是情绪性的；清晰的，而不是深沉的；理性的，而不是神圣地非理性的。[3]

这里虽然只提到"悖论"，但这些话显然也适用于"反讽"。在一般人看来，悖论与反讽这类概念无疑是"智力性的""清晰的""理性的"，亦即纯逻辑性的。但稍加思索便会明白，这的确是一种"偏见"。用诗的语言、在诗的语境中表达出来的悖论或反讽，何尝不是"情绪性的""深沉的""神圣地非理性的"？这样的例证遍及古今中外，可谓不胜枚举。诸如 "我们死而复生，又照旧起来，/神秘之力全来自爱"（邓恩《成圣》），"别有幽情暗恨生，此时无声胜有声"（白居易《琵琶行》），以及"古来圣贤皆寂寞，惟有饮者留其名"（李白《将进酒》），等等，这些全是悖论或反讽，也是情绪性的、深沉的，甚至神圣

---

① John Crowe Ransom, *The New Criticism*, Westport: Greenwood Press, 1979, p.72.

② Cleanth Brooks, "The Heresy of Paraphrase", in *The Well Wrought Urn: Studies in the Structure of Poetry*, New York: Harcourt, Inc., 1970, p.209.

③ Cleanth Brooks, "The Language of Paradox", in *The Well Wrought Urn: Studies in the Structure of Poetry*, New York: Harcourt, Inc., 1970, p.3.

地非理性的。

对诗的非逻辑性、非理性特征的强调，是布鲁克斯诗学的一个突出特点。在较为普遍地偏重理性与逻辑性的新批评诗学家中，这一点实属罕见。所以他自己也曾明言：

> 在当今"邓恩热"又重新流行时，坚持诗的基本结构是不合逻辑的，就有点不合道理。因为邓恩近来已被看作是杰出的隐喻大师，他在形象之上又加了一种清新的逻辑，相比之下，莎士比亚十四行诗的形象安排则显得笨拙而欠精确。①

艾略特等新批评家，把玄学派诗人邓恩看作是新批评的样板诗人。布鲁克斯是自居于"邓恩热"之外的。他虽然也承认"邓恩的逻辑安排是十分杰出的"，但同时指出：

> 刻意求工的"合乎逻辑的"隐喻，并非邓恩仅有的形象，也不是他的主要隐喻。像"各自成为对方的修道院"那样的所谓"重叠的"隐喻常常也不难找到，较之将一对恋人的魂灵比作圆规双脚的著名隐喻更为常见。②

这里所说的"将一对恋人的魂灵比作圆规双脚"，指的就是邓恩的《告别辞：节哀》（John Donne, *A Valediction: Forbidding Mourning*）。其中有"若你说他们是两个，他们就是/ 如笔直的双脚圆规"③"它（圆心脚）虽端坐中心/然而，当另一个出游远地，它侧身倾听/ 随另一个回到家

---

① Cleanth Brooks, "The Heresy of Paraphrase", in *The Well Wrought Urn: Studies in the Structure of Poetry*. New York: Harcourt, Inc., 1970, p.211.

② Ibid.

③ 诗句原文为："If they be two, they are two so/As stiff twin compasses are two, "

里，它笔直站起"①之类的诗句。这是典型的刻意求工的、合乎逻辑的隐喻，布鲁克斯对此显然并不欣赏。

想来，中国的诗歌爱好者对邓恩的这首"圆规"诗也不会欣赏。"'兴'在有意无意之间，'比'亦不容雕刻。"（王夫之《姜斋诗话》卷一）这是中国传统诗学的一条不易之论。像"鱼跃练江抛玉尺，莺穿丝柳织金梭"一类刻意求工的比喻，历来被当作笑料，以为只足喷饭而已。而邓恩这首"圆规"诗却得到除布鲁克斯以外的新批评家的齐声喝彩，艾略特还说这是个"优雅"的隐喻。②一副细脚伶仃的圆规，若以中国诗学的眼光来看，难以理解"优雅"何在。

3.批判"释义误说"

因此，布鲁克斯的诗学最为反感的，就是以逻辑性的"释义"代替诗意，或者把诗的"释义"当作诗的"结构"。《精致的瓮》的总结性的最后一章就是《释义误说》，其中提出："任何一首优秀的诗歌都会反抗对它释义的一切企图"，"这种释义并非是构成这首诗的精髓的真正核心意义"。③还就此做了如下解释：

> 让读者试着形成一个命题，说出这首诗所"说"的东西。随着他的命题接近于恰如其分，他会发现，不仅命题的长度已大大增加，并且它自身已开始充满各种保留和限定——而最有意义的是，这位命题阐述者将发现，在他尝试表明这首诗所"说"的东西时，他本人也开始求助于他自己的隐喻了。总之，他的命题随着接近恰如其分，也就

---

① 诗句原文为："And though it in the centre sit, /Yet when the other far doth roam, / It leans and hearkens after it, /And grows erect, as that comes home."

② 王恩衷编译：《艾略特诗学文集》，北京：国际文化出版公司，1989年，第26页。

③ Cleanth Brooks, "The Heresy of Paraphrase", in *The Well Wrought Urn: Studies in the Structure of Poetry*. New York：Harcourt, Inc., 1970, p.197.

不再是命题了。①

这是完全可信的。袁可嘉在1947年写的论文《诗与意义》中，还以李白的名诗《静夜思》②为例，更具体地陈述了这个意思：

> 最先你自然会不假思索地回答"李白想家"；但如你肯更诚实一点，你一定会觉得这样的答复不很妥切，你想修正为"李白在月夜想家"；同样的不满意，一层比一层更深的要想确切传达那短短二十字所赋予的情绪上感染的欲望，必然迫着你进行更细密的修正；于是你的答案不仅逐渐伸展，延长，而且逐渐采用比喻，接近象征（李白在月明如霜的夜里怀念家乡），到最后，你很可能发现经过修正又修正的短句，还遗漏了节奏的相拍相扣，"床"与梦的联想，"疑"所打开的朦胧境界，"抬头""低头"所表示的姿势动作及这二个动作所内涵的情绪激动；你会承认抽出命题的一无是处，而甘心以背诵的方式还它一个本来面目。③

"还它一个本来面目"也就是无可奈何地回到原诗。

所以布鲁克斯对兰色姆把诗的散文释义视为诗的"结构"的观点，给予了明确的否定。他说"把诗的结构归之于那首诗的最终释义，就是把结构归因于那首诗以外的东西"，④并就此做了详细的论述：

> 问题的实质在于，所有这样的公式化都导致离开诗的中心，而不

---

① Cleanth Brooks, "The Heresy of Paraphrase", in *The Well Wrought Urn: Studies in the Structure of Poetry*. New York：Harcourt, Inc., 1970, p.198.

② 李白《静夜思》的全诗为：床前明月光，疑是地上霜。举头望明月，低头思故乡。

③ 袁可嘉：《论新诗现代化》，北京：生活·读书·新知三联书店，1988年，第84页。

④ Cleanth Brooks, "The Heresy of Paraphrase", in *The Well Wrought Urn: Studies in the Structure of Poetry*. New York：Harcourt, Inc., 1970, p.201.

是接近它；诗的"散文意思"并非诗的要素赖以依附的网架，它并不代表诗的"内在"结构，也不代表其"基本"结构或"真正"结构。我们可以将这种公式作为提及诗的各部分时比较便利的方法，这种公式是在许多连带关系中必须使用的。但是，这样的公式只是脚手架，可供我们为某种目的而将它们随意放置于建筑物周围；不应该错误地把它们当作建筑物本身内部的和基本的结构。①

"脚手架"之说出自理查兹《文学批评原理》的附录二，兰色姆在《新批评》中还曾特为征引：

> 我们当然可以像对任何经验那样对整体经验作出"理性"解释，但是如此一来，我们就是增添了不属于这首诗的东西。这种逻辑布局至多是一个脚手架（scaffolding），诗歌一旦构筑好就被拆除。②

布鲁克斯的《释义误说》反复强调："再说一遍，评论中产生的绝大部分困难都植根于诗句可以释义的误说。"③"我们永远不能用科学的或哲学的尺码衡量一首诗，因为当你把诗放到这种尺码上衡量时，那首诗永远不会是一首'完全的诗'，只不过是从那首诗中抽出来的抽象概念而已。"④

---

① Cleanth Brooks，"The Heresy of Paraphrase"，in *The Well Wrought Urn: Studies in the Structure of Poetry*. New York：Harcourt，Inc.，1970，p.199.

② John Crowe Ransom，*The New Criticism*，Westport：Greenwood Press，1979，p.18.

③ Cleanth Brooks，"The Heresy of Paraphrase"，in *The Well Wrought Urn: Studies in the Structure of Poetry*. New York：Harcourt，Inc.，1970，p.201.

④ Ibid.，p.202.

第五节　维姆萨特的"具体普遍性"

W. K. 维姆萨特是美国新批评的第三代诗学家。他独出心裁，在诗歌结构问题上提出了一种新的观点，称为"具体普遍性"[①]（the concrete universal），可以说承接着"悖论"理论，在新批评的诗学"结构"问题上完成了感性与理性的统一。

一、"具体普遍性"与西方传统

维姆萨特的一篇重要论文《具体普遍性》，开宗明义地宣布：

> 本书的中心论题，我将称之为"具体普遍性"。自古至今，文学理论家一直在做出各种各样的声明，而从其具体语境看这些声明有时似乎是说文学作品在某种意义上说是一件个人的东西，有时又说是一个普遍的东西，有时又说两者兼之。本文的目的就在于探研这种悖论（paradox）现象说明了什么问题……[②]

"个别"与"普遍"是两个对立概念。既说文学作品是一件"个人"的，即"个别"的东西，又说是一件"普遍"的东西，这就是一个"悖论"。维姆萨特这篇论文就是要探研这个"悖论"，以期阐明文学作品中，主要是诗中的"个别性"与"普遍性"的关系问题。

个别与一般，或者说特殊与普遍、具体与抽象、事物与概念，乃至现象与本质、现实世界与理念世界，总之感性与理性的关系问题，是西方文学、哲学乃至整个文化思想的基本问题、核心问题。整个西方思想史就是

[①]　又译为"具体共相"。

[②]　W. K. Wimsatt, "The Concrete Universal", in *The Verbal Icon: Studies in the Meaning of Poetry*, Lexington: University Press of Kentucky, 1954, p.69.

围绕这个问题展开的。在这个问题上，西方思想界的主流，是以理性为重心，追求感性与理性的统一。所以维姆萨特说："我们都可以发现在文学批评中不断出现这样的观点，即诗歌呈现具体的与普遍的，或个别的与普遍的，或一个神秘而特殊的、既高度一般化又高度特殊化的客体。"①继而，他简要回顾了关于这个问题的历史，引证了自亚里士多德至黑格尔的权威言论。如：

　　亚里士多德（Aristotle）的两句话中就隐含了这个观点，即诗歌模拟情景，诗倾向于表达一般物。

　　普洛丁（Plotinus）得出一个看法，艺术家靠迂回曲折地使用世界为灵魂次一等的自然产品，直接达到隐藏在神圣的智性背后的形式。

　　西塞罗（Cicero）所说的画家祖西斯如何以克罗多纳城五个最美的处女为蓝本画出理想的海伦，这个说法是亚里士多德理论的典型的发展……

　　康德（Kant）说了同样的话，……"这是整个种族的形象，……自然把它作为制造同一种属（the same species）时的原型，但没有一个个别事例能够完全达到它"。

　　黑格尔（Hegel）的说法如下："艺术作品不是为感性理解服务的感性物，它的地位使它作为感性物而同时主要朝着理智说话。""自然的外壳和日常世界使我们的心灵难以打破而进入观念，艺术作品较易做到这一点。"②

最后还结合英国著名文学批评家兼诗人柯尔律治（Samuel Taylor Coleridge）③评论莎士比亚的话，做了一个小结："柯尔律治说莎士比亚

---

①　W. K. Wimsatt, "The Concrete Universal", in *The Verbal Icon: Studies in the Meaning of Poetry*, Lexington: University Press of Kentucky, 1954, p.71.

②　Ibid., pp.71–72.

③　"柯勒律治"又译"柯尔律治"。

之迥出伦辈在于他能'把一般与特殊相互联合，相互渗透'。用这种或那种说法，这个具体共相观念可以在十八、十九世纪大部分形而上学的美学中找到。"①维姆萨特如上这些回顾其实不仅仅是回顾，甚至主要不是回顾，而是为了表明他对西方这种思想传统的尊重和继承。他就是要沿着这条传统的思路来考虑和解决诗学领域的"一般与特殊"的问题。

但是这种"一般与特殊相互联合"的思想在发展中也出现了两极分化，如维姆萨特所说：并非所有的理论"都对这悖论的两造同样重视，这悖论的两方都能夸张成为对立的学派或诗歌理论"。他举出了各执一端的两个例子。一段是约翰生（Samuel Johnson）的名言：

> （莎士比亚的）人物，……他们是共同人性的真正产物，……他的人物行为言语只受每个心灵都能为之激动而整个生活凭此不断运动的普遍性或情感原则的影响。在其他诗人手里，一个人物经常只是一个个人，而在莎士比亚手中一般说他是一个种属。

另一段是那位崇拜"生命力"的哲学家柏格森说的：

> 由此可见，艺术总是以个别为目标。一个艺术家画在画布上的是一个特定的地方，一个特定的日子，一个特定时刻，其色彩永远不可能再次见到。一个诗人歌唱的是一个特定情绪，这情绪是他的，只是他一个人的，而且永远不会再来。……没有比哈姆雷特更独特的人物了，他可能会在某些方面像其他人，但他使我们感兴趣绝非由于这一点。

显然，约翰生强调的是普遍性，而柏格森强调的是特殊性。维姆萨特指出："这两个极端没有一个能把艺术解释清楚，都把人引到艺术之外。

---

① W. K. Wimsatt, "The Concrete Universal", in *The Verbal Icon: Studies in the Meaning of Poetry*, Lexington: University Press of Kentucky, 1954, p.72.

特殊性理论把人引向个别性和独特性，……结果是引向怪癖，引向不可知，引向心理，而作者心理既非艺术作品，亦非评价标准。而约翰生式或雷诺兹式（Reynolds）的普遍性理论则引向陈词滥调，引向物质客观性，平均的郁金香，平均的人性形式，平均类别。"[①]如果是纯粹"个人的东西"，即绝对的特殊性，那也就无意义可言，既无法评价，也无须评价。如果是纯粹"普遍的东西"，那也就成了空洞、干瘪的陈词滥调，成了世界上根本不存在的平均值。

除了上述两种极端，还有一种折中论调，即"兼而有之"。如维姆萨特所说，有些批评家"试图把这两个极端撮合起来"[②]。但是如何"撮合"？能否"撮合"？维姆萨特提出："问题在于，文学作品如何能做到既比其他文体更个别化（更独特），又比其他文体更一般化，或者说它如何能比其他文体更能将个别性与一般性结合起来。"这个问题的实质在于，文学作品与其他各种文体使用的是同一种载体，即语言，或曰"词语"；而——

　　　　每种用词语构成的描写，只要它是一种直接的描写（谷仓是红的，方的）就是一种一般化。这是词语的性质所决定的。词语所携带的不是个体，而只是或多或少特定的一般化。因此约翰生是正确的，只是我们得问他：何种程度的词语一般性能构成艺术，是否"郁金香"就比"有十道条纹的郁金香"具有更好的、更重要的一般性，或者是否"美"实际上并不比"郁金香"具有更令人印象深刻的一般性？另一方面，人们不能否认，某种意义上，相比于纯粹的抽象美，诗中出现了更多的郁金香。所以伯格森也是对的；只是我们不得不问他，在语言描述中何种程度的一般性能构成艺术。而且他永远也没法声称拥有词语的完整的特殊性、个别性，哪怕哈姆莱特也是如此。[③]

---

① W. K. Wimsatt, "The Concrete Universal", in *The Verbal Icon: Studies in the Meaning of Poetry*, Lexington: University Press of Kentucky, 1954, pp.73–74.

② Ibid., p.74.

③ Ibid., p.75.

语言的性质就是"一般化"的。这种性质决定了凡是用词语构成的直接描写，就是一种"一般化"，或者"多少特殊的一般化"。在这一点上文学作品与其他文体并无区别。即使文学作品需要"一般化"，那也不是这种语言的"一般化"。无论"郁金香"还是"有十道条纹的郁金香"，都与文学作品的"一般化"无关。尽管诗中出现更多的是"郁金香"，而不是纯粹抽象的"美"，那也不是因为"词语的特殊性"，因为根本就没有什么"词语的特殊性、个别性"。总之，在语言的范围内永远无法解决这个个别性与一般性"兼而有之"的问题。

语言的概念化、一般化性质，是横在新批评面前的一个难题。他们想要把诗歌同其他文体区别开来，就必须解决这个难题。如前所述，沃伦的《纯诗与非纯诗》就讲到"语言只是符号"，并"不具有它们所代表事物的美感"。布鲁克斯把这叫作"语言的难制性"。维姆萨特这里说得更为分明。但是维姆萨特并没有像布鲁克斯那样，由此走向语言的"再创造"，强调诗人必须"被迫不断地再创造语言"，而是走向了另外一条道路。他把诗的本质放置于"细节描写中的不相干的具体性（irrelevant concreteness in descriptive details）"[1]。这似乎走近了兰色姆的诗学。但他接着补充说："细节的性质是通过各种细节之间的关系而获得的，这种关系也就是使用细节的方法。细节的诗歌特征并不在于它们明白直接地表达的东西（就好比说玫瑰和月光总有诗意），而在于它们的安排方式所暗示的东西。"[2]这就又同兰色姆拉开了距离，甚至可以说是分道扬镳了。"所暗示的东西"就是指未曾明言的某种一般性的观念。所以维姆萨特把具体"细节"与"它们的安排方式所暗示的东西"这两方面的统一称作"具体普遍性"。"具体普遍性"使文学作品成为"细节的复合体"（a complex of detail），这种综合体（composition）或复合体"是如此复杂，使

---

① W. K. Wimsatt，"The Concrete Universal"，in *The Verbal Icon: Studies in the Meaning of Poetry*，Lexington：University Press of Kentucky，1954，p.76.

② Ibid.，p.77.

得我们能从最高程度的个体性中看到具体普遍性"[1]。

这个"复合体"，维姆萨特是以小说及戏剧中的人物来说明的："我们经常听人说小说或戏剧中的人物要活起来，就必须丰满（fullness），有立体感（rotundity），也就是说，人物必须是多面的。"[2]而"立体人物与平面人物的差别并非单纯数量上的差别，并不仅仅是立体人物中说明主导原则的例子比较多而已。我们必须进一步认为立体人物的各种特征之间有一种特殊的相互关系"[3]。例如莎士比亚的名剧《亨利四世》（William Shakespeare，*Henry IV*）中的主人公福斯塔夫（Falstaff）身上的品质，看似复杂，却有一种内在的联系。这一切用一种特殊的方式组成一个有机的整体，形成了这位立体人物的"自我意识"，而这是一种高度的人性的特征。而后，维姆萨特提出：

> 福斯塔夫，或是其他这种有自我意识的"无限变异性"（infinite variety）人物，……都是具体普遍性，因为他们没有类名，只有他们自己的名字，然而他们都是确切的变异性和中心性的结构，每个人物都要求我们在人性的价值范畴中作出特殊的理解。[4]

既然"没有类名，只有他们自己的名字"，那当然是特殊的、具体的；但同时又具有"自我意识"之类的"人性特征"，这就是普遍性、一般性，他们那些特殊性、具体性都是这种普遍性、一般性之中的特殊性、具体性。所以他们"都要求我们在人性的价值范畴中作出特殊的理解"，放在人性的"一般"中理解福斯塔夫这个"特殊"。这就是具体性与普遍性的统一，即"具体普遍性"。

---

[1]　W. K. Wimsatt，"The Concrete Universal"，in *The Verbal Icon: Studies in the Meaning of Poetry*，Lexington：University Press of Kentucky，1954，p.77.

[2]　Ibid.

[3]　Ibid., p.78.

[4]　Ibid., p.79.

不难看出，这实际上就是西方戏剧、小说理论中的"典型"论。聚焦于个别与一般、特殊与普遍，亦即感性与理性的统一的"典型"论，可以说是西方传统哲学思想在文学理论领域的结晶，因此也会成为批评家们考虑诗歌问题的一条思路。布鲁克斯在《释义误说》中就曾说，"直觉（intuition）与分析性的理智（analytic reason），似乎是水火不相容的"，华兹华斯的诗就这样"非常出色地预示了诗人的典型问题"[1]。而新批评中最自觉、最集中地沿着这条思路研究诗歌问题的，当属维姆萨特。

二、"具体普遍性"与"隐喻"

但是以分析人物形象为特长的"典型"论，并不能简单地搬过来直接说明抒情诗。所以当维姆萨特过渡到诗的"具体普遍性"的时候，便转向了"隐喻"。他说："人物是一类具体普遍性；还有其他类型，类型之多可能与文学批评的核心术语数量一样多，但是大部分可以通过检查隐喻而得到理解。"[2]

维姆萨特在《象征与隐喻》一文中，对隐喻做了详尽的分析。他说，在对文学作品中的隐喻或明喻的探索中，"最为引人注目的是一种不存在于混同（confusion），而存在于区别（distinction）之中的丰富稠密的想象（imaginative thickness）"。他举英国诗人科林斯（William Collins）或华兹华斯的那些"丰满的风景描写"为例，说其中"总是存在一种即使没有述明，也是可以述明的区别"，如在"树"和"神"之间，"落日"和"精灵"之间；"而且在这种区别中存在着某种张力——如果没有这种张力，也就不存在诗歌"[3]。而后，他引述了美学家马丁·福斯在《人类经验中

---

① Cleanth Brooks, "The Heresy of Paraphrase", *The Well Wrought Urn: Studies in the Structure of Poetry*, New York: Harcourt, Inc., 1970, p.213.

② W. K. Wimsatt, "The Concrete Universal", in *The Verbal Icon: Studies in the Meaning of Poetry*, Lexington: University Press of Kentucky, 1954, p.79.

③ W. K. Wimsatt, "Symbol and Metaphor", in *The Verbal Icon: Studies in the Meaning of Poetry*, Lexington: University Press of Kentucky, 1954, p.126.

的象征与隐喻》（Martin Foss，*Symbol and Metaphor in Human Experience*）中的说法："在这里，两个象征被放在一起，并不是在对比中用一个熟悉的物体来说明另一个熟悉的物体。相反，是把两个极为熟悉的词放在一起，目的是对其熟悉的性质提出疑问，对一个未知的整体（a still unknown unity）进行深入探索。"[1]以往，人们对比喻——包括隐喻的思考，主要是关注喻本和喻体之间的相似性，因为正是有了这种相似性，比喻或隐喻才能成立。而这里却把关注的重心转移到了喻本和喻体的差异性，提出正是这种差异性产生了"丰富稠密的想象"，正是在这种差异性中"存在着某种张力"，而"如果没有这种张力，也就不存在诗歌"。

维姆萨特认为，这个关注重心的转移"涉及了在隐喻研究中人们最关注的问题"，也就是隐喻的本质问题。他就此阐释道：喻体和喻本这"相似和区别"的两方面，"被放在一起并相互对照、相互说明时"，产生了某种新的意义，形成了"意义的无限辐射扩展"，而这对于"具体性"和"普遍性"即"具体普遍性"的两种因素"都是必不可少的"。[2]

在结合马丁·福斯的有关言论对隐喻做了如上的阐释之后，维姆萨特落脚到了隐喻的"定义"。他说，最准确的隐喻定义是W. B. 斯坦福在他的《希腊隐喻：理论与实践研究》（W.B. Stanford，*Greek Metaphor: Studies in Theory and Practice*）一书中所做的尝试：

> 这样一个过程和结果：即在特定语境中使用一个常表示物体或概念A的词X，使它实际所指的是一个在特征上与A十分相异的另一个物体或概念B，以保证在A和B两个概念综合形成，而且为词X所象征的复合意义中，A和B二因素虽然在X所象征的整体中联合了起来，却仍保持着它们各自的概念的独立性。[3]

---

[1]　W. K. Wimsatt，"Symbol and Metaphor"，in *The Verbal Icon: Studies in the Meaning of Poetry*，Lexington：University Press of Kentucky，1954，p.127.

[2]　Ibid.

[3]　Ibid.，p.128.

其基本含义就是用一个词X对两个"十分相异"的物体或概念A和B进行比拟，这个词X常用来指称A但此处实际上是指称相异的B，只有经过这种比拟以后，才能综合形成一个"复合意义"X，很明显这个复合意义是词语X在比拟之前并不具备的，也就是那个存在于"丰富稠密的想象"中的"未知的整体"。

在征引了斯坦福这个定义之后，维姆萨特称："我想冒昧地补充说，一首诗本身就是斯坦福描述的'语境'。这是词语意义的一种结构，它使隐喻成立，亦即，它安排关键词A和B的方式使它们各自清晰可辨，并且互相说明，而不陷入字面意义。"[1]简言之，"隐喻"是词语的一种意义结构，而一首诗就是"隐喻"的"语境"，诗的意义结构也就是隐喻的结构。

言至此，就要说到隐喻与诗的"具体普遍性"了。维姆萨特的《具体普遍性》一文，在说过"大部分具体普遍性可以通过检查隐喻而得到理解"之后，接着便提出：

> 在隐喻背后有一种两个类之间的相似性，这样就产生了更一般化的第三个类。这一类没有名字，而且很可能永远没名字，只有通过隐喻才能得到理解。这是一种无法表达的新概念。[2]

就是说，隐喻的主要作用并不是以喻体说明喻本，像通常理解的那样；而是从喻本和喻体这两类性质不同的事物中，"抽象"出它们的"相似性"即共性。这个"相似性"既不同于喻本，也不同于喻体，而是比喻本和喻体"更一般化的第三个类"。喻本和喻体各有自己的"名字"，可

---

[1]　W. K. Wimsatt，"Symbol and Metaphor"，in *The Verbal Icon: Studies in the Meaning of Poetry*，Lexington：University Press of Kentucky，1954，p.128.

[2]　W. K. Wimsatt，"The Concrete Universal"，in *The Verbal Icon: Studies in the Meaning of Poetry*，Lexington：University Press of Kentucky，1954，p.79.

以用词语来指称，而从喻本和喻体中抽取出来的这个"第三个类"却"没有名字"，不能诉之于言，只有联系隐喻才能得到理解，所以说"是一种无法表达的新概念"。"新概念"就是新内涵、新意义。显然，这是从"具体普遍性"出发对前述隐喻论的综合概括，也是这种隐喻论向"具体普遍性"的有意倾斜，故而突出强调了那个由隐喻所产生的"更一般化的第三个类"的基本特征。诸如两个类之间的相似性、具体的抽象、没有名字、无法表达，等等，都是对这个　"第三类"的说明。这个"第三类"就是"具体普遍性"。

应该说这是一种新的隐喻观，它从根本上打破了传统修辞学对隐喻的界定，认为隐喻的本质并不是以喻体说明喻本，而是从隐喻双方抽象出某种"相似性"，形成某种新意义，这种新意义才是真正的喻本。这样也就取消了传统意义上的喻本和喻体的区别，实际上是把这种意义上的喻本和喻体一并视为喻体，而把真正的喻本移到了它们二者之外，即移到了"言外"。同时也就淡化了明喻（simile）、隐喻（metaphor）和借喻（metonymy）的界限，实际上是把各种比喻都视为字面上仅有喻体，而喻本隐含于字面表述之外的"借喻"，笼统地称作"隐喻"。进而还可以把这种隐喻的结构扩展到用隐喻写成的诗，即把整个一首诗的字面表述都视为喻体，而把诗的"言外之意"视为这些隐喻的喻本。这个作为全诗的"言外之意"的喻本，其实就是"诗旨"，即一般所说的"诗意"。这样，本来只是各类文体通用的一种"修辞格"的隐喻，就成了克服语言一般化的障碍，以可言言其不可言，表达和营造诗意的艺术方法。而这样的隐喻也就越出了修辞学的范畴，成了一个真正意义上的诗学概念。这种隐喻观虽然不是新批评所首创，却为新批评所普遍接受和广泛运用，并做了进一步阐发。这从前述布鲁克斯、退特等人的言论中就可以发现，而阐发得最为详明且运用得最为出色的，则是维姆萨特。

在阐明了这种隐喻观之后，维姆萨特就用它分析了几个具体的诗例。

例一是济慈的《第一次读恰普曼的荷马》（John Keats, *On First Looking into Chapman's Homer*）。济慈这首诗一连用了三个隐喻来表达他初读荷马史诗时的激动和惊喜：像旅行者突然走进了神奇的黄金王国，像天文学家意外发现了一颗耀眼的新星，像航海家倏尔看到了浩瀚无比的太平洋。维姆萨特指出，把"这首诗的标题"当作"中心隐喻的第四项"，即第四个隐喻，就是把传统意义上的喻本也视为喻体。而"发现的激动"就是从这四个隐喻中抽象出来的共性或相似性。按照维姆萨特的观点，这种"发现的激动"才是这首诗的真正的喻本，即这首诗真正要表达的意思。这里叫作"全诗的真正题材"。而"发现的激动"是一种情感状态，因此它"不存在一个名字"，无法用概念化的词语来描述，只有通过诗中的一系列隐喻才能给人以真切的感受。所以这段话最后说："诗的要点似乎在喻体和喻本之外"[①]，也就是在诗的"言外"，整首诗化为第四个隐喻的喻体。

例二是华兹华斯的《孤独的收割者》（William Wordsworth，*The Solitary Reaper*）。诗写的是一个姑娘在高原上孤独地割麦，一边劳动一边唱着"有些哀怨"的歌；即使是阿拉伯沙漠中疲惫的旅人偶然听到的夜莺的歌唱，或苏格兰西北赫布里底群岛（Hebrides）上布谷鸟的报春的啼叫，"也赶不上少女的歌声醉人心迷"。维姆萨特分析说，姑娘独自在收割，在歌唱，和那两只鸟——阿拉伯沙漠的夜莺、赫布里底群岛的杜鹃，这三个形象起了平行比喻的功能，为的是抽象出歌唱中的孤独，遥远和神秘的魅力；如果再考虑到"一只鸟远在北方的海中，一只远在南方的沙漠中"，则又"暗示出空间的广度，普遍性和世界性的交流"：

> 这样，一个中心抽象概念就被创造出来——交流，孤独中的心灵感应，芸芸世界梦想着未来事物的预言的灵魂——这个抽象不是逻辑地（形而上地）发挥一个隐喻的效果，而是……用联想而不是用逻辑……[②]

[①]　W. K. Wimsatt，"The Concrete Universal"，in *The Verbal Icon: Studies in the Meaning of Poetry*，Lexington：University Press of Kentucky，1954，p.79.

[②]　Ibid.，p.80.

就连"孤独的收割者"这个"被比喻者"也被视为一个隐喻，成了与那两只鸟平行的另一个喻体；随之，喻本便被移到了诗外，就是从这三个形象中抽象出来的"歌唱中的孤独，遥远和神秘的魅力"，以及"交流，孤独中的心灵感应，莽莽世界梦想着未来事物的预言的灵魂"。显然，这些抽象出来的意思才是这首诗的真正的"诗意"。而这样的诗意只能在对相关隐喻的"联想"中获得，是不可能由这些隐喻"逻辑地"推论出来的。

例三《无情美女》（John Keats, *La Belle Dame Sans Merci*）是一首叙事诗，所以维姆萨特说"隐喻的结构"也会"隐藏在明显的叙事轮廓中"。于是便谈到了"故事诗"（poetic narratives）：

> 我相信最好的故事诗完全可以当作隐喻来分析，而不用指明喻本，就像自己表达自己的象征。……一首好的故事诗就像往池塘里扔一块石子一样扔到我们心中，越来越大的同心圆从那里向四周铺展、消失——而这一切是由于诗的结构。[1]

这就是把整个一首故事诗当作一个只有喻体而未出现喻本的隐喻。"一首好的故事诗就像往池塘里扔一块石子"云云，就是对这个处于"言外"的喻本的形容；用中国诗学的话来说，亦可谓"含不禁之意见于言外"。最后曰"这一切是由于诗的结构"，就是指这种由言内之意引出言外之意的"隐喻的结构"。

维姆萨特对如上三个诗例的分析，是其隐喻观的具体体现。这些分析集中于由隐喻的结构所产生的"无法表达的新概念""一个未知的整体"或"第三个类"，亦即作为"言外之意"的喻本即"诗意"，突出揭示了

---

[1]　W. K. Wimsatt, "The Concrete Universal", in *The Verbal Icon: Studies in the Meaning of Poetry*, Lexington: University Press of Kentucky, 1954, pp.80-81.

其生成与特征。

一种新的隐喻观可能会引出一种新的诗歌观。维姆萨特在《象征与隐喻》一文中谈到，克罗齐（Benedetto Croce）的《美学》有一个类比，可以用来总结"隐喻的或无限的诗歌观念"与"概念的或按古典原理规定的观念"之间的区别。克罗齐的类比是：

> 构思悲剧的人都把大量的，好比说，把大量的印象注入一个坩埚（a crucible），许多在其他情况下孕育出来的表达方式和新印象混成一体；就像我们把破碎的青铜块和最精美的小塑像一道投入熔炉一样。这些精美的小塑像必须像青铜块一样先熔化，然后才能变成新的塑像。旧的表达语言必须再次降低到印象的水平，才能综合成为一种新的单一的表达用语。①

对于这个类比，维姆萨特表示基本赞同："在某种意义上类似的情况确实地存在于诗歌中，在诗歌里，所有的成分都在被使用的过程中经历了某种变化，获得了比它们原有的简单的抽象的字典意义更丰富的含义。"②但他也做了一点重要的修正：

> 熔铸在一首诗中的词语具有了一种新的价值，并不是因为丧失了其最初的或一般的意义，而是因为保持了这些意义。……更为恰当的是把这一切比拟为一座大教堂的怪兽形状的承霤口、尖顶、纪念碑和其他装饰品，而不比作铸入大塑像时丧失原有形式的小雕像。③

---

① W. K. Wimsatt, "Symbol and Metaphor", in *The Verbal Icon: Studies in the Meaning of Poetry*, Lexington：University Press of Kentucky, 1954, p.129.

② Ibid.

③ W. K. Wimsatt, "Symbol and Metaphor", in *The Verbal Icon: Studies in the Meaning of Poetry*, Lexington：University Press of Kentucky, 1954, p.130.

　　大教堂的所有建筑装饰，都像诗中的"隐喻化"了的语词一样，在大教堂的语境中，共同营造了那种神秘莫测的宗教意味和宗教氛围。这个修正既是为了同他的隐喻观保持充分的一致——他的隐喻观就认为虽然隐喻双方在它们综合形成的"新概念"中联合了起来，却仍保持着它们各自概念的独立性；同时也是为了维护与强调诗意的多元复合性。由此可见，维姆萨特"隐喻的或无限的诗歌观念"，就是以语境的隐喻性与由此产生的诗意的无限性为两大要点的诗歌观念。而如前所述，"具体普遍性"落实到诗，就是指隐喻的意义结构；因此可以说，"具体普遍性"的诗歌理论其实就是"隐喻的或无限的诗歌观念"。

　　维姆萨特对"具体普遍性"的论述，最后落脚到诗歌批评。他认为：

　　　　客观主义批评家的工作是通过近似地描述诗歌，或是重述它们的多重意义，以帮助读者得到一个对诗本身的直觉的、完全的理解……[1]

　　后面还说到，每首诗都有一点东西不可能用其他语言表示。[2]显然，这样的批评观念与上述"隐喻的或无限的诗歌观念"是完全吻合的。所以这里再次引用了克罗齐的话。只要承认诗歌批评应该符合诗歌自身的本性，就无法否认，维姆萨特这些话既是诗歌批评家的由衷之言，也是关于诗歌批评的不刊之论。对于这样的批评观念，我们其实是很熟悉的。中国传统诗学历来强调"诗无达诂"（董仲舒《春秋繁露》），"诗有可解、不可解、不必解"（谢榛《四溟诗话》）。只是在维姆萨特的诗论中，这一切都是在"具体普遍性"——这个中国诗学所没有的名称下进行论述的。

---

　　[1]　W. K. Wimsatt, "The Concrete Universal", in *The Verbal Icon: Studies in the Meaning of Poetry*, Lexington: University Press of Kentucky, 1954, p.83.

　　[2]　Ibid.

三、新批评诗歌结构论的总结

维姆萨特的诗歌结构论带有一点总结的意味。他在《具体普遍性》一文中谈到，一般与特殊相互联合、相互渗透的思想由来已久，并以兰色姆的"结构—肌质"论与退特的张力论为例证。这不免会引起人们对整个新批评的诗歌结构论的回顾：从兰色姆到维姆萨特，他们的诗歌结构论是围绕什么问题展开的？又是怎样一步步发展下来的？

前面已经多次谈到个别与一般、特殊与普遍、感性与理性的问题。兰色姆所说的事物与概念，以及由此生发的肌质与结构，显然就是这个论题的展开与发展线索。沃伦的反纯诗论强调"即使在最严格的意象主义的诗歌里也会有概念悄悄潜入"，说的也是概念与意象，即理性与感性的问题。退特的张力论讲的是外延与内涵的关系，如艾布拉姆斯（M.H. Abrams）在《文学术语词典（中英对照）》中所概括的，他"似乎认为一首优秀的诗歌能够把抽象和具体、普遍观念和特殊意象都纳入一个完整的总体内"[1]。布鲁克斯的"诗人必须首先通过特殊性的窄门才能合法地进入普遍性"的说法，已经点出了他的诗歌结构论的中心议题，他所强调的"经验自身的统一性"就是指感性与理性这"两种通常互相排斥的经验"的统一。维姆萨特的"具体普遍性"论，他自己明确宣布，就是要探研"有时似乎是说文学作品在某种意义上说是一件个人的东西，有时又说是一个普遍的东西"，这个悖论究竟说明了什么问题。因此，可以肯定地说：新批评的诗歌结构论就是围绕个别与一般、特殊与普遍、感性与理性的关系这个核心问题展开的。

不仅是围绕理性与感性的关系这个共同问题展开的，而且也是朝着理性与感性的统一这个共同目标迈进的。只是思考角度不同，所理解的统一的方式与程度不同。

---

① ［美］艾布拉姆斯：《文学术语词典（中英对照）》，吴松江译，北京：北京大学出版社，2009年，第633页。

兰色姆的"结构—肌质"论只是要让理性与感性既缺一不可又相安无事地共处于同一首诗中，联合组成诗的整体结构；而理性与感性，亦即他所说的结构与肌质之间，并没有多少有机联系。如其所说，"诗歌是一种松散的逻辑构架，伴有局部不甚相干的肌质"。因为他始终坚持着"思想与情感"、理性思维与感性思维的二元论，否认它们可以融为一体。

沃伦的张力论、退特的张力论以及布鲁克斯的"戏剧化"论和"反讽"论，虽各有旨趣，却都建立了理性与感性之间的有机联系，比兰色姆的"结构—肌质"论大大前进了一步。沃伦说"最严格的意象主义的诗歌里也会有概念悄悄潜入"，"在意象离开了它原来的所在地而进入一首诗时，它便开始'意指'某种东西了"。一个"意指"就把意象与概念，亦即感性与理性联结了起来。退特说诗的"张力"就是"我们在诗中所能发现的全部外展和内包的有机整体"，于是"张力"成了外延与内涵，即理性与感性的有机联系的纽带。布鲁克斯的"戏剧化"论从"呈现经验自身的统一体"出发，一开始就从立意方面否定了诗中的感性与理性的分离；他的反讽论又从隐喻与语境出发，继而从表达方面否定了诗中的感性与理性的分离。兰色姆的这三位弟子显然都从他们的老师的立场向前跨进了一大步。如果说他们之间也有一点不同倾向的话，那就是沃伦似乎比较偏重于理性，退特则真的是理性与感性并重，而布鲁克斯则明显是偏重于感性的。

在他们之后，维姆萨特则自觉地以西方思想传统的继承人的姿态，沿着一般与特殊相互联合的思路，把隐喻的结构引入西方文艺理论中的"典型"论，提出了"具体普遍性"的观点，可以说为美国新批评对诗歌中理性与感性的关系问题的研究，也就是他们的诗歌结构论，画上了一个句号。

如果试图整合各位代表人物的概念与观点，形成一个总体的理论框架，我们大致可以这样概括：诗歌的（本体）结构即意义（生成）结构，其根本问题是如何克服语言的难制性以呈现复杂的经验统一体。文学语言符号相对于科学语言符号的特殊性在于其呈现的语境，每一首诗就是一个语境。诗歌语境安排了细节（即肌质或喻体）之间的关系（即结构或逻辑联系），决定了细节的诸多性质的取舍与综合。诗歌语境的具体体现是隐喻、反讽、悖论、张力、戏剧化等形态，从而暗示或抽象出一个包含诗意的产物：意象（即"具体普遍性"或"言外之意"）。但是这种综合性的抽象（即想象）过程及其产物（即意象）都是动态的、持续生成的。即使已经抽象出了一个整体意义，但各细节原有的性质与差异性始终保持存在，并允许反复的、多样化的抽象，从而产生了诗歌的多义现象（即复义或含混）。

第六节　新批评与中国诗学的"结构"问题

中国古代文论著作也讲"结构"。即使没有用"结构"这个词，实际上也有论述"结构"的内容。但中国古代所说的"结构"与新批评所说的"结构"属于两种不同的"结构"观念。同时，在新批评的诗歌结构论的深层局部，又有某些与中国传统诗学的微妙的相通之处。无论是分辨这两种不同的结构观念，还是探索新批评的诗歌结构论与中国传统诗学的关联，对于理解双方、对于诗学思考都是有意义的。[①]

一、两种不同的"结构"观念

近年来，有学者提出，刘勰与新批评家"都重视作品的艺术性，特别重视结构"[②]。他们还专门讨论了中国古代批评家刘勰，以及西方现代

---

① 见成盈秋、成复旺《新批评派的"结构论"与中国诗论的"结构"问题》，《国学学刊》2021年第1期，第94–100页。

② 黄维樑：《从〈文心雕龙〉到〈人间词话〉——中国古典文论新探》，北京：北京大学出版社，2013年，第21页。

"新批评家"对结构的看法。因此，有必要对上述两种"结构"观念作一个简略的分辨。

刘勰重视文章的作法和技巧，的确也重视"结构"。该书提到，在《文心雕龙》中，"除了《附会》篇通篇论结构外，《熔裁》和《章句》二篇也有多处讨论同一问题"①。此外该书还谈到，《文心雕龙》的《知音》篇"将阅文情，先标六观"的第一观"位体"，"除了主题、风格、体裁之外，应该还有结构的意思"；但因未提供具体证据，暂且不论。下面仅就上述三篇来探讨刘勰对"结构"的观点。

关于《附会》篇，该书征引了开头的，其实也是最重要的几句话："何谓附会？谓总文理，统首尾，定与夺，合涯际，弥纶一篇，使杂而不越者也。"这几句话，有关专家译为："什么叫做'附会'？就是综合全篇的条理，使文章首尾连贯，决定写进什么和不写什么，把各部分都融合起来，组织成一个整体，做到内容虽复杂，但层次还是很清楚。"②

关于《熔裁》篇，该书未引原文。据一般见解，其中最重要的大约是如下几句："规范本体谓之熔，剪裁浮词谓之裁"；"绳墨以外，美材既斫，故能首尾圆合，条贯统序"；"篇章户牖，左右相瞰"。有关专家译为："使文章的主要内容表现得更合乎规范"，"删削一切不必要的文辞"；"正与木工根据绳墨削凿美好的木材一样，文章必须如此才能写得首尾妥帖，条理清楚"；"作品里的各部分，应该像门户似地左右互相配合"。③

关于《章句》篇，该书引文是："章句在篇，如茧之抽绪，原始要终，体必鳞次。启行之辞，逆中篇之意；绝笔之言，追媵前句之旨。故能外文绮交，内义脉注，跗萼相衔，首尾一体。"有关专家译为："章节和句子在全诗中，和在蚕茧上抽丝一样，从开始到结束，都是联系密切

---

① 黄维樑：《从〈文心雕龙〉到〈人间词话〉——中国古典文论新探》，北京：北京大学出版社，2013年，第26页。
② 陆侃如、牟世金：《文心雕龙译注》，济南：齐鲁书社，1995年，第512页。
③ 同上，第411、412、416页。

而丝毫不乱的。开头说的话，就考虑中篇的内容；结束时的话，则是继承前面的旨意；因而能文采交织于外，脉络贯注于内，前后衔接，首尾一体。"①

以上三篇，分别讲述了规划全文条理、剪裁冗意浮词、整饬章节词句三点内容，总的要求就是脉络清晰，层次连贯，首尾一体。显然，这种结构观属于传统修辞学所讲的"篇章结构"问题。

如前所述，新批评诗学家兰色姆说，"科学几乎完全研究结构"，"但诗歌结构与之大相径庭，正是这一差别使诗歌结构具有自己的特点"。布鲁克斯《精致的瓮》一书的《序言》宣布：这部书就是要"揭示出'诗歌拥有一些共同的结构特性'这一事实"，以证明"名诗佳作的精髓并不在于我们通常讲的'内容'或'主题'，而是结构"。退特也认为，"一首诗突出的性质就是诗的整体效果，而这整体就是意义构造的产物，考察和评价这个整体构造正是批评家的任务"②。作为新批评诗学的总结者，韦勒克更强调："真正的诗必然是由一些标准组成的一种结构"，诗学就是要研究诗的这种"决定性的结构"。③显而易见，他们所讲的"结构"已经不是传统修辞学或写作课所讲的"篇章结构"，而是诗歌之所以成为诗歌的根本标准；它已经具有诗歌"本体论"的意义，或者说它就是"诗本身"。这样的结构论不能与"统首尾，合涯际""首尾圆合，条贯统序""外文绮交，内义脉注"之类的结构论相提并论。例如刘勰的结构论反复强调"首尾"，即如何开头、如何结尾；但新批评家的结构论从未曾关注过这个问题。

亦如前所述，韦勒克指出，继俄国形式主义而起的布拉格学派，已经用"结构主义"代替了"形式主义"，也就是用"结构"这个概念代替了"形式"的概念。因为他们觉得"结构"这个术语加强了"总体性"的意

---

① 陆侃如、牟世金：《文心雕龙译注》，济南：齐鲁书社，1995年，第429页。

② 艾伦·退特：《论诗的张力》（1937），见赵毅衡编选《"新批评"文集》，天津：百花文艺出版社，2001年，第121页。

③ 以上皆已见于前引。

涵，而减少了"外在性"的意味。这样"结构"这个概念也就远离了旧的修辞学的形式、技巧或程序的层次，走上了"本体论化"的道路。而韦勒克就是布拉格学派的门徒。

据此可知，刘勰与"新批评家"对结构问题的看法的区别，就是"旧的修辞学"的"结构"观念与自索绪尔结构主义语言学以来已经"本体论化"了的"结构"观念的区别。而该书所持的正是"旧的修辞学"的"结构"观念。这从该书开篇的《引言》即灼然可见：

> 一篇文学作品只是结构好，不一定就是好作品。我们评论作品的杰出与否，伟大与否，更不能单论结构。不过，就笔者阅读所得，古今中西的谈文论艺之士，无不认为前后呼应、结构完美为文学作品的艺术优点。

这些话与"新批评家"的观点是格格不入的，要求"前后呼应、结构完美"固然不错，但这与诗的"决定性的结构"无关。

下面再举该书中谈论具体诗篇的两个例子。

一个是布鲁克斯对济慈的两句诗"美即是真，真即是美"的分析。该书是这样说的：

> 分析一首诗的结构，看看它的各个部分如何为全体服务，看看它的主题是否准确地传达给读者——这是布鲁克斯《精致的瓮》一书中另一篇文章的主要工作。书中题为《济慈的森林历史学家：没有注释的历史》的那篇文章，析论济慈的名诗《希腊古瓮颂》。布氏经常阐释诗中词句与全首诗的关系，事实上，该文中"上下文"（context）一词，至少出现了六次。这首《希腊古瓮颂》有一名句，就是"美即真，真即美"，向来解释颇多。布氏认为，这一句究竟是此诗的锦上花，还是败笔墨，必须要把这一句和全首诗的主题和结构合起来考虑。布氏同意墨瑞的观点，认为"最重要的是这一句与全首诗上下文

的关系"。①

　　这里的"上下文"现在大都译为"语境"。布鲁克斯在分析"美即是真，真即是美"的时候的确非常强调语境，但他所说的语境是指诗的特殊语境，实际上就是指具体的"情境"，故而往往称之为"剧情"。如说："任何特殊因素的'意义'都受语境的修正。因为不管说的什么，总是在特殊的场合中，由特殊的剧中人物说的。"因此，他认为"美即是真，真即是美"这两句诗是否"合理"、是否是"诗中的一大缺憾"，取决于它在《希腊古瓮颂》中是否"符合剧情"，亦即是否"出自某个特定人物的嘴"，是否"与角色相称"或"有适当的铺垫"。他分析说，在《希腊古瓮颂》中，这只瓮会讲故事，能叙述历史，画在瓮上的各类人物或演奏音乐或讲话或歌唱，等等，说明这只古瓮已经"被恰当地戏剧化了"，所以"美即是真，真即是美"与莎士比亚的"成熟便是一切"有着同样的地位、同样的合理性，也是一种角色的言说，受到了整个语境的支持。②这些话的要旨在于申明：这两句诗不是作者的抽象议论，而是在某种具体情境中的某个具体"角色"的台词，它完全"符合剧情"。如果对布鲁克斯这种"诗歌是一种戏剧化""诗中的陈述语必须符合剧情"的重要观点只字不提，而仅仅强调"布氏经常阐释诗中词句与全首诗的关系"之类的老生常谈，那就只能说是遗神取貌、避深就浅，很难让人真正理解布鲁克斯的诗歌结构论。

　　另一个是兰色姆的"结构—肌质"论。该书是这样理解的：

　　　　兰瑟姆采用"逻辑结构"一词来指称诗的主题，这使人想到刘

---

　　①　黄维樑：《从〈文心雕龙〉到〈人间词话〉——中国古典文论新探》，北京：北京大学出版社，2013年，第27页。

　　②　Cleanth Brooks, "Keats's Sylvan Historian: Historian Without Footnotes", in *The Well Wrought Urn: Studies in the Structure of Poetry*, New York: Harcourt, Inc., 1970, p.165.

勰的"位体"；兰瑟姆采用"局部纹理"来指称诗的具体细节，这使人想起刘勰的"事义"和"置词"。兰瑟姆说："一首诗是具有局部纹理的逻辑结构。"他又指出，好的批评家应该"从结构和纹理去审视、界定一首诗"，如果他对"一首诗"的纹理无话可说，则他对那首诗之所以是一首诗就无话可说，而是把它当作一篇散文而已。笔者必须指出，散文的具体细节当然也很重要；不过，古今的批评家一向都认为，诗的语言最为精美，对诗的艺术要求也最高，因此才有兰瑟姆这里说的一番话。[①]

如果说把兰色姆的"逻辑结构"类比为刘勰《文心雕龙·知音》的"位体"还大体说得过去的话，那么把兰色姆的"肌质"类比为《知音》篇里的"事义"和"置词"就未免不够贴切了。前已言及，兰色姆虽然也说过"肌质"就是"具体细节"，但"细节"有"事物的细节和概念的细节"（语出沃伦《纯诗与非纯诗》，已见前引），兰色姆所指的是事物性的感性意象，所以他又称之为"抽象背后活生生的肌质"。他还突出强调了自然景物与肌质的特殊的亲缘关系，称赞"大自然中几乎无一物不是肌质"。而刘勰之所谓"事义"主要是指文中引用的典故，所谓"置词"则是指遣词造句；这与作为感性意象的"活生生的肌质"相去甚远。至于把兰色姆提出的"假如对诗的肌质无话可说，就等于在就诗论诗方面无话可说，就只不过是将诗目为散文而已"这一观点，解释为"散文的具体细节当然也很重要；不过，古今的批评家一向都认为，诗的语言最为精美，对诗的艺术要求也最高，因此才有兰瑟姆这里说的一番话"，这就距离兰色姆的观点越来越远了。兰色姆把"肌质"视为诗歌区别于散文的"本体个性"，亦即诗之所以为诗的本质特征，所以才会提出这样的论断；如果"肌质"对于散文"也很重要"，他的这个论断就不能成立了。如上文所

---

① 黄维樑：《从〈文心雕龙〉到〈人间词话〉——中国古典文论新探》，北京：北京大学出版社，2013年，第28页。

述，兰色姆的"肌质"不是指一般的"细节"或者"语言的精美"。

回到中国传统的结构论。刘勰可以说是中国古代文论家中最早的结构论者。他虽然没有用"结构"这个词，却对结构问题做了相当充分的阐述。而他的"结构"观念也大体上为后来的文论家所继承。

中国古籍中的"结构"往往用作动词，略等于"构建"或"结撰"，乃至于"勾结"。这里讲的"结构"应该是作为名词的"结构"。在文艺理论领域，作为名词的"结构"较早出现于书法论著，有时是指单字的结体，如谓"结构平正曰稳"（唐窦蒙《述书赋语例字格》），有时是指整幅作品的布局，如谓"终篇结构，首尾相应"（明张绅《法书通释》），用于评论诗文，如下面诸例：

> 直卿云："《通书》（按：指周敦颐《周子通书》）便可上追《语》《孟》。"曰："比《语》《孟》较分晓精深，结构得密。《语》《孟》说得较阔。"（《朱子语类》卷九十四）
>
> 大抵诗之道，以气格为上，而结构亦不可遽轻；以性情为先，而声响亦不可遽废。"（清·徐芳《与高自山》，见《尺牍新钞》二集）
>
> 草窗（周密）虽工词，而感寓不及三家（西麓、碧山、玉田）之正，本原一薄，结构虽工，终非正声也。（清·陈廷焯《白雨斋词话》）

这些言论中的"结构"，大致均指行文的布置或章法，大意亦不出刘勰所谓"首尾圆合，条贯统序"之外。因为是指行文的布置、章法，所以虽不可轻忽，而地位却在"气格""感寓"之下。

明代以后，"结构"一词又突出运用于戏曲、小说理论，主要指故事情节的组织安排。清初李渔《闲情偶寄·词曲部》醒目地提出"填词首重音律，而予独先结构"，并详论了"结构"的重要性：

> 如造物之赋形，当其精血初凝，胞胎未就，先为制定全形，使点血而具五官百骸之势。倘先无成局，而由顶及踵，逐段滋生，则人

之一身，当有无数断续之痕，而血气为之中阻矣。工师之建宅亦然，基址初平，间架未立，先筹何处建厅，何方开户，栋需何木，梁用何材，必俟成局了然，始可挥斤运斧。倘造成一架，而后再筹一架，则便于前者，不便于后，势必改而就之，未成先毁。

强调先谋"成局"，以使作品完整统一，亦略如刘勰之所谓"首尾一体""杂而不越"。而"结构第一"之下开列的一些具体条目，如"立主脑""密针线""减头绪"等，亦似在《文心雕龙》论结构的那几篇中仿佛可见。但李渔的"结构"一词，含有构思与构架二意。故"结构第一"之下开列的条目中还有"戒讽刺""脱窠臼""戒荒唐""审虚实"之类，就属于构思范畴的命意、选材的问题了。在小说理论方面，金圣叹的《读第五才子书法》提出，《水浒传》有许多"法"，如倒插法、夹叙法、草蛇灰线法、横云断山法，等等，无疑也是情节安排、行文次序问题，都属于"结构"，当然仍是"旧的修辞学"的"结构"。

如上所述，就是中国古代文论或传统诗学中的"结构"观念。它虽然也不无演进，却始终属于"旧的修辞学"的"结构"观念的范畴，而与新批评在西方现代结构主义思潮影响下产生的"本体论化"了的"结构"观念迥然异趣，二者无法相提并论。

二、两条不同的"结构"思路

那么新批评的诗歌结构论与中国诗学有无关系？前已言及，新批评所说的诗的"主要结构"，是指诗的意义，即"诗意"的构成，所以他们又称作"内部结构"①或者"意义构造"②。中国诗学作为一种自成体系的诗

---

①　Robert Penn Warren，"Pure and Impure Poetry"，*The Kenyon Review*，Vol. 5，No. 2（Spring，1943），p. 249.

②　艾伦·退特：《论诗的张力》（1937），见赵毅衡编选《"新批评"文集》，天津：百花文艺出版社，2001年，第121页。

学，不可能不涉及"诗意"的构成这样重要的、核心性的问题。即使没有使用"结构"这个概念，也不可能没有这方面的内容。

谈到中国诗学对于诗的"意义构造"，即"诗意"构成的论述，人们大概首先会想到"诗者，志之所之也""诗者，吟咏情性也"这类说法。但这类说法讲的其实是诗之旨，即诗者何为，诗是做什么的；而不是诗之体，即诗者为何，诗是什么样的。"诗意"的构成属于后一个问题。倒是下面这些说法比较切合题意：

> 诗一向言意，则不清乃无味；一向言景，亦无味。事须景与意相兼始好。（唐·署王昌龄《诗格》）
>
> 天下之诗，莫出乎二句：一曰意句，二曰境句。……盖意从境中宣出。（宋·普闻《诗论》）
>
> 作诗本乎情、景，孤不自成，两不相背。……诗有二要，莫切于斯者。……景乃诗之媒，情乃诗之胚，合而为诗。（明·谢榛《四溟诗话》）
>
> 情景名为二，而实不为离。神于诗者，妙合无垠。巧者则有情中景、景中情。（清·王夫之《夕堂永日绪论·内编》）
>
> "昔我往矣，杨柳依依。今我来思，雨雪霏霏。"雅人深致，正在借景言情。若舍景不言，不过曰春往冬来耳，有何意味？（近代·刘熙载《艺概·诗概》）

这些话，或言意与景，或言意与境，或言情与景，但总之讲的都是心与物的关系。为求简便，且以情与景概之。按照上面这些说法，情与景是诗的缺一不可的两大要素，即"二要"；而诗的"意味"就产生于这两大要素的相兼与相合，故云"神于诗者，妙合无垠"。那么，这些话里虽然没有用"结构"这样的术语或其他术语，但所讲的内容是否也可以说是诗的"意义构造"或"内部结构"，即中国诗学的诗歌结构论？

如果可以这样认为，就会发现，中国的诗歌结构论与新批评的诗歌结构论走的是两条迥然不同的思路。新批评的诗歌结构论是围绕感性与理性的关系问题展开的，而中国的诗歌结构论则是围绕心与物的关系，或曰情志与景物的关系问题展开的。感性与理性的关系着眼于对世界的认知，属于认识论的范畴，所以新批评说"诗歌活动是一种知识行为"①。而情志与景物的关系着眼于对人生的体悟，接近于伦理学；所以中国古人论诗曰："陶冶性情，别有风旨"（王夫之《诗绎》）。不言而喻，两家诗学的背后，都有各自源远流长的文化传统的强大后盾。

但是分道扬镳并不等于南辕北辙。在新批评的诗学里，"理性"与"感性"这两个概念的含义似乎都不很规范。他们是把人的"情志"归为"理性"，把外在的"景物"归为"感性"的。如布鲁克斯说："一种思想感情的表现如果脱离产生它的时机（occasion）和围绕着它的环境（situation），却是无意义的"。那么这里所讲的便类似于"情志"与"景物"的关系了。韦勒克等的《文学理论》提到，强合的和装饰性的隐喻意象是最粗糙的形式，因为这类意象：

> ……"缺乏必需的'主观'因素"，它经常把一外在的意象与另一个外在的意象联系起来（像乖异的矛盾语法那样），而不是把"外在的自然界与人的内在世界"联系起来。②

不言而喻，要求把"外在的自然界与人的内在世界"联系起来，就是要求把景物与情志联系起来。这样一来，就等于在"理性—感性"与"情志—景物"这两条俨然殊途的诗歌结构论之间，预留了一条联系的通道。

所以，新批评的诗歌结构论中的有些说法，以中国诗学的眼光来看也并不陌生。如兰色姆认为"自然景物几乎不可避免地会成为审美体验的

---

① John Crowe Ransom, *The New Criticism*, Westport: Greenwood Press, 1979, p. 294.

② ［美］勒内·韦勒克、奥斯汀·沃伦：《文学理论》，刘象愚等译，北京：文化艺术出版社，2010年，第223页。

象征。大自然中几乎无一物不是肌质"[1]，又说"艺术家在表现大自然时面临的最大困难可能就是找出一个可供肌质附丽的主导结构"[2]。这里的"主导结构"其实就是指要表达的"情志"。的确，前引王昌龄《诗格》已经提醒，"一向言景，亦无味""须景与意相兼始好"。如沃伦说："在意象离开了它原来的所在地而进入一首诗时，它便开始'意指'某种东西了。"中国的金圣叹早就说过："人异其心，因而物异其致。"（《杜诗解》）诗中的"意象"必然会带有诗人的主观"情志"的色彩，岂能是纯粹的客观物象？布鲁克斯强调"我们所必须要求的是诗篇应当使情景得到准确的、真实的戏剧性表现，应当十分忠实于整个的情景"。显然，这也是中国诗学的要求。前面讲到的退特赞赏但丁《神曲》（Dante Alighieri，*Divina Commedia*）那三行诗，"对明确指出的自然环境毫无强加的斧凿痕迹"，却使弗兰齐斯卡"同她诞生的地方波河溶化为一体"，因而具有"更多言外之意"，以及维姆萨特提出"不可能用其他词句讲一首诗""每首诗都有一点东西不可能用其他语言表示"，等等，也都是中国诗学所强调、中国学人所熟悉的观点。

新批评诗学与中国诗学，包括它们的诗歌结构论，面对的是两种显然异趣的作品，背靠的是两种迥然异质的文化，自然会走上两条迥异的思路，因而也会有两种不同的理论体系和两套不同的名词术语。然而，中国诗与西方诗，虽然意趣有别，但作为人类创造的一种审美的语言作品，总有其共通的、可以据以归为一类的特质。从这方面来说，新批评诗学与中国诗学所要说明的，又大体上是同一类对象。既然如此，它们就一定会有某些共同的发现，且越是走近具体的诗歌作品就越是如此。但在说明这些发现的时候，它们又会按照自己的思路，运用自己的语言，形成各自不同的理论面貌。对于比较诗学而言，重要的或许正在于探讨这些共通之处，至于那些迥异的理论术语与论证体系，相比之下倒显得没那么重要了。

---

① John Crowe Ransom, *The New Criticism*, Westport: Greenwood Press, 1979, p. 249.

② Ibid.

　　最后还应该提到，新批评反对内容与形式或者思想与艺术的二元论，主张两方面的统一，这是不无道理的。无论他们的理性与感性相统一的结构论，还是中国的情志与景物相统一的结构论，实际上都涵盖了意义与艺术两个方面。在"意义"层面上，新批评的理性与感性的统一捍卫了"诗歌真理"的价值；中国的情志与景物的统一则贯彻了"陶冶性情"的宗旨。在"艺术"层面上，新批评的理性与感性的统一和中国的情志与景物的统一都开辟了从"言内之意"走向"言外之意"的道路。这就联系到下一章"诗歌语义学"的讨论了。

第二章
新批评的诗歌语义学

新批评的"诗歌结构论"谈的是诗的"内部结构"或称"意义结构"。"意义结构"必然会涉及"语义"问题。"结构论"是新批评诗学的纲领，而"语义学"是新批评诗学的基础。

新批评诗学的纲领，具体而言就是特殊性与普遍性亦即感性与理性的统一。这个纲领贯彻在整个诗学，包括诗歌语义学之中。而新批评的诗歌语义学实际上就是感性与理性的统一这个纲领在语义层面的落实。当然，这种落实不是简单的重申，它在诗歌语义学上开辟出新的境界。

"语境""隐喻"与"意象"，是新批评诗歌语义学的三个主要概念，或者说是他们的诗歌语义学的三项基本内容。

第一节　语境论

理查兹在文学理论上被视为"语义学派"。他对新批评诗歌语义学的最大影响是语境论，以至于有西方学者把新批评的诗学称之为"语境主义"[①]。这个称呼虽未必恰当，但足以说明"语境"问题对于新批评诗学的重要性。

理查兹的"语境"理论体系中，最重要的就是"意义的语境定理"。

---

① 赵毅衡：《重访新批评》，成都：四川文艺出版社，2013年，第101页。

一、理查兹的"语境定理"

1.意义的本质是一种"心理过程"

在《意义之意义》中，理查兹批评以往关于"意义"的研究方法"倾向于把对心理过程（mental process）的根本规律的研究与对记号—解释（sign-interpretation）的根本规律的研究分开"[①]，也就是忽略了人对语言符号做出"反应"时的"心理过程"。他的"语境"理论就从剖析这个"心理过程"开始。

（1）"语义三角"

为了剖析反应的心理过程的复杂性，理查兹设计了著名的"语义三角"，以说明"思想""词"和"事物"三者的关系。概括如下图：

这里的"符号"（SYMBOL）主要是指词语，"思想或指称"（THOUGHT OR REFERENCE）就是"心理过程"，"所指对象"（REFERENT）就是实际所指的事物。理查兹认为，"在符号和所指对象之间除了间接关系之外没有任何的关系。这种间接关系体现在人用符号代表所指对象，这就是说，符号与所指对象不是直接连在一起的"[②]。因此，必须破除词语与事物之间，即符号和所指对象之间的直接联系，认真

---

① C.K. Ogden, I. A. Richards, *The Meaning of Meaning*, New York: Harcourt, Brace & World, Inc., 1923, p.51.（按：本书中，出处为该书英文原著的中文句子，皆为笔者所译）

② Ibid., p.11.

考虑"思想或指称"这个中间环节。词语的"意义"并不直接来源于所指称的事物，而是来源于反应者的"心理过程"。研究词语的"意义"的实质，就要研究这个"心理过程"。

这里需对理查兹使用的"记号"（sign）与"符号"（symbol）两个术语略加辨析。在分析各种具体语境时，理查兹使用的是"记号—情景"（sign-situations），而在进入一般交际领域，谈论人们使用语言或其他方式进行交流时，则把"记号"改称为"符号"：

> 当我们考虑以上列举的各类"记号—情景（sign-situations）"时，我们发现，人们用以互相交流并作为思维工具使用的那些记号（signs），占有特殊的地位。用一个特殊的词来归纳这些记号（signs）是必要的；我们使用术语"符号"（symbols）指词语、词语的排列、形象、姿势以及诸如图画或模仿的声音等表达方式。①

与此相应，"情景"（situation）则改称为"语境"（context）：

> 由此我们首先着手研究的记号的语境理论（the contextual theory of signs），将说明以下的猜想：词语与事物之间由一种有魔力的纽带联结；符号（symbols）只有与事物共现并且在"语境"（context）中相互联系时，才能在我们的生活中充当那么重要的角色，这使符号不仅成为令人惊奇的合理议题，还成为我们控制外部世界的一切力量的源泉。②

简言之，"记号—情景"与"符号—语境"含义基本相同，只是分别使用于两种不同的场合。

---

① C.K. Ogden, I. A. Richards, *The Meaning of Meaning*, New York：Harcourt, Brace & World, Inc., 1923, p.23.

② Ibid., p.47.

理查兹上面这段话已经提出，词语与事物之间并不是直接联系的，而是存在一种"有魔力的纽带"，只有通过这个神秘的纽带，符号才能发生作用，人们才能控制外部世界，也就是产生"意义"。这个神秘的纽带就是"记号—解释"体系中的"心理过程"。理查兹从"经验的再现性"入手分析这个"心理过程"。

（2）经验的再现性

人们理解或解释事物或者符号的"心理过程"，就是对于事物或者符号的刺激的反应（response）。在另一本研究"意义"的专著《修辞哲学》中，理查兹分析了人对刺激的反应与仪表之类的机械反应的本质区别。他指出一只温度计做出反应时，它曾经显示过哪些温度，以及显示这些温度的先后顺序，与它对当前温度变化所做出的反应毫无关系，过去的反应不会对现时反应产生任何干扰。而人的反应与此不同，如果现在我们又经受到某种与过去多少雷同的刺激，就会受过去情况的影响。[1]具体说来：

> 当以往或多或少相似的刺激物冲击过我们的头脑时，我们对一种刺激做出反应的方式，能不受其他过往发生的事件的影响吗？几乎不能。一种新的刺激可能引起一种新的感觉，比如一种新的痛苦。然而，即使是这样，我们也会把它看成是属于某种类型的痛苦。这种情况发生在过去，但和目前的情况又多少有点雷同，它所产生的影响就会决定我们反应的特性，在一定程度上，这种反应特性就是意义（meaning）。[2]

一种过去的刺激只要与新刺激或多或少有点雷同，它就会影响我们对新的刺激反应。由此可见，我们心理反应的特性，一是建立在"类"的抽

---

[1]　I. A. Richards, *The Philosophy of Rhetoric*, New York: Oxford University Press, 1964, p.29. 按：本书中关于该英文原著的中文翻译，主要参考赵毅衡编选《"新批评"文集》（天津：百花文艺出版社，2001年）中的相关篇章，有些地方略有改动。

[2]　Ibid., pp.29–30.

象概念之上的，二是"可以追溯到遥远的过去"①——这二者都不是当时当地发生的，而是具有再现性的。

在《意义之意义》中，理查兹也表达过同样的观点，如：以往的刺激会在人的心中留下某种"印记"（engram），即机体适应刺激的遗留痕迹；新的语境（context）与以往的语境只要有一部分相似，就足以唤起整个"印记"；②同样，记号（sign）作为一个新刺激或者新语境，只要与以往有一部分相似，也会唤起"印记"，即导致以往的心理过程即"经验"（experience）的再现（recurrence）；解释（interpretation）本身就是再现。③

总之，"意义"产生于"记号—解释"的心理过程，而解释须归因于经验的再现所产生的特定的"情境"或"语境"，"情境"或"语境"是解释的依据和"意义"的来源。

（3）"情境"（situation）/语境（context）

对于"情境"与"语境"，理查兹没有做出明确的区别。如果一定要辨别，我们只能从英语的词义和理查兹的行文来推断两者的差异。在描述事件时，理查兹多用"情境"，在分析解释行为的心理过程时，理查兹多用"语境"。我们可以认为，"情境"与真实事件相联系，"语境"是"情境"在语言符号系统内的呈现。

理查兹又将语境（context）区分为外部语境（external context）和心理语境（psychological context）。前者指"重复出现的事件群（recurrent clumps of events）"，更贴近"情境"；后者指重复出现的一套心理事件（a recurrent set of mental events）。他举例说，比如有一只狗，当它听到用餐的锣声时，哪怕它离得很远，完全嗅不到饭菜的香味，也会跑进餐厅，

---

① I. A. Richards, *The Philosophy of Rhetoric*, New York: Oxford University Press, 1964, pp.29-30.

② C.K. Ogden, I. A. Richards, *The Meaning of Meaning*, New York: Harcourt, Brace & World, Inc., 1923, p.53.

③ Ibid., pp.53-54.

说明这只狗能把锣声当作符号来加以解释。这是因为狗有过去的经验。锣声、美味的饭香、人们喂这只狗、狗由此得到满足等曾经发生过的一系列事件构成了"外部语境"；而狗的心理过程，例如现在听到锣声因此想起过去听到过锣声、想起过去伴随着锣声的饭香等，就是"心理语境"。"心理语境"的特点是更具有普遍性，其构成成分的数量可以是无限的，时间上可以更松散，这个特点使它能与"外部语境"相连。[①]

能产生意义的"解释"行为，就是指能与外部语境相连的心理语境。心理语境包含一套心理事件，这些心理事件仅仅有部分特征是一致的。这种部分一致，对于我们的预见、推断、认识、归纳、概括是必要的，因为只需识别出部分一致而不必是全部一致，其余相关的部分就能整体重现。例如，我从前吃过草莓并产生一系列的体验即"印记"，以后我仅仅需辨认出"草莓"这个与以往经验部分一致的事件，就能导致一套关于吃草莓的心理事件和外部事件的重现。[②]

从心理学的角度分析关于意义解释的语境理论后，理查兹在《意义之意义》的最后一章"符号情境"（Symbol Situation）中专门论证了将意义的语境理论具体落实到语言使用中的情形。比如"名字"，只要出现在相似的几次语境中，就能得到它的意义。[③]再如"隐喻"，是"一个指称以抽象的形式借取另一个指称的部分语境"。[④]我们听到一句话时，会遇到至少包含两种内容的"符号情境"：一是"指称"某种客观对象，一是表达对这种客观对象的主观"情感（emotions）"，包括"态度、情绪、情趣、目的、愿望，等等"。[⑤]诗的语言所要呈现的，就是同时包含上述指称功能和情感功能两个方面的"符号情境"。

[①]　C.K. Ogden, I. A. Richards, *The Meaning of Meaning*, New York：Harcourt, Brace & World, Inc., 1923, p.56.

[②]　Ibid., p.57.

[③]　Ibid., p.212.

[④]　Ibid., p.213.

[⑤]　Ibid., p.223.

2. "意义" 的 "语境定理"

根据《修辞哲学》，理查兹的 "意义的语境定理" 包括两条：一条是意义具有 "原生的一般性和抽象性（a primordial generality and abstractness）"[①]，一条是词汇的意义是 "语境中没有出现的部分"（the missing parts of the context）[②]。

（1）意义具有 "原生的一般性和抽象性"

论经验的再现性的时候，理查兹说过："一种新的刺激可能引起一种新的感觉，或者说是一种新的痛苦。然而，即使是这样，我们也会把它看成是属于某种类型的痛苦。" 他对 "某种类型" 这一点非常重视，由此提出了有关反应的一条 "定理"：

> 我们有知觉（perception）、有反应，它们的特性不仅源自现实，还源自历史。知觉从来不是对个别的、孤立的事物而言；知觉把它所感知到的任何事物都看作某类事物中的一例。所有的思维，从最低级直至最高级的思维，不管其发展程度如何，都是对事物进行分类的过程。[③]

既然人们能够把 "一种新的痛苦" 看成 "某种类型的痛苦"，那就表明人的反应是有 "分类" 的功能的。[④]有 "分类" 的功能，也就表明人的反应以及由此产生的 "意义" 具有 "一种原生的一般性和抽象性"，它不仅能适用于单一的事物，而且能适用于某一类中的任何一件事物。[⑤]

的确，认识一个事物的 "意义" 主要就是认识它与其他事物的关系，

---

① I.A. Richards, *The Philosophy of Rhetoric*, London：Oxford University Press, 1965, p.31.

② Ibid., p.34.

③ Ibid., p.30

④ Ibid., p.30.

⑤ Ibid., p.31.

就是认识它属于哪一类事物。一个绝对特殊的、与任何其他事物无关，因而也完全无法归类的事物，是谈不到"意义"的。即此而言，可以说一种特殊事物的"意义"就是它的"一般性和抽象性"。理查兹则更进一步，以此为据颠倒了人的认识活动的程序，把从特殊到一般颠倒成了从一般到特殊。这个定理认为：

> 我们是从一般的、抽象的事物出发，把它分解成各种类别，就像世界分离我们一样，然后把这些类别加以重叠和归类，便得出了具体的、个别的事物。[①]

在理查兹看来，人在接触"具体的、个别的事物"之前，就有了那种不明来由的、原生的、"一般性和抽象性"的观念。值得注意的是文中征引的威廉·詹姆士（William James）的话："最低等的动物——一个水螅或是一只阿米巴虫，如果能积累过去的经验，如果能用它的动作来表示感叹，他就会用'喂！又是原先那个玩意儿'来表达自己是具有概念的、能进行思维的动物。"水螅或阿米巴虫是否能"积累过去的经验"姑且不论，人无疑是能够积累过去的经验的。那么，人的反应的"分类"能力，是来自"经验的积累"还是来自"原生的一般性和抽象性"？至少，说来自"经验的积累"比说来自"原生的一般性和抽象性"更容易理解，也更为可信。

（2）词汇的意义"是通过它们所在的语境来体现的"

在阐述了上面这条"定理"之后，理查兹继而转入了对"词汇的意义"的分析：

> 接下来，这条定理将把我们引导到词汇及其意义。如果迄今为

---

① I.A. Richards，*The Philosophy of Rhetoric*，London：Oxford University Press，1965，p.31.

止我们做一个总结——意义具有代表效能（delegated efficacy），那么这种描述首先就适用于词汇的意义，这种意义的功能就是充当一种替代物，使我们能看到词汇的内在含义。它们的这种功能和其他符号的功能一样，只是采用了更为复杂的方式，是通过它们所在的语境来体现的。[①]

同样的意思，还有一种较为简捷的说法：

> 一个单词表示了语境中没有出现的那些部分；正是从这些没有出现的部分这个单词得到了表示特性的功效。[②]

把意义总结为"代表效能"，这是理查兹对"词汇的意义"所做的界定。前面引述过理查兹这样一句话：以往的经验"所产生的影响就会决定我们反应的特性……这种反应特性就是意义。"词语的"代表效能"就是指代表某种特定的事物或态度，或曰代表某种事物或态度的"特性"。当然，这种特定事物或态度的"特性"是经过"原生的一般性和抽象性"所进行的"分类过程"所产生的结果，是某一类中的特殊物，即具有普遍性的特殊性。但什么是"语境中没有出现的那些部分"？"充当"什么东西的"替代物"？需要联系理查兹对"语境"的论述来理解。

在《修辞哲学》中，理查兹对"语境"这个概念做了详细的论述，他指出"语境"有两种通行的含义。

第一，"语境"指"作品语境"：

> 这个词（按：指"语境"这个词）在"作品语境"中的意思我们很熟悉，即一个特定词前后的其他词确定了该词的意义。"语境"的

---

① I.A. Richards, *The Philosophy of Rhetoric*, London: Oxford University Press, 1965, p.35.

② Ibid.

这种用法很容易扩展到整整一本书的范围。[①]

显然，这种意义上的"语境"约等于一般理解的"上下文"。

第二，"语境"指话语发生的社会、历史、语言及一切与之相关的环境：

> "语境"这种熟悉的意义可以进一步扩大到包括任何写出的或说出的话所处的环境；还可以进一步扩大到包括该词在当时为人们所知的其他用法，例如莎士比亚剧本中的词；最后还可以扩大到包括那个时期有关的一切事情，或者与我们诠释这个词有关的一切事情。[②]

这就跳出"一本书的范围"，跃入无边无际的社会历史等环境之中了。

但理查兹提出他所使用的术语"语境"，其含义与上述两种虽有相通之处，却并不相同。他从上述的"意义就是记号—解释的心理过程""解释须归因于经验的重现"等论点出发，提出了新的定义：

> 最一般地说，"语境"是用来表示一组同时再现的事件的名称，这组事件包括我们可以选择作为原因和结果的任何事件以及那些所需要的条件。但是，由于我们所讨论的代表效能（delegated efficacy），意义所依赖的因果关系的再现形式十分特别。在这些语境中，一个项目——典型情况是一个词承担了几个角色的职责，因此这些角色就可以不必再现。于是，就有了一种语境的节略形式（abridgement），……当发生节略时，这个符号或者这个词——具有表示代表效能的项目就表示了语境中没有出现的那些部分。[③]

---

① I.A. Richards, *The Philosophy of Rhetoric*, London: Oxford University Press, 1965, p.32.

② Ibid., pp.32–33.

③ Ibid., p.34.

如前文所述，从心理过程的角度来分析，我们对意义的解释，要受到经验的再现性的影响。这些以往的经验在我们心理上留下了"印记"。这种印记和新的语言符号结合在一起，便是以一组事件的名称的形式存在的。这组事件之间的因果关系可以依照我们的目的随意决定。[①]如果有新事件（按：落实到语言便为新符号、新词等）出现，通过"类别特性"等先天的抽象性概念，我们的心理识别出这个新事件与以往那组事件的任何一个事件，只要有部分特征相似，关于以往经验的一整组事件就会重现。当人们以这种心理对新的符号做出反应的时候，不会想到，也不需要把这种整体"印记"表述出来。于是这个触发反应的词就具有了某种"代表效能"，替代、代表了"语境中没有出现的部分"，成了"语境的节略形式"。既然是替代了"语境中没有出现的部分"，那么词的意义当然要"通过它们所在的语境来体现"。[②]

可见，词汇的意义实际上就是以往的经验所留下的"印记"，反过来说经验所产生的影响会决定我们对于语言符号的反应的特性，决定我们对词汇意义的理解。显然，理查兹这里所说的词语的意义指的是区别于字面意义的内在含义，这样的分析是很适合于诗的。

上述两条虽然都是理查兹所说"语境定理"，但从后来学界的理解和运用来看，"意义的语境定理"主要是指后一条，即词汇的意义是通过它们所在的语境来体现的，"是语境中没有出现的部分"。

3.语境与"两种语用"

理查兹的"语境"理论，面对的是书面与口头的一切语言现象，属于语言学范畴的语义学或修辞学著作，而不是文学理论著作。这种理论也已被广泛运用于包括科学文体在内的各类语言作品。但理查兹并没有忽略文学文体与非文学文体，特别是与科学文体在语用上的差别，指出那是两种不同的语境。

---

① I.A. Richards，*The Philosophy of Rhetoric*，London：Oxford University Press，1965，p.33.

② Ibid.，pp.33–35.

在《修辞哲学》中，理查兹明文宣布书的主题："我的主题是修辞学而不是诗学，我想坚持谈论散文，它离作为因变量的尺度中那僵化的一端或曰严格的科学不太远。"[①]同当年许多文学批评论著一样，这里的"散文"就是指非文学的一般文章，特别是科学论文。而"因变量"就是指词语的意义因语境的影响而发生变化的大小。在这样一部明文宣布"不是诗学"的著作中，理查兹清楚地讲道：从科学论文到诗，是词语对语境的依赖性逐渐加强的渐变序列的两端。他说：

> 词汇的相互依赖性随语篇类型的不同而明显不同。在尺度的一端，在一些通过技术化和僵化的话语表述的……严格的科学论文中，很大一部分词语是独立的。[②]

尺度的一端是科学论文之类的"散文"，其中的词汇基本上不受语境的影响。"词汇的相互依赖性"就是指语境的作用，而"很大一部分词语是独立的"就是指这些词语的意义不会因语境而变化。这段话之后紧接着说："不幸的是，自17世纪以来，我们越来越倾向于把僵化的话语作为规范，并把它的标准强加给其他话语。"[③]这是明确反对把科学论文的语言标准强加给文学作品，尤其是诗。随后便谈到"尺度的另一端"：

> 尺度的另一端是在诗歌中，或者说在某些形式的诗歌中。在这些情况下，我们对词语的行动知之甚少——这时它们的优点是，离开其余共现的词语，它们没有稳定的、固定的意义。……在整个话语中，作为组成成分的词的协同意义彼此相联，其意义本身并不稳定。它表达的不是一个意思，而是一个意义间的运动。[④]

---

① I.A. Richards, *The Philosophy of Rhetoric*, London：Oxford University Press，1965，p.49.

② Ibid., p.48.

③ Ibid.

④ Ibid.

既然诗与科学是处在对语境的依赖性从小到大、从弱到强的两端，则它们的语境就有重大的差异，而"语境"问题对于诗学来说就具有更为重大的特殊意义。

在谈"意义的语境定理"的作用时，《修辞哲学》还特别提到词汇的"多义性"问题。他说："我们通常认为，如果一段文章是指某一件事情，它仿佛就不能同时指另一件事和一件截然不同的事。这条定理十分成功地使我们认识到了这种习惯的错误。"[1]他又说：

> 意义的语境理论将使我们有充分的思想准备在最大的范围里遇到复义现象（ambiguity），那些精妙复杂的复义现象比比皆是，我们当然可以找到。但如果说旧的修辞学把复义看成是语言中的一个错误，希望限制或消除这种现象，那么新的修辞学则把它看成是语言能力的必然结果。我们表达思想的大多数重要形式都离不开这种手段，尤其是在诗歌和宗教用语中。[2]

按照理查兹的"语境定理"，至少在某些语境中，一个词语除了那种表面的指称意义，即辞典意义之外，还有"经验的再现"所带给它的微妙的特殊意义，因此不能不是多义的。这里虽然说"我们表达思想的大多数重要形式都离不开这种手段"，但也强调了"尤其是在诗歌和宗教用语中更离不开这种手段"。这种"多义性"正是诗歌语言区别于科学语言的一个突出特点。不仅"旧的修辞学把复义看成是语言中的一个错误"，科学语言也要求，甚至更要求避免这种"多义性"。

在《意义之意义》中，理查兹也明确论述了词语的"两种功能"或曰"两种用法"，即"记号用法"和"感情用法"——前者是陈述事实，后者是使用词语去表达或激发情感和态度——并举例说明：

---

[1]　I.A. Richards，*The Philosophy of Rhetoric*，London：Oxford University Press，1965，p.38.

[2]　Ibid.，pp.39–40.

　　在普通的日常言语中，每句话不是只有一种而是多种功能。……这里分成两层更为方便，即分成词语的记号用法（symbolic use）和感情用法（emotive use）。词语的记号用法就是陈述，就是指称的记录、指称、组织与传达。词语的感情用法……是使用词语去表达或激发情感和态度。……如果我们说："埃菲尔铁塔高900英尺。"我们是在做陈述，是在用记号将指称记录下来或传达出去；我们的记号在严格意义上是对是错，从理论上说是可以检验的。但是如果我们喊出"太棒了"或说"诗是一种精神"或"人即虫豸"，便不是在陈述，甚至不是在做错误的陈述。我们使用词语很可能只是要唤起某些态度而已。[①]

　　显然，一般文体，尤其是科学文体中的词语，大都属于甚至完全属于"记号用法"，而文学文体，尤其是诗歌中的词语，则往往属于"感情用法"。

　　而在《文学批评原理》这部文学理论专著中，理查兹更加突出地论述了文学文体与其他文体，尤其是科学文体在语言运用上的差别。书中辟有"两种语言用法"一章，专谈这个问题。此章一开头就强调："存在着两种判然有别的语言用法。但是由于语言理论在一切学科中是最受忽视的，实际上两种用法几乎历来未作区别。然而为了诗歌理论，也为了理解大量诗论文字的比较狭隘的目的，我们有必要清楚地把握住这两种用法之间的差异。"[②]这两种"判然有别"的用法，就是"科学用法"和"感情用法"。书中解释说：

---

　　① C.K. Ogden, I. A. Richards, *The Meaning of Meaning*, New York：Harcourt, Brace & World, Inc., 1923, p.149.

　　② ［英］艾·阿·瑞恰慈：《文学批评原理》，杨自伍译，南昌：百花洲文艺出版社，1997年，第238页。

可以为了一个表述所引起的或真或假的指称而运用表述。这就是语言的科学用法。但是也可以为了表述触发的指称所产生的感情的态度方面的影响而运用表述。这就是语言的感情用法。[①]

关于这两种用法的区别，书中主要指出两点。一是"指称"方面。对于"科学语言"来说，一个"指称"必须准确无误地指向某种特定的"所指物"，也就是一个词语必须严格遵守它的规范用法、完全符合它的辞典意义。而"情感语言"在词义方面则没有这样严格的要求，只要能表达出合乎"要求"的"感情"即可。二是"逻辑"方面。"科学语言"中的"指称"即词语，"必须经过组织"，"合乎逻辑"，必须前后连贯，紧密衔接。而对于"感情语言"来说，坚守逻辑规则就成了毫无情趣的说理议论，正是言志抒情的一大"障碍"。从这里也可以理解为什么布鲁克斯要强调"诗的语言是不合逻辑的"。[②]

如上就是理查兹的"意义的语境定理"和语境论的主要内容。最后，再看一下他在《修辞哲学》中所举的一个"语境如何起作用的例子"：

当激情——好争论的激情和其他各种激情介入到语言表达的形式中，或这种表达的解释中时，我们就得到了语境如何起作用的例子，……一个句子，如果除了陈述一件事以外，还有侮辱或吹捧的目的，或者是被解释成有这种目的（我们可以称它为情感意义），那么它就产生了外加的意义，这种陈述与我们很容易设想的普通陈述之间并没有多大区别。由于词语表示它语境中没有出现的部分，并且是没有出现部分的替代物，那么侮辱人的意图就是踢人一脚——它的语境的未出现部分的替代物。这条一般性的定理也适用于意义的所有

---

① ［英］艾·阿·瑞恰慈：《文学批评原理》，杨自伍译，南昌：百花洲文艺出版社，1997年，第243页。

② 同上，第244页。

方式。[①]

在即将结束对理查兹的"意义的语境定理"的阐释的时候，看到这个例子，不免有一种水落石出的感觉。原来，一个词语"除了陈述一件事"，即除了它的"指称意义"之外，还可能带有某种未曾明言而隐含其中的"情感意义"，这是它的"外加的意义"；而这种外加的情感意义，就是"语境中没有出现的那些部分"，亦即语境的"节略"部分；因此这个词语也就成了这种"语境中没有出现"的"情感意义"的"替代物"。这种"情感意义"从何而至，这里没有涉及，想来就是"经验的再现"即过去的某种经验被某种新的刺激所唤起的"印记"吧。仅此一例，当然不足以涵盖"语境如何起作用"的全部情况，但代表了一种比较典型的情况。至少，对于从诗学的角度理解"意义的语境定理"来说，这个例子显得相当贴切。

理查兹的"语境"理论并没有为新批评完全接受。新批评坚持西方传统哲学的认识论立场，重视理性，强调在理性认识主导下的理性认识与感性认识的统一，把诗歌活动视为一种"认知"行为，把诗视为一种特殊"知识"，因而对于理查兹在心理学、符号学的影响下，明确区分语言的"感情用法"与"科学用法"的"两种用法"论，以及忽视人的"心理过程"的理性因素的"符号—反应"论，皆有所不满。前一条曾受到兰色姆的批评，后一条也受到艾伦·退特的反驳。

但除此之外，理查兹对"语境"问题的充分强调，尤其是他的"意义的语境定理"，则为新批评所继承，并且成了他们的诗歌语义学的一项重要依据。

---

① I.A. Richards, *The Philosophy of Rhetoric*, London：Oxford University Press, 1965, p.40.

二、布鲁克斯对"语境定理"的贯彻与发挥

虽然新批评各家都重视"语境",都遵循理查兹的"语境定理",但其中最突出的是布鲁克斯。布鲁克斯不仅最认真,也最全面地贯彻了理查兹的"语境定理",在有些地方还做了创造性的发挥。若谓布鲁克斯的诗学为"语境主义",似乎还是比较适当的。

1.诗"从语境'装货'"

布鲁克斯十分强调"语境"对于诗歌的重要性。他在这方面的论述集中于一点,就是"诗意"只能从"语境"中获得。用他的表述,这叫作"从语境'装货'"。他提出:

> 为了认识一首诗的各个部分是互相有机地联系在一起的,是间接与整个主题相联系的,我们必须看到语境的重要性。……那些好像多少含有内在"诗意"的诗句——是从它们与基本特殊语境的关系上取得它们的诗意的。[①]

他还以莎士比亚的诗剧《李尔王》中的"不"字为例,做了具体解释:

> 寻常字眼"不"重复五遍成了《李尔王》中含义最沉痛的一句,但它所以如此是由于支持它的语境。甚至任何特殊因素的"意义"都受语境的修正。因为不管说的什么,总是在特殊的场合中,由特殊的剧中人物说的。[②]

---

① 克利安思·布鲁克斯:《反讽——一种结构原则》,见赵毅衡编选《"新批评"文集》,天津:百花文艺出版社,2001年,第378页。

② 同上。

因此，他把《李尔王》中的"不"字奉为诗"从语境'装货'"的一个最恰当的例子，以说明"语境赋予特殊的字眼、意象或陈述语以意义"①。

尤其是诗中那些概念性的"陈述语"，即抽象的理论"命题"，布鲁克斯特别指出，它们更不能脱离诗的"语境"。如上一章已经引述过的那段话：

> 诗篇从来不包含抽象的陈述语。那即是说，诗篇中的任何"陈述语"都得承担语境的压力，它的意义都得受语境的修饰。换句话说，所作的陈述语——包括那些看来像哲学概念式的陈述语必须作为一出戏中的台词来念。它们的关联，它们的合适性，它们的修辞力量，甚至它们的意义都离不开它们所植基的语境。②

他还结合济慈《希腊古瓮颂》中"美即是真，真即是美"的"命题"，做了具体的分析：

> 一首诗里宣称的任何命题并非用抽象的方法取得，而是从诗的观点加以证明的；如果它完全被证明的话，那么也并非借助其科学的、历史的或哲学的真理，而是按照类似于戏剧的适合性的原则加以证明。因而，"美即是真，真即是美"的命题，就由它与那首诗的整体语境的关系赋予它以准确意义和重要性。③

对于诗中那些议论性的命题，不能孤立、简单地当作理论观点来看待，而必须放在全诗的"整体语境"中去理解。它们的合理性也不能用那

---

①　克利安思·布鲁克斯：《反讽——一种结构原则》，见赵毅衡编选《"新批评"文集》，天津：百花文艺出版社，2001年，第379页。

②　同上，第380-381页。

③　Cleanth Brooks, "The Heresy of Paraphrase", in *The Well Wrought Urn: Studies in the Structure of Poetry*. New York：Harcourt, Inc., 1970, p.205.

种科学论证的方法来证明，而只能"从诗的观点加以证明"，也就是"按照类似于戏剧的适合性的原则"来证明，或者说"由它与那首诗的整体语境的关系"来证明。济慈的《希腊古瓮颂》中的"美即是真，真即是美"就是一个这样的命题。布鲁克斯说，若孤立地当作一种理论观点来看，这个命题把"真"与"美"等同起来，两者的关系模棱两可，而"这一陈述的含混性应该可以警醒我们不要过分孤立地坚持这一观点，它迫使我们回过头来认真考虑这一陈述的语境"——

> 我们的问题并不是济慈其人对于美和真的关系想要表达什么样的看法，而是作为诗人的济慈是否能在这首特定的诗中阐明美和真的关系。米德尔顿·默里（Middleton Murry）说得对：诗中的最后陈述与整个语境的关系是最重要的。[1]

在济慈的诗中，那尊希腊古瓮雕刻着"如花的故事，比诗还瑰丽"，"有石雕的男人和女人，还有林木，和践踏过的青草"，等等。它委身于寂静的荒野，经历了悠久的岁月，把千百年前古希腊人丰富而活跃的生活情景真实而生动地展现在后人的面前，令人神往，也发人深思。在这样的基础上，诗的最后就古瓮这位"田野史学家"写道："你会抚慰后人说'美即是真，真即是美'，这就包括你们所知道和该知道的一切。"布鲁克斯说，这是对诗歌及一切艺术的"本质"的"寓言"，是"对本质的一种想象性感知"[2]。这也就是这首诗的"整体语境"赋予"美即是真，真即是美"这个命题的"准确意义"。

不仅如此，诗的语言的那些特有的表达方式，如复义、悖论、反讽等，无不产生于、依存于诗的特殊语境。

---

① Cleanth Brooks, "Keats's Sylvan Historian: Historian Without Footnotes", in *The Well Wrought Urn: Studies in the Structure of Poetry*, New York: Harcourt, Inc., 1970, p.153.

② Ibid., p.164.

关于"复义"，布鲁克斯以赫里克《克里娜去五朔节》（Robert Herrick，*Corinna's Going A-Maying*）一诗中的"朝露"（dew）为例，阐释说：

> 诗人事实上让诗的前两小节充斥着朝露的意象。滴滴朝露成为春天、黎明和情人们青春的象征。朝露是大自然馈赠的礼物，挂在树梢枝头，晶莹闪亮；它们在早晨的霞光里精明耀眼，宛似珍贵的珠宝；它们是最适于少女们的装饰品；但是它们不会长久——克里娜必须抓紧时间，如果她还想去享受这大自然的珠宝的话。这样，在这首诗的语境中，朝露成为寓意丰富而深远的象征，而这种意义不是在任何一本辞典上可以找到的。[①]

关于"悖论"，布鲁克斯以莎士比亚《麦克白》（William Shakespeare，*Macbeth*）中的下面一段诗为例，说这段诗构成了"一个更大的语境"：

> 怜悯像一个赤裸的新生儿，
> 在疾风中阔步，或像苍穹中的小天使，
> 驾驭着无形的风之信使，
> 将会把可怖的恶行展示到每个人的眼前，
> 让眼泪冲淡风声。[②]

而后，他阐释说："怜悯宛若赤裸的婴儿，是最敏感、最无助的生灵，可是，这个隐喻一说出，脆弱的象征就变成力量的象征了，婴儿虽然

[①]　Cleanth Brooks，"Keats's Sylvan Historian: Historian Without Footnotes"，in *The Well Wrought Urn: Studies in the Structure of Poetry*，New York: Harcourt，Inc.，1970，p.73.

[②]　诗句原文为："And pity，like a naked new-born babe，/ Striding the blast，or heaven's cherubim，hors'd / Upon the sightless couriers of the air，/ Shall blow the horrid deed in every eye，/ That tears shall drown the wind."

刚出生，但是能在'疾风中阔步'，犹如是一种自然力——'像苍穹中的小天使，/驾驭着无形的风之信使'。……怜悯是好似人类无助的婴儿，还是像乘着风的天使呢？两者皆似，婴儿之所以强壮，就是因为它的脆弱。悖论存于语境自身当中，正是这个悖论摧毁了麦克白的事业所依托的易碎的唯理性主义。"[1]

关于"反讽"，前面已经讲过，布鲁克斯在他那篇专论"反讽"的名文《反讽——一种结构原则》中，就是用"语境"来定义"反讽"的："语境对于一个陈述语的明显的歪曲，我们称之为反讽。"他还以英国诗人葛雷的《墓园挽歌》为例，说明"语境的巧妙安排"就"可以产生反讽的语调"[2]。这篇文章还从反面提出：

> 一个完全没有反讽可能性的陈述语——一个不表现语境任何影响的陈述语，会是什么样子呢？你势必举出像"二加二等于四"或者"直角斜边长平方等于另二边长平方之和"这类陈述语了。这些陈述语的意义是不受任何语境影响的；……[3]

这段话表明，在布鲁克斯看来，"完全没有反讽可能性的陈述语"就是"不表现语境任何影响的陈述语"；反之，"不表现语境任何影响的陈述语"就是"完全没有反讽可能性的陈述语"。如此说来，诗的"语境"与"反讽"就成了形影相随而两面一体的共生之物。

此外，在《精致的瓮》的最后一章，即总结性的一章《释义误说》中，布鲁克斯也曾强调："反讽是我们为达到限定而使用的最普通的术

---

① Cleanth Brooks, "The Naked Babe and the Cloak of Manliness", in *The Well Wrought Urn: Studies in the Structure of Poetry*, New York: Harcourt, Inc., 1970, p.48.

② 克利安思·布鲁克斯：《反讽——一种结构原则》（1949），见赵毅衡编选《"新批评"文集》，天津：百花文艺出版社，2001年，第379页。

③ 同上，第380页。

语，说明诗的各种成分接受来自语境的限定。"①这仍然是用"语境"来定义"反讽"的。

总之，诗的语言的真正"意义"，特别是其中的"诗意"，都是从诗的"语境"中产生的。离开"语境"就无法理解诗，就无所谓诗。

强调"诗意"只能从"语境"中获得，即诗"从语境'装货'"，这是布鲁克斯的语境论的主要观点；但大体而言，这还只是理查兹的"语境定理"在诗学中的贯彻，而不是布鲁克斯的语境论的新异之处。其真正的新异之处，在于把这一点提高成了诗的语言与科学语言的质的区别。

2. "从语境'装货'"是诗与科学的质的区别

理查兹认为，从科学论文到诗，是词语对语境的依赖性逐渐加强的渐变序列的两端。这虽然指出了诗与科学论文的重大区别，但说到底，这还只是对语境的依赖性的强弱、大小的量的区别。到了布鲁克斯，这个区别的性质发生了重要变化。

前面引述的"完全没有反讽可能性的陈述语——一个不表现语境任何影响的陈述语"那段话，举"二加二等于四""直角斜边长平方等于另二边长平方之和"为例，说明这些陈述语的意义及真实性是不受任何语境影响的。这就是强调：科学语言不受任何语境的影响。这样，是否受语境的影响就成了诗的语言与科学语言的质的区别。

而在《释义误说》中，布鲁克斯谈到华兹华斯的《不朽颂》中那些"非常有力的反讽"，如：最好的哲学家却是个孩子；光线则来自某种黑暗；成长为大人不是摆脱监禁而视为锒铛入狱。如果从科学观点看，这些象征的使用很荒诞，因为：

> 科学的术语是抽象的符号，它们不会在语境的压力下改变意义。它们是纯粹的（或者说渴望它们是纯粹的）语义；它们事先就被限定

---

① Cleanth Brooks, "The Heresy of Phraphase", in *The Well Wrought Urn: Studies in the Structure of Poetry*, New York: Harcourt, Inc., 1970, p.209.

好了。它们不会被歪曲到新的语义之中。可是哪儿有能包含一首诗的用语的辞典呢？[1]

布鲁克斯突出地强调了科学语言的根本特征，也就是强调了诗的语言与科学语言的根本区别。这里没有"词语对语境的依赖性逐渐加强的渐变序列"，没有过渡性、连续性的中间地带，只根据是否"会在语境的压力下改变意义"来判断，诗的语言是"是"，而科学语言是"否"。是与否，俨然两立，泾渭分明。而是否会受"语境"的影响，是否会"在语境的压力下改变意义"，这就显然不是"量"的区别，而纯粹成了"质"的区别。

理查兹的观点看起来较为妥当，而布鲁克斯的观点未免有些绝对化，没有留下一点衔接和过渡的余地。但是否"会在语境的压力下改变意义"，的确是诗的语言与科学语言的一个基本的、显著的区别；其中即或有一些衔接、有一些粘连，也无足轻重，无关大体。所以就诗学而论，布鲁克斯的观点较之于理查兹更为鲜明。

3.从"经验""情境"到"语境"

布鲁克斯之所以如此注重"语境"，是同他的诗学思想体系分不开的。他的诗学从"经验"出发，强调"情境"的真实，由此以往必然会走向"从语境'装货'"。经验——情境——语境，这可以说是同一条思路上的三个节点。

在新批评诗学家中，布鲁克斯是个最突出的"经验"论者。他为诗所下的定义就是：诗人探索和形成"总体经验"，把它们统一起来并赋予一定的形式，那就是诗。这就是以"经验"来定诗。因此他说："在一首统一和谐的诗歌中，诗人已经同他的体验'达到和谐一致'。"他还特别强调诗要呈现"经验"的完整性和统一性："对于诗人来说，……他的任务

---

[1] Cleanth Brooks，"The Heresy of Phraphase"，in *The Well Wrought Urn: Studies in the Structure of Poetry*，New York：Harcourt，Inc.，1970，p.210.

最终是使经验统一起来。他归还给我们的应该是经验自身的统一，正如人类在自身经验中所熟悉的那样。"①因此可以说，"经验"是布鲁克斯的诗学思想体系的起点、出发点。

"经验"是什么？"经验"就是蕴含着思想感情的生活"情境"（或曰"情景"）。脱离了具体的生活"情境"，就无法表达蕴含其中的思想感情，就无以呈现完整的"经验"。布鲁克斯说："一个科学的命题可以独自成立。如果它是真实的，那么它就是真实的。可是一种思想感情的表现如果脱离产生它的时机（occasion）和围绕着它的环境（situation），却是无意义的。"②所以布鲁克斯特别强调使"情景"（即"情境"）得到准确、真实的表现：

> 我们所必须要求的是诗篇应当使情景得到准确的、真实的戏剧性表现，应当十分忠实于整个的情景，这样就不再是我们信仰的问题，而是我们进入诗的经验的问题了。③

为了"进入诗的经验"，就必须"使情景得到准确的、真实的戏剧性表现"。这样，布鲁克斯就从"经验"走到了"情境"。关于这段话谈到的"戏剧性表现"，布鲁克斯还说过："诗歌是一种戏剧化，而非一成不变的公式；它是对所必须经历的东西的一种受到控制的体验，而非逻辑过程。"④戏剧的特点就是把一定的"情境"表演出来。诗虽然无法表演，但也要通过诗的语言把特定的"情境"呈现出来。它们都是"情境"的呈现过程，而非"逻辑过程"。即此而言，诗歌也具有"戏剧性"，也是

---

① Cleanth Brooks, "The Heresy of Phraphase", in *The Well Wrought Urn: Studies in the Structure of Poetry*, New York: Harcourt, Inc., 1970, pp.212–213.

② Ibid., p.207.

③ 克利安思·布鲁克斯：《反讽———一种结构原则》（1949），见赵毅衡编选《"新批评"文集》，天津：百花文艺出版社，2001年，第394页。

④ Cleanth Brooks, "Yeats's Great Rooted Blossomer", in *The Well Wrought Urn: Studies in the Structure of Poetry*. New York: Harcourt, Inc., 1970, pp.190–191.

一种"戏剧化"。这种意义上的"戏剧性""戏剧化",其实就是"情境性""情境化"。

前述布鲁克斯那个关于诗的定义,讲到把"经验"统一起来"并赋予一定的形式"。"赋予一定的形式"就是赋予"经验"一种语言形式,就是把"经验"中的"情境"落实于语言作品。而体现于语言作品中的"情境",或者说具有语言形式的"情境",就是"语境"。且看布鲁克斯对马休·阿诺德的诗《多佛海滩》所作的一段分析:

> 《多佛海滩》中的说话者说,世界"在我们面前伸展得像一个梦境,……实际上既没有欢乐,也没有爱情,也没有光明……"……因为这些诗句是从语境取得它们在诗篇中的合法地位的:说话者这时正站在他情人的旁边,从窗口眺望平静的海面,谛听着潮水倒退的长啸,而且感到"漂白了"整个景色的月光所造成的美丽的错觉。①

无论是前面所说的"梦境",还是后面所说的"语境",其实都是某种特定的"情境"。诗中的"情境"就是"语境"。至此,布鲁克斯就从"经验"出发,经过"情境",走到了"语境"。

总体来说,布鲁克斯的语境论既是理查兹的语境论在诗学领域的有力贯彻,也是理查兹的语境论向诗学领域的显著推进。如果说理查兹的语境论基本上是语义学的语境论,还属于语言学的范畴的话,那么布鲁克斯的语境论就成为真正诗学的语境论了。他为语境论的诗学化作出了宝贵的贡献。

---

① 克利安思·布鲁克斯:《反讽———一种结构原则》(1949),见赵毅衡编选《"新批评"文集》,天津:百花文艺出版社,2001年,第381页。

三、其他新批评学者的语境论

布鲁克斯之外，新批评诗学家中谈论语境较多的，是兰色姆和维姆萨特。

1.兰色姆的"五种语境"

兰色姆在《新批评》中批评"心理学批评家"理查兹的时候，也谈到了"语境"问题。他主要是认为理查兹对人的"反应"活动的考察，偏重于感性的心理冲动方面，而忽视了其中理性的认知因素，因此提出："我打算区分五种语境（或者说内容层面），在这些语境当中，对诗歌进行探讨显然是可行的。"[①]在"语境"后面自注"或者说内容层面"，表明他所说的"语境"就是指诗歌的"内容"，也包括这种"内容"所引起的神经、心理反应。

所谓"五种语境"，其一是"生理学语境"。这是指"刺激—反应"的神经性活动，即如所云："有机生命组织的最小元素是次心理（infra-psychological）的微小神经内核，它们将从诗歌中接受刺激，继而展开其特有的无形活动，……但是这只能是一种精心编织的虚构，多数场合无法在诗歌中进行观察。"

其二是"心理学语境"。这是指诗歌所引起的情感活动。兰色姆认为"情感"属于心理学问题，并且反对从"情感"层面研究诗歌。所以他说这也是一种"虚构"："关于这一语境讨论的虚构性在于这样一种观念，即情感中心自给自足，它无须通过认知活动与认知客体发生关系。"

其三是"生物学—心理学语境"。这里的"生物学"是指客观事物，主要是指自然景物。这种"语境"就是对客观事物的"认知活动"介入"情感活动"，遂使"反应"处于"情感"与"认知"的混合状态。如兰色姆说："在这里，诗歌的价值在于它具有约束或调解情感中心的能力。诗歌是一种关于世界的陈说，它使情感中心在真正接触这个世界时有所准

---

① John Crowe Ransom, *The New Criticism*, Westport：Greenwood Press，1979，pp.89–91.

备。情感中心与客观的认知活动密切相关，后者为之提供有关这个世界的真实情况。"

其四是"生物学—逻辑学语境"。这就是纯粹认知活动的"语境"了。兰色姆说得很清楚："在第四语境里，我们不再理会什么情感中心，而关注诗歌的智性结构"，"生物学的作用在于，它能帮助我们研究世界的结构和组织，使我们在面对世界时有效地应对它"。这是一种逻辑语境，或谓之科学语境。在这一语境里，所有的逻辑细节不仅能成为科学的研究对象，还能进入诗歌的探讨范围，

其五是"美学语境"。兰色姆是这样解释的："在这一语境中，我们第一次不再从科学或散文的话语中获取资料，而真正就诗歌分析而讨论诗歌。我们寻找诗歌中的非结构要素，研究作品的肌质。"但这仍然是一种"认知活动"，仍然要受"逻辑结构"的制约："即使在这里，我们的讨论仍然把诗歌看成一种真实的认知活动，有义务保证指称的有效性。"显然，这就是兰色姆的"结构—肌质"论，不过戴上了"美学语境"的桂冠。

在分别阐释了上述"五种语境"之后，兰色姆又从他的"结构—肌质"论的哲学根据，即"统一性"与"异质性"相结合的观点出发，做了这样的总结：

> 一首诗中的物体具有异质性，或者说是多侧面的，有着多层意义。事实上，一切物体莫不如此，……在结构性的组合中，组合的原则自然是所有物体所共有的一个或多个方面，我们摒弃异质性，保留了统一性。可是，一首诗既要统一性，但又不排除异质性。在讨论第四语境时，我们讨论了统一性，以为诗歌有了统一性便足矣。在第五语境中，我们讨论了异质性，……我们真正讨论的是统一性观照下的异质性，也就是说，批评研究通常就是在第四语境的背景下演绎第五语境。①

---

① John Crowe Ransom, *The New Criticism*, Westport: Greenwood Press, 1979, p.92.

一言以蔽之，"美学语境"就是"统一性观照下的异质性"，与"结构—肌质"论是内在统一的。

兰色姆的"五种语境"说，为人的"反应"活动补充了理性的认知因素，把人的"反应"活动厘分为五个层次，尤其是把"美学语境"规定为"统一性观照下的异质性"，皆不无可取。总体而言，"五种语境"说就是采用了"语境"话语的"结构—肌质"论。

2.语境与隐喻

关于"语境"与"隐喻"的关系问题，兰色姆与维姆萨特的观点是相左的。

按照兰色姆的说法，是"隐喻"成全了诗的"语境"：

> 通过喻体对论旨的介入，我们得到了一个崭新而肯定的语境，智性的也好，情感的也好。……简而言之，这一特定的喻体给喻本以某种方向，对诗歌的逻辑结构产生了真实的影响，同时也丰富了诗歌的局部意义，即诗歌的纯粹肌质。[①]

这里从"隐喻"说到"语境"。正是由于"隐喻"的介入，诗中的某些词语才具有了超越字面的词典意义的"内在含义"，即"言外之意"，诗的语言也才成了真正的诗的语言，具有了诗的"语境"。

而维姆萨特的说法则恰好相反，是诗的"语境"成全了诗中的"隐喻"。上一章讲到，维姆萨特曾引述过他认为"最准确的隐喻定义"，即W. B. 斯坦福所云：

> 即在特定语境中使用一个常表示物体或概念A的词X，使它实际所指的是一个在特征上与A十分相异的另一个物体或概念B，以保证在

---

① 　John Crowe Ransom, *The New Criticism*, Westport：Greenwood Press，1979，p.83.

A和B两个概念综合形成，而且为词X所象征的复合意义中，A和B二因素虽然在X所象征的整体中联合了起来，却仍保持着它们各自的概念的独立性。①

引述之后，维姆萨特写道：

> 我想冒昧地补充说，一首诗本身就是斯坦福描述的"语境"。这是词语意义的一种结构，它使隐喻成立，亦即，它安排关键词A和B的方式使它们各自清晰可辨，并且互相说明，而不陷入字面意义。②

斯坦福与维姆萨特的观点都是从"语境"说到"隐喻"的。斯坦福说只有"在特定语境中"，"隐喻"才能成立；而维姆萨特说"一首诗本身"就是这样的"语境"，正是"它使隐喻成立"，意即诗的"语境"成全了诗中的"隐喻"。

维姆萨特认为，诗就是词语意义的一种结构，诗决定着词语共现的方式。也就是说，诗的语言结构，即诗的"语境"把相关的词语"安排"成了一种"隐喻"关系，包括成语、格言等具有现成意义的语言形式，一旦进入诗歌，其意义都会受到语境的影响从而具有诗的价值：

> 在诗歌里，所有的成分都在被使用的过程中经历了某种变化，获得了比它们原有的简单的抽象的字典意义更丰富的含义。③

他又从反面强调，如果一个"隐喻"因为脱离语境被随便地重复滥

---

① W. K. Wimsatt, "Symbol and Metaphor", in *The Verbal Icon: Studies in the Meaning of Poetry*, Lexington: University Press of Kentucky, 1954, p.128.

② Ibid.

③ Ibid., p.129.

用，就会"变得简单化，囿于字面意义，成为陈词滥调（cliché）"①。的确，像"鹬蚌相争，渔翁得利"这样的隐喻，因为脱离诗的语境被重复使用，就变为一个普通的成语了。

简言之，诗的结构就是"隐喻"的结构，诗的"语境"就是隐喻的语境。或者说诗就是隐喻，一个包含其中所有隐喻及其他词语的总隐喻。只有在这种隐喻的语境中，隐喻才能成立。这就是维姆萨特的诗歌观和隐喻观。

上一章已经讲过，在《具体普遍性》一文中，他把一首诗的标题（诗的主题、喻本）也当作一个隐喻，与诗中其他的隐喻并列。当然，准确地说，它们都只是隐喻的"喻体"。而它们共同的"喻本"，或者说全诗的"喻本"，就是它们所蕴含的某种"内在意义"，亦即从这些隐喻中"抽象"出来的某种"具体普遍性"。这种"具体普遍性"是诗的"言外之意"，也就是这首诗的"诗意"。这是诗的隐喻化，也是隐喻的诗化。例如济慈的《第一次读恰普曼的荷马》（John Keats，*On First Looking into Chapman's Homer*），用了三个隐喻来表达他初读荷马史诗时的激动和惊喜：像旅行者突然走进了神奇的黄金王国，像天文学家意外发现了一颗耀眼的新星，像航海家忽然看到了浩瀚无比的太平洋。维姆萨特说，诗的标题"第一次读恰普曼的荷马"并非题材而是第四个隐喻，喻本是"一种发现的激动"，也是全诗的喻本，即"具体普遍性"。这样，整个这首诗就成了一个大隐喻或总隐喻，就是一个"隐喻"的"语境"；正是这个总隐喻的语境，使那些具体的隐喻得以成立。

所以，维姆萨特的《具体普遍性》在分析叙事诗《无情美女》的时候，明确提出："最好的故事诗完全可以当作隐喻来分析，而不用指明喻本，就像自己表达自己的象征。"②这是很有道理的。像普希金的《渔夫和金鱼的故事》，那不正是一种隐喻吗？它说的是渔夫、渔妇和金鱼，却又不是渔夫、渔妇和金鱼，其隐含的言外之意可想而知。故事诗如此，中

---

① W. K. Wimsatt，"The Concrete Universal"，in *The Verbal Icon: Studies in the Meaning of Poetry*，Lexington：University Press of Kentucky，1954，p.128.

② Ibid.，p.80.

外都有不少咏史诗，也是如此。像陶渊明的《咏荆轲》，咏的是历史人物，抒发的是自己的情志，岂不正是隐喻？连咏物诗也是这样。苏轼的《咏杨花》，首句曰"似花还似非花"，后人云"此句可作全词评语"；结尾曰"细看来，不是杨花，点点是离人泪"，以物喻人，岂非隐喻？再扩展一下，凡以景寓情之诗，皆可谓之隐喻。据此，的确可以说诗就是隐喻，诗的语境就是隐喻的语境。

那么，关于诗的"语境"和"隐喻"的关系，兰色姆与维姆萨特的观点哪个更合理？应该说都合理。"隐喻"成全了诗的"语境"，诗的"语境"也成全了诗中的"隐喻"。二者紧密不可分，是相互成全的关系。

第二节　隐喻论

一、新批评隐喻观的由来

"隐喻"一词的英语为metaphor，从词源上看，来源于拉丁语metaphora，意为"一种传输，传送"（a transfer）。词缀meta-表示"超越，从一边到另一边"，词根-pherein 表示"传输，负载"。"隐喻"的词源已向我们展示了其意义的奥秘：人类通过语言进行"两个世界"的沟通，语言机制如同传输工具，承载着我们从一边到另一边。这里，同时也已经隐含了关于"隐喻"的根本问题：一是存在着的两个世界（一边与另一边）是什么样的，相互关系怎样；二是作为传输工具的"语言机制"，又是如何发挥其作用的。

关于"隐喻"的研究，成果丰硕而莫衷一是。泰伦斯·霍克斯（Terence Hawkes）在其专著《隐喻》的"结论"中，宣告"通往真实的唯一途径就是隐喻"，"隐喻就是真实"。既然所有事物都只能使用隐喻去解释，那么"隐喻"本身我们又应该如何去说明呢？书的最后，霍克斯遗憾地引用瓦雷斯·斯蒂文斯（Wallace Stevens）的话说，"没有说明隐喻的隐喻这种东西"①。足以见得隐喻问题之深奥。

该书在详细考察了隐喻研究的发展历程后，认为对于"隐喻"有三种基本的观点：古典派的观点（the classical view）和浪漫派的观点（the romantic view），以及浪漫派观点的延伸——现代派的观点（a modern view）。这三种观点对前述隐喻的两个根本问题做出了不同的回答。而新批评的观点属于第三种，即现代派的隐喻观。

古典派的观点认为，隐喻能同语言相分离，是对常规语言的背离，是语言的非常态的、额外附加的用法，甚至由于会导致歧义而被视为是怪异的语言现象。无论隐喻怎样帮助我们用语言表达现实世界，都无法改变现实。

浪漫派的观点是：隐喻与语言不可分割，语言本身就是隐喻思维的产物。人类通过"想象"与隐喻，把心灵投射到世界上，使之与世界相互作用，所以很难说有什么"真实"的世界。我们生活在隐喻为我们创造的语言世界中，隐喻就是人们体验世界的方式，体验就是参与和建构。

现代派承认浪漫派的隐喻观的合理性，又借助二十世纪现代语言学的发展，深化了对隐喻的符号特征、隐喻的语义生成机制等问题的语言学分析。

新批评的诗歌语义学理论，不仅仅把隐喻看成一种语言修辞方式，更将隐喻视为诗歌的"本体论化"的"结构"，认为正是隐喻生成了诗意，使诗成为诗本身，并且诗人通过积极参与隐喻的延伸，也延伸了人类的体验领域，等于创造了新的现实。落实到语义分析领域，便产生了诗歌的复义、含混等现象。可见，新批评的隐喻观，尤其是对语言机制和语义分析的重视方面，总体上应属于隐喻研究的现代派观点。

---

① Terence Hawkes，*Metaphor*，New York：Routledge，p.91.（按：本书中该书英语原著的中文句子，皆为笔者所译）

二、新批评对隐喻的界定

新批评的代表人物，是基于各自的理论体系来论述隐喻观的。

1.休姆的隐喻观

新批评派较早的先驱人物T. E. 休姆（Thomas Ernest Hulme），作为从浪漫主义转向新古典主义的有力的推动者，提倡那种"干燥、严格的古典主义诗歌"，强调诗人的"最重要的目的在于正确的、精细的和明确的描写"。要做到这一点是很困难的，因为：

> 你必须采取语言，语言由于它本身的性质是一种公共的东西；就是说，它从来不表示什么确切的事物而只表示一种妥协——那是你、我和每一人共通的，……为了清楚地精确地表达他所了解的，他必须与语言做一番可怕的斗争。……语言具有它自己的特有的性质，它自己的习惯和公共的概念。只有通过脑力的集中的努力，你才能把握住它，使它能符合你自己的目的。①

正是为了实现这个"精细的描写"的"目的"，诗人就需要运用"隐喻"：

> 诗不是号码式的语言，而是一种看得见的具体的语言。那是对一种直觉的语言的妥协，直觉会具体地传达出感觉。它选择新鲜的形容词和新颖的隐喻，并非因为它们是新的，而对旧的我们已厌烦，而是因为旧的已不再能传达一种有形的东西，而已经变成抽象的号码了。一个诗人说一只船"横跨海洋"以得到一个有形的意象，来代替"航行"这个号码式的字。只有隐喻的新杯才能盛住这些看得见的意思，

---

① T. E. 休姆：《浪漫主义与古典主义》（1915），见赵毅衡编选《"新批评"文集》，天津：百花文艺出版社，2001年，第18—19页。

散文是一个旧瓶子，让它们都漏出去了。[①]

可见，休姆把"隐喻"视为诗的语言与散文语言的一个根本区别。

在从"精细和明确的描写"出发，强调隐喻的必要性的同时，休姆还着重论述了以下两个问题。

一是"隐喻"与"幻想"。

休姆是把"隐喻"同"幻想"（fancy）联系在一起，他说：

> 幻想不仅仅是加在平常的语言上的装饰。平常的语言本质上是不精确的。只有通过新的隐喻，也就是说通过幻想，才能使它明确起来。[②]

> ……在一百年的浪漫主义之后，我们面临着一种古典主义的复兴，这种新古典主义精神的特殊武器，应用于韵文中，将是幻想（fancy）。[③]

这等于说，隐喻就是幻想。那么，什么是幻想，它与想象有什么区别？休姆提出：

> 假若你所得到的这种性质是显示于情感的领域内，那你就找到了想象。假如你发现这种性质显示在有限事物的思考中，那你得到了幻想。[④]

[①]　T. E. 休姆：《浪漫主义与古典主义》（1915），见赵毅衡编选《"新批评"文集》，天津：百花文艺出版社，2001年，第20–21页。

[②]　同上，第23页。

[③]　同上，第4页。

[④]　同上，第20页。

他还批评浪漫主义诗人大大地夸大"人所有的自由范围"①，以为"个人是可能性的无限的贮藏所"②，浪漫主义作品尤其善于用想象和隐喻：

> 整个浪漫主义的态度好像是环绕着与飞翔相关的隐喻在韵文中具体化了。雨果总是在飞翔着，飞过了深渊，高高飞入永恒的大气之中，"无限"这个字充塞在他的诗行中。③

而古典派的作品"从来不会好像不停地向着无限的不存在的东西飞旋"④，提倡节制与界限。古典主义诗人也从来不忘记这种人不可逾越的限制，只对"有限的事物"进行"思考"。这种思考是一种对于客观事物的"超然的兴趣"，没有任何感情色彩，"美学的默想的事物是某种孤立的东西，人们看它时既不带有回忆也不怀有希望，只把它看作它本身"⑤。而这既是柏拉图的思想，也正是与浪漫主义俨然对立的新古典主义的主张。所以古典派的作品不提倡无节制的"想象"，而是主张运用古典主义的"幻想"这种思维方式，以"超然的兴趣"对"有限的"客观事物作"精确的描写"，休姆认为这是"好的艺术的基本的性质"⑥。

至此可知，休姆是把"想象"同"情感"和"无限"，亦即同浪漫主义联系在一起，而把"幻想"同对"有限"事物的纯客观的"思考"，亦即同新古典主义联系在一起的。因此可以说，把"隐喻"同"幻想"绑在一起，就是要给各派诗人共用的"隐喻"打上新古典主义的烙印，把它拉入新古典主义的轨道。

二是"隐喻"与"直觉"。

---

① T. E. 休姆：《浪漫主义与古典主义》（1915），见赵毅衡编选《"新批评"文集》，天津：百花文艺出版社，2001年，第12页。

② 同上，第6页。

③ 同上，第9页。

④ 同上。

⑤ 同上，第21–22页。

⑥ 同上，第20页。

　　上面休姆讲隐喻语言的那段话已经说道：“那是对一种直觉的语言的妥协，直觉会具体地传达出感觉。”意思是隐喻就是直觉的语言。

　　何谓“直觉”？休姆把直觉理解为一种同“智力”相对的思维方式。他说有两种“错综复杂”，一种是“机械的错综复杂”，一种是“活力的”或“有机的”“错综复杂”。“机械的错综复杂是它各部分的总和。把它们并列起来，你就得到一个整体。”而“活力的”或“有机的”“错综复杂”不是这样，它的“各个部分不可以称之为成分，因为每一部分是因另一部分的存在而受到影响，而在某种程度上每一部分又是这个整体”①。显然，这里说的就是两种不同的“整体性”，机械的整体性与有机的整体性。休姆指出，对于这两种整体性，“智力”只能表达机械的错综关系，“智力总是分析——遇到综合它们就没有办法了。这也就是为什么艺术家的作品看来是神秘的原因，智力不能表达它”。要理解那种活力的或有机的整体性，只能靠直觉。这里他引述了柏格森的观点，他说这个问题柏格森的哲学已经“全说得很清楚了”：

　　　　它（按：指柏格森的哲学）完全以对这些活力的错综关系的清晰观念为依据，这些错综他称之为“内包的”，与另一种他称之为“外延的”相对。它也以对以下事实的了解为依据，就是说，智力只能处理外延的多样性。要对付内包的你必须用直觉。②

　　一首诗，或一个隐喻，都是一个有机的统一体。它们的内涵错综复杂而又浑然一体。它们外表的语义、词义即“外延的”意思，可以通过“分析”得来；而它们的内涵即“内包的”意义，却是无法“分析”清楚的。此即中国诗学之所谓“不可以事类推，不可以义理求也”（郑樵《六经奥论》）。这也就是为什么柏格森强调“智力只能处理外延的多样性。要对

───────────────

　　①　T. E. 休姆：《浪漫主义与古典主义》（1915），见赵毅衡编选《“新批评”文集》，天津：百花文艺出版社，2001年，第23-24页。
　　②　同上，第24页。

付内包的你必须用直觉"。而休姆把"隐喻"视为"直觉的语言",表明了他对这个问题的深刻理解。

如上所述,休姆所提倡的出于"幻想"和"直觉"的隐喻,是为了客观地、精确地描写有限的事物。只要通过隐喻获得了精确性,"纵使它的题材是微不足道的,它的感情与无限的事物相距甚远也无妨"[1]。通过隐喻的运用,在对客观事物进行精确描述的基础上,得到一个有机联系的综合性的整体,这才符合休姆所倡导的古典派标准。

休姆的这些观点虽然没有完全被新批评所接受,却在新批评的隐喻论中留下了明显的痕迹。

2.理查兹的隐喻观

理查兹则是从语境的角度考察隐喻:

> 从最一般的意义来说,隐喻是把一个指称用于相互之间存在一种特定关系的一组事物,目的是方便区分另一组事物中的类似关系。在理解隐喻语言时,一个指称以抽象的形式,借取另一个指称的部分语境。[2]

隐喻是用一个词去指称有特定关系的A组事物,但目的却是指称与A组事物有类似关系的B组事物。A组事物是A语境,B组事物是B语境,通过这个指称的隐喻性用法,A语境与B语境互相借取部分语境。例如,"我们挺身反抗海洋般的苦难"这个隐喻中,"海洋"是A语境,"苦难"是B语境。A语境"海洋"只被借取了海洋部分的抽象特征,如连绵不断的波涛,象征着苦难之巨大、绝望无援的心情等。而该语境其他的特征,如海洋作为鱼类栖息地,海浪受到月球引力的影响等,则未被借取。也就是

---

① T. E. 休姆:《浪漫主义与古典主义》(1915),见赵毅衡编选《"新批评"文集》,天津:百花文艺出版社,2001年,第23页。

② C.K. Ogden, I. A. Richards, *The Meaning of Meaning*, New York: Harcourt, Brace & World, Inc., 1923, p.213.

说，隐喻就是把一组特定关系的事物放在一起，互相区别、互相联系、互相作用。从语言上看，便是事物的指称之间的借用。事物及其关系构成了语境，语境就是意义的来源，那么隐喻就是（诗学）意义的来源。

换言之，理查兹的隐喻就是语境之间的抽象特征的部分借取。

3.燕卜荪的隐喻观

燕卜荪在《朦胧的七种类型》中，从"复义"的角度来研究隐喻。他认为隐喻是语言的正常发展方式，是语言"复义"的一种类型。由于事物本身很复杂，相应地，我们对于事物的观察方式及表达方式也需要变得复杂：

> 修饰语（epithets）是用来分析一个直接陈述的，而隐喻则是对一种主导形象进行观察并对观察中包含的若干要素进行综合。它是一种复杂的思想表达，它借助的不是分析，也不是直接的陈述，而是对一种客观关系的突然的领悟。当人们说一种事物像另一种事物时，它们必定具有使它们彼此相似的很多不同的性质。①

隐喻既是观察方式，也是语言表达方式。人们通过隐喻思维观察复杂事物的多个方面，领悟事物之间的关系，把对事物的多种性质综合为一个主导形象，形成复杂的思想，再表达出来一个包含隐喻的句子。表现到句子的语义结构上，就是一个词或一个语法结构同时有多方面的作用，使得句子的隐喻在多重意义上均可成立，由此造成了"含混"或"复义"。

4.兰色姆的隐喻观

兰色姆在他的"本体论"理论框架中，考察隐喻对于诗的结构或本体的作用。在《诗歌：本体论札记》中，他认为隐喻能产生奇迹信仰（miraculism），无论是诗还是宗教，正是通过隐喻或（起源于隐喻的）曲

---

① William Empson, *Seven Types of Ambiguity*, London：Chatto and Windus, 1949, p.2.

喻（conceits），才有本体论的意义。"当诗人通过类比法发现了物体之间的局部的——虽然它是重要的———一致并继续进入完全的同一性时，奇迹信仰即油然而生。"①宗教需要一个"不但存在于原则和抽象概念的世界里，而且也存在于有形世界里的上帝，在诗歌这些小小的世俗性的事业里也同样如此"②。隐喻对于宗教和诗的作用是一样的：把不可捉摸的概念用具体的形象表现出来，从抽象的世界进入一个有形的世界。

在专著《新批评》里，兰色姆更加明确地指出，"隐喻给作品增加了丰富的物体细节，即肌质"③。玄学派尤其擅长采用喻本没有出现的"纯喻体隐喻"，比如用圆规比喻恋人并且努力描写圆规的各种特征，以此赋予这对恋人以具体的个性。兰色姆认为这样的肌质很"鲜明"，由此"带来的作品非常正规，但在这样的作品中，肌质主导着结构，并几乎威胁到了结构的存在"④。可见隐喻对于诗歌结构的作用之大。

5.布鲁克斯的隐喻观

布鲁克斯用"悖论"来诠释隐喻的意义。他如是说："诗人必须借助类比（analogies）来创作，但隐喻并不处于同一层面，也不能整齐地并置。各个层面不断倾斜（tilting），势必会相互交叠，互有差别，彼此矛盾。即使是最直率朴素的诗人，只要我们充分注意他创作的方式，我们就会发现，他被迫使用的悖论，比我们所想到的要频繁得多。"⑤悖论的产生是因为喻本与喻体并不完全重合，存在着差异与矛盾，在喻本与喻体的各个层面进行交叠时，由于语义的不完全重合会发生"倾斜"，所以隐喻必然产生悖论，或者说，一切隐喻皆属悖论。

---

① 约翰·克娄·兰色姆：《诗歌：本体论札记》（1934），见赵毅衡编选《"新批评"文集》，天津：百花文艺出版社，2001年，第69页。

② 同上，第70页。

③ John Crowe Ransom, *The New Criticism*, Westport: Greenwood Press, 1979, p.164.

④ Ibid., pp.189-190.

⑤ Cleanth Brooks, "The Language of Paradox", *The Well Wrought Urn: Studies in the Structure of Poetry*, New York: Harcourt, Inc., 1970, p.9.

6.维姆萨特的隐喻观

维姆萨特基于"具体普遍性"理论，着眼于从隐喻的内部结构及意义生成来界定隐喻。除了喻体与喻本的相似性，维姆萨特尤其强调两者之间的相异、相反、对比与矛盾。"不论在任何情况下，某种相似和区别的关系对于意义的无限辐射、对于实体性和具体性都是必不可少的，隐喻也正因此而得到重视。"[①]诗人运用隐喻，使诗歌"呈现具体的与普遍的，或个别的与普遍的，或既高度一般化又高度特殊化的一个神秘而特殊的客体"[②]。这个神秘的产物即诗意，也只有通过隐喻才能产生，这种"有别于科学的、特殊的、创造性的，事实上是具体的抽象"[③]。应注意的是，即使最后生成了一个意义整体即"具体普遍性"，喻体和喻本各自的概念的独立性也需保持。"熔铸在一首诗中的词语具有了一种新的价值，并不是因为丧失了其最初的或一般的意义，而是因为保持了这些意义。"[④]这样成语、诗的形式等才能在新的语境中经过扭曲（twist）并由此具有诗的价值。

以上新批评代表人物对于隐喻的论述，虽然包裹在各自的理论框架内，并对隐喻的性质采用不同的术语进行了界定与描述，但以下几点是新批评的隐喻观里所共通的：

第一，隐喻本质上是一种抽象，但这种抽象依靠的是非逻辑、非分析性的思维——不管这种思维被称为是想象、幻想还是直觉、综合；

第二，隐喻的基本结构是"喻本（tenor）—喻体（vehicle）"，二者的相互作用生成了隐喻的整体意义；

第三，生成的隐喻的整体意义没有名称，它具有多义性、层次性、无限性、自指性等特征。

---

① W. K. Wimsatt, "Symbol and Metaphor", in *The Verbal Icon: Studies in the Meaning of Poetry*, Lexington: University Press of Kentucky, 1954, p.127.

② W. K. Wimsatt, "The Concrete Universal", in *The Verbal Icon: Studies in the Meaning of Poetry*, Lexington: University Press of Kentucky, 1954, p.71.

③ W. K. Wimsatt, "Symbol and Metaphor", in *The Verbal Icon: Studies in the Meaning of Poetry*, Lexington: University Press of Kentucky, 1954, p.79.

④ Ibid., pp.129–130.

三、隐喻的思维方式

首先，虽然隐喻多以"'可感知事物'来暗指'纯理性的事物'"[①]，但作为一种复合结构，涉及数个事物之间的关系，仍是一种基于比较的抽象。

依照理查兹的语境理论，除了专名等少数情况能通过与经验（experience）的直接联系来获取语言符号的意义以外，一般我们都是通过语言符号来学习新的语言符号，这种情况下词语的意义是通过其他词语构筑的语境来获得，即是说，单个词语的意义本身已是抽象。这个抽象的过程，理查兹举"亲戚"一词为例：

> "亲戚"实际上是一种抽象，意思是说它所代表的指称不能简单而直接地由一组经验构成，而是经验的各种各样的组合的结果，正是这些经验的差异使其共同的成分得以在分离状态下保存下来。[②]

一个词在不同的经验（即语境）中不断出现，经过比照，去除这些经验的差异，抽取它们的共同点，便得出这个词的指称意义。例如在不同场合见到不同身份的亲戚，例如姑姑、舅妈等，去除这些场合即语境的特殊性，保留共同性质，就能抽象出"亲戚"一词的意义。这些经验可以是现实的亲身经历，更多的情况是其他语词构成的语境，不同的语境及其组合还可以进一步比照，由此我们的指称发展得越来越抽象，我们运用语言的过程，使得"隐喻，这种原始的对抽象活动的记号表达方式成为可能"。[③]

---

① ［美］勒内·韦勒克、奥斯汀·沃伦：《文学理论》，刘象愚等译，北京：文化艺术出版社，2010年，第220页。

② C.K. Ogden, I. A. Richards：*The Meaning of Meaning*，New York：Harcourt, Brace & World, Inc., p.213.

③ Ibid.

其次，隐喻这种抽象并不是通常理解的逻辑分析思维，而是与之相对的另一种思维——综合性思维。

休姆在《浪漫主义与古典主义》详细谈论了隐喻应该采用什么样的思维。隐喻思维与"智力"不同。智力是分析性的，即把事物分成彼此不相干的部分，是一种机械的分解，但是面对一个整体性的综合，例如艺术家的作品，智力便束手无策。因为分析性的部分，即使组合起来也不是综合性的有机的整体。休姆援引了柏格森的观点：

> 这些话柏格森说得很清楚了，这是他全部哲学的中心特点，它完全以对这些活力的错综关系的清晰观念为依据，这些错综他称之为"内包的"，与另一种他称之为"外延的"相对。智力只能处理外延的多样性，要对付内包的，你必须用直觉。[①]

"这些活力的错综关系"就是"内包"，指的就是"综合性的整体"，其特点是"各个部分不可以称之为成分，因为每一部分是因另一部分的存在而受到影响，而在某种程度上每一部分又是这个整体"[②]。对付这个整体，必须要用综合性的思维，柏格森称之为"直觉"。

兰色姆在《新批评》中说："……隐喻意味着对于纯粹逻辑的背弃。"[③]隐喻是语言的普遍法则，词语的意义除了字典义，如果还引发了"题外的联想"，这是科学家绝不允许的，科学家只允许使用准确的专业术语来维护其逻辑结构的严谨性。[④]准确的术语是和严格的逻辑思维相对应的。而诗的语言，却不能是直接的。布鲁克斯《悖论语言》中借用莎士

---

① T. E. 休姆：《浪漫主义与古典主义》（1915），见赵毅衡编选《"新批评"文集》，天津：百花文艺出版社，2001年，第24页。

② 同上，第23–24页。

③ John Crowe Ransom, *The New Criticism*, Westport: Greenwood Press, 1979, p.77.

④ Ibid., pp.78–79.

比亚的诗句"（草地球的）偏心尝试/以迂回的方式找出了方向"①，用草地滚球比赛（a game of lawnbowls）打了个比方来说明诗的语言的性质。诗的工具是语言，而一般语言是逻辑性的、理性的，而诗必须打破语言的逻辑性，所以"永远不可能是直接的——总是拐弯抹角的"，不得不使用隐喻、悖论、反讽等语言，由此悖论语言也获得了"一种用其他方法无法取得的精练准确"。这种精确性是分析性的思维所不可达成的。②

再次，这种综合性的思维，新批评通常称为"想象"（imagination），其主要作用是创造出一个投射性的、有机统一的内在世界。

新批评的"想象论"的理论基础是"有机论"（organicism），即我们的心灵是一个有机的整体。想象作为一种维护心灵统一的力量，具有巨大的力量，它可以把事物汇聚在一起，根据它们之间的相似点、相异点和连接点创造出一个整体。这就是语言中隐喻意义生成的过程。理查兹认为，柯勒律治基于想象理论，为促进隐喻理论发展做了很多贡献。③人类依靠这种想象的能力，运用语言里的隐喻过程，允许隐喻语境里面的词语意义互相交易（exchange）即互相影响，构造了一个投射的世界：

> 我们的世界是一个投射的世界（a projected world），借取我们的生活当中的特质来进行投射，我们接收到的只是我们所提供的事物。④

布鲁克斯进一步解释了理查兹的这个"投射的世界"。他在《精致的瓮》第七章"华兹华斯和想象的悖论"中论述华兹华斯的诗篇《不朽

---

① 诗句原文为："with assays of bias/By indirections find directions out."

② Cleanth Brooks，"The Language of Paradox"，in *The Well Wrought Urn: Studies in the Structure of Poetry*，New York：Harcourt，Inc.，1970，p.10.

③ I. A. Richards，*The Philosophy of Rhetoric*，New York：Oxford University Press，1964，p.109.

④ Ibid.，p.108.

颂》时，谈到理查兹对华兹华斯和柯勒律治的"自然观"的分析。理查兹指出，华兹华斯和柯勒律治的"自然观"包含着两种自然：一种是外在的自然，"人类通过自然与某种不同于他自身、需通过自然感知的东西相联系"；一种是投射的自然，"人类利用自然，就像是运用一面镜子，把自然当作自身生存的变了样的形象"。但理查兹并没有说明华兹华斯和柯勒律治到底主张哪一种自然，而是话锋一转，从根本上取消了两种自然的对立：

> 我们会说"若是投射的，即非真实的；若是真实的，即非投射的"，除非我们仔细地回想，真实和投射的意义来源于头脑中想象性的事实（the imaginative fact of mind），而当真实和投射被置于对立关系中时，它们就是抽象过程的产物，对于理解头脑中的事实毫无用处，而仅仅有利于其他目的。[①]

在对立的意义上区分真实的自然和投射的自然，那已经是进入想象的头脑的抽象事实了，本身也已无真实可言，区分更无从谈起。"想象不是将精神生活投射到自然之上，……而是投射到那个已然成为我们的感觉投射产物的自然之上。"[②]换言之，想象就是将非客观真实的精神生活投射到投射的自然中，依照理查兹的观点根本就没有什么"真实的自然"。隐喻创造的是一个完全内在的世界。

对此布鲁克斯并不完全同意，他把《不朽颂》中真实和投射的自然作为悖论来看待，认为这两者必须"在诗中某个地方互相起作用时，我们才可以赞同这两个论点协调一致"。这个作用点在于理查兹所说的"想象的事实"（fact of imagination），在《不朽颂》中就是该诗的核心：这首诗

---

① Cleanth Brooks, "Wordsworth and the Paradox of Imagination", in *The Well Wrought Urn: Studies in the Structure of Poetry*, New York: Harcourt, Inc., 1970, p.146.

② Ibid., p.145.

要歌颂的不是上帝，而是人的心灵——其成长、本性和发展。[①]我们赖以生存的人的心灵，就是我们凭借的综合想象力，整合着诗中不同的意象与主题之间的联系。有了想象力这种整合力量，诗中的含混、悖论便能得到统一。统一不是消除，或者用一方否定另一方，而是服务于主题的相反相成与有机统一。布鲁克斯的观点是，真实世界与投射世界是悖论，诗即隐喻、想象的作用，作为协调悖论双方的力量而存在。

因此隐喻即使涉及具体形象、感性思维，本质上还是一种抽象，或曰具体的抽象。这种具体的抽象，如何凭借一种称为"想象"的综合思维产生，可以通过以下检阅隐喻的基本结构与生成机制见得。

四、隐喻的基本结构

组成隐喻的基本结构的，是两个相对应的结构要素。理查兹对这两个结构要素的命名已经广为接受："让我们称之为喻本（tenor）与喻体（vehicle）。"[②] "喻本—喻体"的结构作为研究隐喻的范式，直到当代都发挥着作用。

从术语上来看，tenor原意为"主旨、要领"，vehicle原意为"载体"，看似是喻本更重要，喻体为说明喻本而存在。理查兹也说："'喻本（tenor）'是潜藏的思想，是喻体（vehicle）或形象（figure）表达的最重要的主题。"[③] 喻体或形象是外显的，在表达喻本这个潜藏的思想。事实上理查兹并不止于此：

> ……喻体和喻本的共现会产生一种意义（与喻本明显不同），这

---

① Cleanth Brooks, "Wordsworth and the Paradox of Imagination", in *The Well Wrought Urn: Studies in the Structure of Poetry*, New York: Harcourt, Inc., 1970, p.147.

② I.A. Richards, *The Philosophy of Rhetoric*, London: Oxford University Press, 1965, p.96.

③ Ibid., p.97.

种意义如果没有两者的相互作用便无法获得。喻体通常并不仅仅是喻本的装饰，有无皆不会改变喻本，应是喻体和喻本能合作产生一种具备更多样化力量的意义，这难以归功于任何一者。①

由此可见，喻体和喻本具有同等的地位，相互对照，互为语境。喻体和喻本的关系是"合作"，产生不同于喻本的新意义，而不是仅仅为了说明喻本。在产生新意义的过程中，喻本与喻体相互作用的具体过程是怎样的，对此理查兹没有给予更加科学的说明。于是这个问题便留给了后来者。对此，David Douglass（2000）指出：

> 熟悉I. A. 理查兹作品的任何人都会不由自主地认为，理查兹会对自己的喻本—喻体范式的各种用途感到高兴。确实，他很可能会建议我们放弃试图解决术语问题的努力，而思考该术语的使用所产生的启示。不过，我认为他会敦促我们在使用过程中，尽可能清晰地了解各种用法及其启示。……在使用此模型时改进清晰度和定义对理查兹将是一种恰当的致敬。②

在承认理查兹总结出的"喻本—喻体"这个隐喻模式的基础上，后来的隐喻研究者，认为这个模式中的术语及用法应当更加明确。于是有的学者试图用语言学的科学方法试图使之清晰化。

如William J. Jordan和W. Clifton Adams认为，理查兹在描述隐喻中的喻本和喻体的功能时，提出了三个观点：第一，喻本和喻体是互相作用的；

---

① I.A. Richards, *The Philosophy of Rhetoric*, London: Oxford University Press, 1965, p.100.

② David Douglass（2000）, "Issues in the use of I. A. Richards' tenor - vehicle model of metaphor", *Western Journal of Communication*, 64: 4, 422, DOI: 10.1080/10570310009374684.

第二，互相作用是一个比较的过程；第三，互相作用取决于语境。^①其中包含了关于隐喻的语义理论的两个一般性问题："其一，喻本—喻体互相作用的本质是什么？其二，语境如何影响这种互相作用？"^②

两位学者通过扩展语境，以获得两者比较确定的关系，从而具有可预测性与明晰性。其实验方法是，运用语义量表（semantic scale）^③这种语义分化的测量工具，归纳出四种互相作用的模式：喻本模式（tenor model）、喻体模式（vehicle model）、平均模式（averaging model）和调和模式（congruity model）。研究假设是，"调和模式"比其他三种模式更能预测隐喻的意义，并且其预测能力随着语境线索的增加而显著提高。^④其中"调和模式"是喻本、喻体相互作用最充分的一种模式，因为最终的结果是融合一致而非单纯偏重任何一方，或者如"平均模式"般保持隔离状态。但在论文结尾，两位学者承认，"事实上，这些模式都不是隐喻意义的完美预测者"。^⑤因为，这种"一般化的意义量表"（gross indicators of meaning），难以衡量一个词或短语对于个人的意义，这其中存在太多的变体（variations），因此，期望这些模式能够解释隐喻的所有变体是"天真的"（naive）。^⑥

实际上，试图对隐喻归纳出各种准确的模式，研究其中的定量，以求获得隐喻的确定性并做出预测，所有这种研究，都是与隐喻的本质背道而

---

① William J. Jordan & W. Clifton Adams（1976），"I. A. Richards' Concept of Tenor - Vehicle Interaction"，*Central States Speech Journal*，27：2，136-143，DOI：10.1080/10510977609367880.

② Ibid., p.137.

③ 按：语义量表（semantic scale）是由社会心理学家奥斯古德（Osgood，C. E.）和他的同事萨西（Suci，G. J.）、坦纳鲍姆（Tannenbaum，P. H.）等于20世纪50年代编制的。

④ William J. Jordan & W. Clifton Adams（1976），"I. A. Richards' Concept of Tenor - Vehicle Interaction"，*Central States Speech Journal*，27：2，139，DOI：10.1080/10510977609367880.

⑤ Ibid., p.143.

⑥ Ibid.

驰的。正是因为科学语言的直接性与精确性无法满足诗人表达细腻情绪的需要，诗人才不得不用类比来表述那个充满含混和歧义的中间地带。

五、隐喻意义的生成机制

对于在这个无法用明晰性来定义的地带，即隐喻意义的生成机制，新批评能确定的有以下几点：

一、隐喻的基本结构是互相矛盾的异质因素的共现与比较；

二、隐喻的意义生成过程是异质因素之间的共同特征及相异性形成张力的过程，隐喻的基础是其共同特征，但相异性也必然保持并起着重要的作用；

三、喻本—喻体的作用和地位，在不同的隐喻中是不同的，或者说喻本—喻体的不同作用，造就了不同的隐喻；

四、隐喻的意义由"语境"决定。

下文我们对以上几点逐一分析。

第一点，隐喻的基本结构是异质因素的共现与比较，存在着一种矛盾的、动态的关系。

上文已指出，"喻本—喻体"是理查兹发明的术语，新批评的代表人物可能并不直接采用这对术语，或用自身的理论术语代替"隐喻"一词，例如退特的"张力（内涵—外延）"，布鲁克斯的"悖论"和"反讽"，都指出了存在两种因素的对比与矛盾关系。隐喻、悖论、反讽、张力，实际上是一回事，所以布鲁克斯把这些都视为诗歌的结构原则。

第二点，隐喻的意义生成过程是"喻本—喻体"的共同特征及相异性形成张力的过程，事物形成比较的基础是其共同特征，但相异性也必然存在并起着重要的作用；

首先，"喻本—喻体"两者必须拥有共同的特征，这是抽象的基础。

理查兹认为"隐喻的使用涉及与抽象思维同类的语境，重要的是，语境成分之间应只具有相关的共同特征（the relevant feature in common），而那些非相关或次要的特征将相互删除"①。再以"我们挺身反抗海洋般的苦难"（we take arms against a sea of troubles）这个隐喻为例。海洋的指称仅有部分语境以抽象的方式与其他指称结合，这个抽取出来的部分进入了隐喻的意义结构，它不包括"海洋"这个语境里所包含的"非相关的""次要的"特征，例如，海洋会受到月球引力，或者海洋作为鱼类的栖息地。抽取出来的抽象部分是数个指称（或数个语境）的重合之处，即共同特征。理查兹说：

> 在这个例子里，隐喻的诗歌价值主要依靠连绵不断的波涛所着重表现的显露出来的绝望无援的心情——如库丘林（Cuchulain）传说中充分展现的那样。②

海洋波涛的翻滚、连绵不断甚至是白色泡沫，仍是具体的部分特征，要成为隐喻，需与语境中的其他词语相对照，而"抗争"（take arms against）、"苦难"（troubles）等词语，展现了人们面对苦难时的奋力反抗，纵然意志坚定，力量却依然单薄。经过以上几个指称或语境的对照、删除、抽象，我们才能看到，"海洋"这个词在其经筛选的具体特征基础上，经由加工得出的"接连不断""力量巨大""破坏力强"等越来越抽象的属性，加强了"抗争""苦难"等词已经表达出来的绝望的诗意。

由此可见，这些共同特征并不等于相似性。"相似性"被理查兹称为"主要是18世纪的隐喻原则"③。他援引凯姆斯勋爵在《批评的要素》（Lord Kames，*Elements of Criticism*）里，分析莎士比亚《奥赛罗》（William Shakespeare，*Othello*）里运用的隐喻——"贫穷浸泡着我，漫到

---

① C.K. Ogden，I. A. Richards，*The Meaning of Meaning*，New York：Harcourt，Brace & World，Inc.，1923，p.214.

② Ibid.

③ I.A. Richards，*The Philosophy of Rhetoric*，London：Oxford University Press，1965，p.120.

嘴唇"，喻本是"贫穷"，喻体是"大海或者大缸"，对二者的相似性提出了异议："相似性太弱了，以至不能赞同。"笔者认为，"相似性"这个概念是值得商榷的，通过语境不断抽象出来的"共同特征"也许更加贴切。甚至，这种"共同特征"可以是人强行附加给事物的。"诗人是否拥有特权，改变事物的本质，而且非常愉快地将原本没有的特质赋予事物？大多数现代人会说，当然了，他们有。"①这种强行附加的特质，很难称得上"相似"，更多的是人为的联系从而创造出共同点。

理查兹将我们的大脑称为"联系的器官"（a connecting organ），"可以以无限的不同的方式联系任何两种东西"②。而且大脑选择哪种方式，是由"更大的整体或者目标指向"来决定。这样，当异质事物及其指称被放在一起进行比较时，我们就会自动地去创造这种联系，无论我们是否意识得到自己的目标。

对于常用非直接的表达方式的诗学语言来说，我们这种填充联系的自由是诗歌的主要的力量来源。燕卜荪在《朦胧的七种类型》中说：

> 我们的陈述是如同它们是相连的那样被提出来的。读者被迫去考虑它们之间的联系。为什么这些陈述会被选择出来是留给读者去发明创造的；他会创造出一系列不同的理由，并且在他自己的思维里赋予它们秩序。这就是语言的诗学用途中一个最基本的事实。③

这样，每个人就会有无数的联系方法，从而创造出无数的意义。

其次，除了"共同特征"，"相异性"也是必然存在的，并且起着重要的作用。隐喻就是一种比较。比较的前提是被比较的事物各自保持异质

---

① I.A. Richards, *The Philosophy of Rhetoric*, London: Oxford University Press, 1965, p.107.

② Ibid., p.125.

③ William Empson, *Seven Types of Ambiguity*, London: Chatto and Windus, 1949, p.25.

性，否则比较就不存在。

有了以上所述的大脑的联系能力，亦即我们上文提到的"想象力"，我们更加不必惧怕比较双方的差异了。"当放在一起的两个东西距离越远，那么所创造的张力当然就会越大，这个张力是弓箭的弹力。"①实际上，两个东西距离得越远，供我们自由填充的地带就越宽阔。如果在话语的剩余部分出现了正确的暗示，亦即出现了新的语境，"即使识别出是不可能的，也能马上转变为一种轻易的和强大的调整"②。

但是，相异性对相似性以及隐喻整体意义的制约也是必要的。理查兹以《哈姆雷特》（Hamlet）中所使用的"爬"（crawling）一词为例。③这个隐喻的意义就不仅来源于引入的"害虫"与人的相似性，还来源于两者的相异性对相似性的控制和影响。"一定程度的相似性通常是转变的明显基础。但是喻体所带来的对喻本特定的修改，通常是它们的差异导致的结果，更胜于他们的相似性。"④比如上述隐喻，大脑就不可能再推断人与害虫的"触角""翅膀"等相似性，喻体、喻本之间的联系受到了制约。所以相异性与相似性的张力产生的结果，才是上文所述的抽象出来的"共同特征"即隐喻的整体意义。

第三点，喻本与喻体的地位与作用，是依照不同的隐喻而不同的，或者说喻本—喻体的不同作用造就了不同的隐喻。

隐喻就是比较，在比较的时候，我们的目的可能有很多种，"当我们意指不同的比较的含义的时候，我们就会得到不同的隐喻概念……"⑤我们可能只是将二者放在一起；可能研究相似性，可能研究相异性，或者二

---

① I.A. Richards, *The Philosophy of Rhetoric*, London: Oxford University Press, 1965, p.125.

② Ibid., p.126.

③ 诗句原文为："What should such fellows as I do crawling between earth and heaven？"

④ I.A. Richards, *The Philosophy of Rhetoric*, London: Oxford University Press, 1965, p.127.

⑤ Ibid., p.120.

者兼而有之；可能通过比较着眼于某一方的某特定方面。这种目的的多样性就会导致喻本的作用的相对重要性大不相同。一个极端是，喻体为了说明喻本而存在，几乎仅仅成为喻本的粉饰或者装饰；在另一个极端，喻本可能差不多只是介绍喻体的理由，所以喻本不再是"主旨"。

同时读者会出于自己的目的对喻本或喻体做出不同的强调，从而得出丰富的隐喻意义。新批评代表学者，也会出于自己的目的，即其理论体系的需要，对于喻本与喻体的地位和作用提出不同的甚至是相反的见解。

例如，兰色姆批判理查兹太过看重喻本了，因为理查兹强调语用，语用构成了语境，语用是带有目的性的，喻本就是使用隐喻的主要目的。而兰色姆基于对玄学诗运用隐喻或主要是曲喻的赞赏，还有他的"肌质—结构"论的需要，反而非常强调"喻体"：

> 无论如何，通过喻体对喻旨的介入，我们得到了一个崭新而肯定的语境，智性的也好，情感的也好。……简而言之，这一特定的喻旨给喻本以某种方向，对诗歌的逻辑结构产生了真实的影响，同时也丰富了诗歌的局部意义，即诗歌的纯粹肌质。[①]

兰色姆认为，是喻体限定了喻旨的方向，喻体作为纯粹的肌质，影响着喻本，即诗歌的逻辑结构。他甚至否认喻体和喻旨之间的相互作用："……喻体是实质性的实体，不管柯勒律治和理查兹怎么说，在它与喻本之间很难发现有多少相互修正或多少'相互激活'的内容。"[②]喻体必须精彩出色，必须独立完整，且超越原有的情境，"与主题结构无关，它支持诗歌实现植入局部肌质"[③]。总之，兰色姆认为喻体才是最重要的。

与兰色姆的观点相反，理查兹认为过于强调喻体是病态心理的基础。

[①]　John Crowe Ransom, *The New Criticism*, Westport: Greenwood Press, 1979, p.83.

[②]　Ibid.

[③]　Ibid., p.85.

他把心理分析的"移情"（transference）作为隐喻的等价物来讨论。[①]移情和隐喻一样，是把从一组事物或人群发展出来的一种模式转移到另一组。前者就是喻体，是他们理解事物的原型；后者是喻本，即新情况。病态者只能运用喻体去解读任何的新情况，对新的情形即喻本进行施暴，比如像恋父和恋母情结。他认为，健康的发展应是喻本—喻体的自由合作，才能产生幸福的生活，这不仅适用于解读一个修辞格，也适用于社交行为。

第四点，隐喻的意义由语境生成。

首先，喻本与喻体之间、不同的意象（即喻体之间）需建立一个有机联系的整体，即互为语境，并且整首诗也是一个语境，这样才能产生隐喻的整体意义。

布鲁克斯谈反讽及其原理，十分强调具有特殊性的喻体：诗人必须首先通过"特殊性"的窄门才能合法地进入"普遍性"[②]。诗人并不是从一般化的喻本出发，然后选定具体的细节去修饰喻本。相反，他必须经由细节的具体化去获得普遍性："意义必须从特殊性产生；它必须不是武断地强加在特殊性上面的。"[③]从特殊到一般，就是隐喻。这是谈喻体对于喻本的作用。但是在以下这句话中，布鲁克斯就是在谈喻本对于喻体的作用了："这样，运用隐喻，就一般的主题思想来说，包含着一个间接陈述的原则。对于特殊的意象和陈述语来说，它包含着一个有机的联系。即是说，一首诗并不是一些美丽的或'有诗意的'意象的集结。"[④]这些包含特殊性的意象或者喻体与喻本之间的"有机联系"，是喻本作为语境所赋予的。

只有与喻本建立"有机联系"的喻体才是成功的喻体，或曰成功的

---

① I.A. Richards, *The Philosophy of Rhetoric*, London：Oxford University Press，1965，pp.135–136.

② 克利安思·布鲁克斯：《反讽——一种结构原则》（1949），见赵毅衡编选《"新批评"文集》，天津：百花文艺出版社，2001年，第377页。

③ 同上。

④ 同上，第377–378页。

意象。韦勒克在《文学理论》中说道：“现代心理学表明，‘意象’这个术语的这两种意思有重复的部分。我们可以说，每一个自发的心理意象在一定程度上都有象征性。”①也就是说，“意象”（即喻体）必须是象征性的，即暗示了“某种不可见的东西、某种‘内在的’东西”②，这种内在的、不可见的东西就是喻本。韦勒克还依照“意象”的象征性强度，即喻体与喻本之间联系的密切程度对“诗歌意象”进行分类。程度最低的是“强合的和装饰性的隐喻意象”，只把两个外在的意象相联系而非将人的内在世界与外部自然界相联，由此使喻体与喻本发生了分裂，所以是“最粗糙的形式”。这种情况就是喻体脱离了喻本，或与喻本的联系程度过低。而高级的意象，是“潜沉的、基本的、扩张的三类意象”。关于这三类意象的详释见本章“意象”一节，它们总的特征是“比喻各方浑然一体的融合”，彼此强烈地相互作用、相互渗透。③

在退特的张力论中，表示字面意义的“外展”（extension）就是喻体，表示言外之意的“内包”（intension）就是喻本。退特主张从喻体（字面意义、外展）开始，去追索喻本（言外之意、内包）。④内包和外展在隐喻里合二而一才能产生成功的意象。邓恩的诗《告别辞：节哀》（John Donne, *A Valediction: Forbidding Mourning*）中的黄金这个意象，喻本是两个灵魂的融合及不可分，喻体是黄金及其延展性，两者之间的张力构筑起整首诗的诗意。

如上所述，理查兹也谈到了喻体与喻本的相互影响、互为语境。喻体与喻本具有相似性，这是构成隐喻的基础；喻体与喻本的相异性也会带入隐喻结构中。所以相异性与相似性的张力产生的结果，才能抽象出来不同

---

① 　［美］勒内·韦勒克、奥斯汀·沃伦：《文学理论》，刘象愚等译，北京：文化艺术出版社，2010年，第206页。

② 　同上。

③ 　同上，第223–225页。

④ 　艾伦·退特：《论诗的张力》（1937），见赵毅衡编选《“新批评”文集》，天津：百花文艺出版社，2001年，第130页。

语境之间的"共同特征"——即隐喻的整体意义。所以喻本与喻体是有机联系的，它们及其相互间的关系，共同生成了整首诗的语境。①

整首诗的语境，对诗的任何一个部分，都有制约和修正的作用。整首诗作为语境，是既不同于喻体，也不同于喻本的，是二者的互相联系产生的新的整体。

关于"整首诗作为语境"，布鲁克斯做了如下论述。上文谈到布鲁克斯认为诗就是"间接陈述"即隐喻，接着他说："语境对于一个陈述语的明显的歪曲，我们称之为反讽。"②即"陈述语"在语境中意义受到修饰、扭曲。③隐喻作为一种意义结构，为诗歌创造了一个特有的整体语境，整体语境对诗中任何成分的"意义"乃至整首诗都要进行"修饰"。布鲁克斯把这种现象称作"从语境'装货'"："语境赋予特殊的字眼、意象或陈述语以意义。"④他还以《克里娜去五朔节》（Robert Herrick, *Corinna's Going A-Maying*）为例，指出了这首诗其实很"晦涩"。因为它的意义并不如教科书上的答案那般简易。这首诗的喻体是诗人所描述的五朔节庆祝活动的欢乐，喻本或主题教科书宣称是"及时行乐"⑤。但布鲁克斯提醒读者，还有更深层次的整体语境需要考虑。比如诗的前两小节充斥着的"朝露"这个意象，如果仅用"及时行乐"这个层次的喻本去统括，无疑是让人费解的。接下来布鲁克斯运用整首诗的"语境"对这个隐喻进行了精彩的论述，最终的结论是："滴滴朝露成为春天、黎明和情人们青春的象征。……这样，在这首诗的语境中，朝露成为寓意丰富而深远的象征，……"⑥还有对于济慈的《希腊古瓮颂》（John Keats, *Ode on a*

---

① I.A. Richards, *The Philosophy of Rhetoric*, London: Oxford University Press, 1965, p.127.

② 克利安思·布鲁克斯：《反讽——一种结构原则》（1949），见赵毅衡编选《"新批评"文集》，天津：百花文艺出版社，2001年，第379页。

③ 同上，第380-381页。

④ 同上，第379页。

⑤ Cleanth Brooks, "What Does Poetry Communicate？", in *The Well Wrought Urn: Studies in the Structure of Poetry*, New York: Harcourt, Inc., 1970, pp.67-68.

⑥ Ibid., p.73.

Grecian Urn）的结尾"美即是真，真即是美"的命题，布鲁克斯也从这首诗的语境来考察它，认为"它与那首诗的整体语境关系赋予它以准确意义和重要性"[1]。

由整体语境去赋予意义，即从语境"装货"，这就是诗歌的内核——隐喻的独特的意义生成结构。如果想用命题直接陈述，那么就不必要去写一首诗了。"因为，如果我们用这些命题之一去代表那首实质的诗歌，我们就不得不将整个语境产生的限制当作没有价值的东西加以轻视，否则我们就会认为，我们能够用一种浓缩的散文表达重新创造出整个语境的效果。"[2]语境产生、创造了诗的意义，诗的意义是诗的语境中形成张力的各种成分的产物，一种思想感情的表现如果脱离产生它的时机和围绕着它的环境，是无意义的。[3]

同样指出整体语境对于隐喻、诗歌具有决定意义的，还有维姆萨特。在《象征与隐喻》中，维姆萨特为隐喻下定义时说的，那个保证A和B两个概念综合形成的"X所象征的整体"，就是一首诗的整体语境。维姆萨特对此还强调了两个问题：一是这个"X所象征的整体"并不等同于喻体A或者喻本B，而是一个新的整体；二是由"喻本—喻体"组成的隐喻的意义，受到那个新的整体即"语境"的干预和决定。

其次，语境对于隐喻具有决定作用。打个比方，语境可以使隐喻"活"，也可以使隐喻"死"。只有鲜活的隐喻才能构成诗歌，唯有"语境"能使隐喻活化。

认知语言学研究得出，隐喻首先是思维方式，属于人类普遍的认知现象，能让人类借助语言而表现出来，而非单纯性是语言的特殊现象和产物。莱考夫（George Lakoff）和约翰逊（Mark Johnson）在《我们赖以生

---

[1]　Cleanth Brooks，"The Heresy of Paraphrase"，in *The Well Wrought Urn: Studies in the Structure of Poetry*，New York：Harcourt，Inc.，1970，p.205.

[2]　Ibid.，p.206.

[3]　Ibid.，p.207.

存的隐喻》①中指出人类只有借助隐喻，从某熟悉的认知领域来诠释、解读另一领域，才能达成对世界的认知。人们日常语言中存在着太多的表达方式源于隐喻概念。刘宇红提出，若人类一旦离开隐喻，就会患上"失语症"②，因为人类在日常交际中大概每分钟要使用四个隐喻，一生大概使用2100多万个隐喻。既然隐喻已经是认知现象，与人类的理性思维和语言密不可分，那么所有的语言产物，包括科学论文和散文，都会包含隐喻。能构成诗歌的隐喻，只能在相应的独特的语境中呈现。

布鲁克斯曾谈到，经常、反复的使用，把喻体—喻本压入相同的语境，它们的意义就会固化或称为"死亡"。如果一个隐喻的意义受语境的压力已经很轻微，例如"针眼"，放在不同语境中都差不多是同一意义，这个隐喻就会死亡。他还指出，某些隐喻，如果喻本和喻体只存在类似关系，相异之处太少，即语境太接近，那么本来就没有生命，更无所谓老化与死亡。维姆萨特也指出：经常被断章取义地从文本中抽出来使用的隐喻最容易老化，因为隐喻特有的力量本来就离不开其特有的语境；反复被套用的隐喻，由于脱离了其语境，就像被抛上岸来的鱼。③

但老化的隐喻尚能复活，其方法还是要靠语境，像水使鱼重新活过来一样。布鲁克斯和沃伦举了个例子：用玫瑰比女郎这隐喻早陈腐不堪，但在英国诗人爱德蒙·华勒（Edmund Waller）的诗《去吧，可爱的玫瑰》（*Go, Lovely Rose!*）中，隐喻被放在一个玄学派风格的曲喻之中，就重现了生命力：

去吧，可爱的玫瑰，

---

① ［美］乔治·莱考夫、马克·约翰逊：《我们赖以生存的隐喻》，何文忠译，杭州：浙江大学出版社，2015年。

② 刘宇红《隐喻研究的哲学视角》，《外国语（上海外国语大学学报）》2005年第3期，第29–36页。

③ W. K. Wimsatt, "Symbol and Metaphor", in *The Verbal Icon: Studies in the Meaning of Poetry*, Lexington: University Press of Kentucky, 1954, p.128.

告诉她别让时间白费，让我憔悴，

既然她已明白

当我把她与你相比，

她显得多么可爱与美丽。①

在诗人创设的曲喻中，玫瑰成为一个客观的倾听者，诗人对着玫瑰诉说对女郎的衷情。与那种把玫瑰比作爱人，或者比作爱情的陈词滥调不同，这个隐喻变成鲜活的了。

布鲁克斯还指出一种"活化"的途径，就是把旧隐喻放在一个反讽的语境中。他举华兹华斯的名诗《西敏寺桥上作》（William Wordsworth, *Composed Upon Westminster Bridge*）最后两行作为例子：

上帝啊，千家万户还在酣睡，

那颗伟大非凡的心，依然尚未苏醒！②

布鲁克斯说这整首诗具有强力的反讽：只有在这熹微的晨光中，这死寂的伦敦才显得像个自然之物那样活生生。这时，说伦敦的房屋在"沉睡"，说这座城市是帝国悸动的"心脏"，就是反说它们是富于生命力的，于是这样陈腐的隐喻也被奇妙地更新了。③

燕卜荪也指出："一切语言都包含有死暗喻，如同尸体化成的土壤，但英语也许与众不同，英语里的隐喻没有死亡而只是在沉睡，当人用它

---

① 诗句原文为："Go, lovely rose! /Tell her that wastes her time, and me, /That now she knows, /When I resemble her to thee, /How sweet and fair she seems to be."

② 诗句原文为："Dear God! /The very houses seem asleep; /And all that mighty heart is lying still!"

③ Cleanth Brooks, "The Language of Paradox", in *The Well Wrought Urn*: *Studies in the Structure of Poetry*, New York: Harcourt, INC., 1970, pp.6-7.

来作直接陈述时，就是用一种隐含的比较为之添彩。"①这种沉睡的隐喻是指"那些部分被视为隐喻、部分被视为具有通常意义的词语"②，具有多义性，从几个方面看都有效。这是燕卜荪"朦胧的七种类型"中的第一型。燕卜荪举纳什的剧本《夏天最后的遗愿与遗嘱》（Thomas Nashe，*Summer's Last Will and Testament*）中的诗歌为例：

> 美只是一朵鲜花，
>
> 皱纹会把它吞下。
>
> 光明从天上坠落。
>
> 年轻美貌的女王也会早逝。
>
> 尘土覆盖了海伦的眼睛。
>
> 我病了，我必死，
>
> 上帝啊，怜恤我们吧。③

其中"美只是一朵鲜花，皱纹会把它吞下"两句的"吞噬"（devour）燕卜荪称为"压制暗喻"（subdued metaphor）。如果把"吞噬"理解为"移去"或"带走"，哪怕产生了"残酷""反常"等言外之意，充其量也只是语言的通常用法，属于死隐喻。但是，如果吞下美的怪物是时间，怪物在脸上留下啃食的牙印即皱纹，等等，那么这个"压制暗喻"便活过来了，重新焕发了活力与光彩，赋予这首诗以丰富的意味。

当然这种多义性并不是任意的。再看"尘土覆盖了海伦的眼睛"一句，海伦也有可能是永不腐烂的尸体或一尊塑像，而尘土是从别的地方

---

① William Empson，*Seven Types of Ambiguity*，London：Chatto and Windus，1949，p.25.

② Ibid.

③ 诗句原文为："Beauty is but a flower /Which wrinkles will devour. /Brightness falls from the air. /Queens have died young and fair. /Dust hath closed Helen's eye. /I am sick，I must die. /Lord，have mercy upon us."

飞到她眼皮上的，但是语境会排除掉这种意义。全诗的主旨和语境告诉我们，尘土是海伦的尸体腐化形成的，再与前面的意象"光明从天上坠落"对比，甚至能生发出更丰富的意义，如明亮的尘埃在阳光中飘舞，落下后变成不洁的灰尘或腐土，人类的欢乐与活跃等光明的方面都将在坟墓中化作尘土，等等。可见，语境赋予隐喻以活力，同时也能控制着意义的范围。①

再次，语境对隐喻范围的控制力是有限度的。

仍以上面这首诗为例，"光明从天上坠落"一句，燕卜荪提出存在一种"玩世不恭的理论"（cynical theory）：纳什想写的不是"天空"（air）而是"头发"（hair），因为二者在英语里是音近的。燕卜荪甚至认为这是"十分贴切""发人深省"的，因为能引发关于"从头发上落下的是热情和神秘的青春活力"的想象②。语境并不能提出与之相左的意见，甚至似乎还支持了这种想象，这就引发了对于隐喻的"过度阐释"问题。

对此兰色姆是这样评述燕卜荪的："他所考虑的是隐喻，考虑到喻体可能不止有一个而有几个特征支持其逻辑的合理性。……我认为我们都会敬佩他的解读，但他的解读也令我们心生戒惧，因为它们可能都是过度阐释（overreading）。"③"过度阐释"问题植根于理查兹的语境理论。燕卜荪是理查兹的学生，《朦胧的七种类型》遵循了其导师的理论体系。理查兹认为，隐喻就是喻本和喻体两个指称以抽象的形式，借取对方的部分语境。如前所述，语境是以某种方式联系在一起的一组实体（事物或事件），这些实体的每一个各自有其特点与其他实体相关联。每个指称的意义，都涉及一组事物。那么隐喻的基本结构起码涉及两个指称，也就是两组（而非仅仅"两个"）有着"类似关系"的事物之间的关系。可想而知，在一个隐喻里，会存在多少种意义的变体。

---

① William Empson, *Seven Types of Ambiguity*, London: Chatto and Windus, 1949, pp.26–27.

② Ibid., p.26.

③ John Crowe Ransom, *The New Criticism*, Westport: Greenwood Press, 1979, pp.120–121.

更有学者指出，语境论不仅会有"过度阐释"的嫌疑，还会诱发"语境敌对"，即出现了相反的阐释。保罗·利科（Paul Ricœur）这样分析理查兹的语境论：

> 在任何话语片段中，词语的意义由"代表效能"（delegated efficacy）现象决定。词语只有通过语境的减略才获得意义。词语的意义是该词语从中获得其代表效能的语境缺减部分。正因为如此，词语并非呈现于大脑的思想的名称，它们唯一的功能就是回指语境中的缺减部分。所以，意义稳定仅仅是语境的稳定。然而，这种稳定不是一种不证自明的现象，它本身也需要解释。因而，没有什么东西可以阻挡一个词意指一个以上的事物。因为它指"语境中缺减的部分"，这些部分可以属于截然不同或相反的语境，因而，由于它们的"过度确指"，"词语表达"可以引起语境间的大规模的敌对（large scale rivalries between contexts）。[①]

在这段话里，利科指出，意义的稳定来源于语境的稳定，但语境其实很不稳定，因为意义是"语境中缺减的部分"而非语境中出现的有定部分，"缺减的部分从理论上讲可以是无限的、相反的即敌对的。那么由语境决定的隐喻的意义，也可能是无限的、相反的，出现敌对的阐释。且这种敌对，并不能轻易地用"悖论"或"张力"来牵强解释，因为"张力"的基础是人类统一的有机联系的经验，而不是任意的附会。

同样对于语境理论的局限性，有学者谈到"隐喻与语境闭合"[②]时指出：如果一个语词的意义要依赖语境，并且这依赖的是缺失的语境，那么"任何一个语词的意义都将依赖于语言整体甚至还依赖于人类的生活经

---

① Ricœur, P., *The Rule of Metaphor*, London: Routledge & Kegan Paul, 1978, p.78.

② 陈四海《I. A. 理查兹的意义语境准则疏论》，《科学技术哲学研究》2013年第2期，第58–62页。

验整体"。"语言整体"与"经验整体"是无限的，语境可以无限拓展，意义要求无限的阐释和延迟，这种"无限回溯的经验证实链条"是理论难题。该学者认为隐喻恰恰可以解决或者回避这个理论悖论，因为隐喻在喻本与喻体、语词的相互作用过程中不断创造、生成新的意义，"这个意义的创造过程悬置了对语境整体的依赖性，因而可以看作对在理论上无法闭合的语境悖论的一种实践解答"。

笔者认为，隐喻并没有"悬置"对语境整体的依赖性，而是相反：隐喻的运作机制确证了对语境的依赖性。隐喻意义动态的生成过程，揭示了逻辑实证主义者假设的"语言整体"与"经验整体"并不是一个固化的、稳定的实体，而是动态的、不断生成的存在，因此无所谓"语言整体这个最终的终点"，也不存在什么"整体论困境"或"语境的闭合"。隐喻从根本上消除了语境理论悖论的前提——那个固化的"经验整体"。

六、"隐喻"与"比兴"

"隐喻"与"比兴"，是中西比较诗学的一个引人关注的"汇通点"。于是学界出现了以中国的"比兴"同新批评的"隐喻"相比较的文章，如郭勇的《〈文心雕龙〉"比兴"论解析——兼与新批评隐喻观念比较》[①]。

首先需阐明，"隐喻"是一个概念，而"比兴"是两个概念。比与兴虽然常常相提并论，但仍是作为并立的两个概念而相提并论的。比兴论源自《周礼·春官》，其曰：

> 大师教六诗，曰风，曰赋，曰比，曰兴，曰雅，曰颂。

后来汉代经学家的《诗大序》，把"六诗"改称为"六义"：

---

① 郭勇《〈文心雕龙〉"比兴"论解析——兼与新批评隐喻观念比较》，《青海师范大学学报（哲学社会科学版）》2005年第4期，第77–81页。

> 《诗》有六义焉，一曰风，二曰赋，三曰比，四曰兴，五曰雅，六曰颂。

无论"六诗"还是"六义"，比与兴都是并立的两项。如果"比""兴"是一回事，就不成其为"六诗"或"六义"了。

比与兴是两个概念也无妨；如果这两个概念的差别，就在于"显"与"隐"的话，那么就分别相当于明喻与隐喻，更可以纳入与新批评的"隐喻"的比较之中了。郭勇的文章就是这样说的：

> 比与兴其实都可以看作广义的比喻，或者文化学上所论的隐喻。
> 只是由于取向的不同，故比显而兴隐。"比"显是因为取事以明理，鲜明生动，意义显豁；"兴"隐是因为依微拟议，托物喻情志，故而含蓄精微。

这样说似乎是有根据的。根据就是刘勰的《文心雕龙》。《文心雕龙》专有《比兴》篇，其中云：

> 《诗》文宏奥，包韫六义；毛公述传，独标"兴"体。岂不以"风"通而"赋"同，"比"显而"兴"隐哉？故"比"者，附也；兴者，起也。附理者，切类以指事；起情者，依微以拟议。起情故兴体以立，附理故比例以生。
> 观夫"兴"之托喻，婉而成章，称名也小，取类也大。……明而未融，故发注而后见也。且何谓为"比"，盖写物以附意，飏言以切事者也。

《诗》有"六义"，而毛亨传《诗》，特别注重"兴"之一义。刘勰说，这是因为"风""雅""颂"是通贯全书的分类，"赋"之平铺直叙亦前后相同，"比"则明显而易知，唯"兴"之一义较为隐晦。刘勰对比和兴的解释，就是围绕这个"显"与"隐"的差别进行的。总括起来就是一句话："比"显而"兴"隐。

但刘勰的话是否足以为据？钱锺书就此做过充分的辨析：

> 《关雎·序》（按：即《诗大序》）："故诗有六义焉……"按"兴"之义最难定。刘勰《文心雕龙·比兴》："比显而兴隐。……'兴'者，起也。……起情者，依微以拟议，……环譬以托讽。……兴之托喻，婉而成章。"是"兴"即"比"，均主"拟议""譬""喻"；"隐"乎"显"乎，如五十步之于百步，似未堪别出并立，与"赋""比"鼎足骖靳也。六义有"兴"，而毛、郑辈指目之"兴也"则当别论。刘氏不过依傍毛、郑，而强生"隐""显"之别以为弥缝，盖毛、郑所标为"兴"之篇什泰半与所标为"比"者无以异尔。胡寅《斐然集》卷一八《致李叔易书》载李仲蒙语："索物以托情，谓之'比'；触物以起情，谓之'兴'；叙物以言情，谓之'赋'。"颇具胜义。"触物"似无心凑合，信手拈起，复随手放下，与后文附丽而不衔接，非同"索物"之着意经营，理路顺而词脉贯。①

钱锺书指出，照刘勰的解释，"兴"与"比"均主"拟议""譬喻"，即都属于比喻；虽有隐、显之别，亦如五十步之于百步，不足以说明"兴"何以与"比"并立，何以与"赋""比"鼎足而三。而郭文提出相反的观点：

> 钱锺书发现所论"比"与"兴"都强调了譬喻，但他批评刘勰的"显隐"之说"如五十步笑百步，似未甄别出并立"，……他显然没意识到刘勰所说的"显"与"隐"其实是两种不同的美学风格。

---

① 钱锺书：《管锥编》（第一册），北京：中华书局，1979年，第62–63页。

这个观点值得商榷。"六义"中，赋比兴之"三义"讲的是"诗之作用"，即诗之法；孔颖达《毛诗正义》的这一论断符合《诗经》及诸家《诗经》注释的实际，故为大多数人所赞同。就是说，比、兴之别主要在于方法，而不是"风格"。刘勰这里所谈的，也是方法问题，与"风格"无涉。刘勰纠缠于"隐"乎、"显"乎的"风格"之别，恰恰表明他不知道比、兴之别究竟何在，因此当然也就不可能"堪别出"兴何以与比并立，何以与赋、比鼎足而三了。钱锺书还指出，这是因为刘勰"依傍毛、郑"，即局限于汉代经学家的狭隘见解："六义有'兴'，而毛、郑辈指目之'兴也'则当别论。刘氏不过依傍毛、郑，而强生'隐''显'之别以为弥缝，盖毛、郑所标为'兴'之篇什泰半与所标为'比'者无以异尔。"钱锺书后文还补充说道：

> 毛、郑诠为"兴"者，凡百十有六篇，实多"赋"与"比"；且命之曰"兴"，而说之为"比"，如开卷之《关雎》是。[①]
>
> 盖毛、郑说《诗》，囿于儒家政治教化之论，遂将"比""兴"也纳入其中。如郑玄《周礼注》曰："赋"之言铺，直铺陈今之政教善恶。"比"，见今之失，不敢斥言，取比类以言之。"兴"，见今之美，嫌于媚谀，取善事喻劝之。[②]

刘勰论文，以"宗经"为本，也就难免局限于汉代经学家的狭隘见解了。

作为两个诗法概念的"比"与"兴"，区别何在？钱锺书前面引李仲蒙语曰："索物以托情，谓之'比'；触物以起情，谓之'兴'；叙物以言情，谓之'赋'。"谓此说"颇具胜义"。的确，以"索物以托情"为"比"，以"触物以起情"为"兴"，道出了二者的基本区别。不过李仲蒙当为宋代人，其实早在他之前，也早在刘勰之前，西晋挚虞的《文章流

---

① 钱锺书：《管锥编》（第一册），北京：中华书局，1979年，第65页。
② 同上。

别论》就对赋、比、兴做了这样的解释：

> 赋者，敷陈之称也。比者，喻类之言也。兴者，有感之辞也。

"有感之辞"显然不同于"喻类之言"，这已经把"兴"与"比"明确区别开来了。与刘勰同时代的诗论家钟嵘，沿着挚虞的思路，做了新的阐发：

> 故诗有三义焉：一曰兴、二曰比、三曰赋。文已尽而意有余，兴也；因物喻志，比也；直书其事，寓言写物，赋也。（《诗品·序》）

这里略去了言《诗》之"体"而与后世之诗关系不大的风、雅、颂，只取专言诗之"法"的赋、比、兴，把原来的"六义"说变成了"三义"说；又颠倒了这"三义"的先后次序，把赋、比、兴变成了兴、比、赋，从而突出了"兴"。这显然是为了适应诗的特征而向诗的靠拢。"文已尽而意有余"是"感物之辞"的艺术效果；以"文已尽而意有余"来释"兴"，既延续了挚虞"感物之辞"的方向，又拉大了"兴"与"因物喻志"的"比"的距离。此后，"比兴"说的发展，就是"兴"沿着这个方向继续深化，兴与比的区别日益突出，"兴"的地位也随之逐步上升。下面且举由唐至清的一些重要言论，以见其概：

> 感物曰兴。兴者，情也。谓外感于物，内动于情，情不可遏，故曰兴。（署唐·贾岛《二南密旨》）
>
> 目前之景，适与意会，偶然发于诗声，六义中所谓兴也。兴则触景而得，比乃取物。（宋·张戒《岁寒堂诗话》卷下）
>
> 是作诗者一时之兴，所见在是，不谋而感于心也。凡兴者，所见在此，所得在彼，不可以事类推，不可以义理求也。（宋·郑樵《六

经奥论》）

盖兴者，因物感触，言在于此，而意寄于彼，玩味乃可识，非若赋、比之直言其事也。（宋·罗大经《鹤林玉露》乙编卷四）

人有不可已之情，而不可直陈于笔舌，又不能已于言，感物而动则为兴，托物而陈则为比。（清·吴乔《围炉诗话》卷一）

总之，"兴"是"目前之景，适与意会，偶然发于诗声"，是"不谋而感于心"的"触景而得""感物而动"，而不是有意识地"托物而陈"，"取物"为"比"，故"不可以事类推，不可以义理求"。这些言论，不仅大大丰富、深化了"兴"的含义，而且突出了"兴"与"比"的原则区别。至如"兴"在诗学中的地位，则清代李重华有云："兴之为义，是诗家大半得力处。无端说一件鸟兽草木，不明指天时，而天时恍在其中；不显言地境，而地境宛在其中；且不实说人事，而人事已隐约流露其中。故有兴而诗之神理全具也。"（《贞一斋诗说》）同代赵南星有云："诗也者，兴之所为也。"（《三溪先生诗序》）至谓"夫诗者，兴也"（《冯继之诗序》）。而中国古代从未有人说过"比之为义，是诗家大半得力处"，"诗也者，比之所为也"，"夫诗者，比也"之类的话。虽然不断有人习惯性地将"比""兴"并称，但二者在中国诗学中的主次、轻重之别显而易见。

另外，也应该有所交代："兴"在诗中，尤其是在一些乐府民歌中，也可能有声而无义，只是发端起兴而已。如明代徐渭所说："诗之'兴'体，起句绝无意味，自古乐府已然。……此真天机自动，触物发声，以启其下段欲写之情，默会亦自有妙处，决不可以意义说者。"（《奉师季先生书》）即或如此，也与上述论"兴"之言相通相近，而与"比"相距更远。

至此可知，以为比和兴都是"广义的比喻"，只不过"比"显而"兴"隐而已，这种看法虽在《文心雕龙》中不为无据，但就中国传统诗学的全局而言，就显得有些乖谬不实了。

但"比兴"与"隐喻"的比较仍是有意义的。叶嘉莹多年以前就做过类似的比较。她发现，在"有关形象与情意之关系"方面，"西方诗论中的批评术语甚多，如明喻、隐喻、转喻、象征、拟人、举隅、寓托、外应物象等，名目极繁，……只不过仔细推究起来，这些术语所表示的却同是属于以思索安排为主的'比'的方式，而并没有一个是属于自然感发的中国之所谓'兴'的方式"[①]。其实，钱锺书在上文所引的一段话里已经说道："'触物'似无心凑合，信手拈起"，"非同'索物'之着意经营"。叶嘉莹这段话可以说与钱锺书那段话一脉相承，而大有发展，既阐明了中国诗学的兴与比的区别，又进一步分析了中国诗学的"比兴"与西方诗学的"比喻"，包括明喻、隐喻等的异同。这就为"比兴"与"隐喻"的比较提供了一个坚实的基础。

虽然"比兴"的"兴"不是"隐喻"，但中国诗学的"比兴"与新批评诗学的"隐喻"的确有明显的相通之处。不仅"比"就是"比喻"，包括"隐喻"；而且比兴与隐喻都是为了创造"内在的"心意与"外在的"物象合而为一的"意象"。这一点尤为重要，将在下一节详述。但是新批评的诗学乃至整个西方诗学，都只强调"属于以思索安排为主"的"比"，而不理解"属于自然感发的"中国之所谓"兴"。他们强调的是"诗人必须靠隐喻生活""所有微妙的情绪状态只有隐喻才能表达"；而中国诗学所强调的则是"兴之为义，是诗家大半得力处"，"诗也者，兴之所为也"。在专注于"比"和更重视"兴"这一点上，中国诗学与西方诗学，包括新批评的诗学就又不免于各行其是了。

第三节　意象论

布鲁克斯曾引用理查兹的这样一句话："所有微妙的情绪状态只有隐

---

① 叶嘉莹：《比兴之说与诗可以兴》，《光明日报》1987年9月22日。

喻才能表达。"①这也是新批评学派的代表性观点。任何"微妙的情绪"以及一切心思情意，都是某种内在的心理活动；它们无形无象，不可见亦不可闻。要把它们表达出来，总要提供某种与之相关的外在形象，使人可以感知，可以想象。用中国诗学的话说，就是"立象以尽意"。新批评没有这种说法，但其理论中隐喻的喻体就是这样的意象。如布鲁克斯所说，运用隐喻"对于特殊的意象和陈述语来说，它包含着一个有机联系的原则"。"特殊的意象"就是指喻体。所以，"意象"也是新批评的诗歌语义学的一个重要范畴。

英语image一词，中文或译为"形象"，较多的译为"意象"，还有人以为应译成"语象"。新批评诗学强调image同时具有两方面的含义，是"内在的"与"外在的"，或"心理的"与"物理的"双重含义的统一。这与中国诗学的"意象"一语恰好相合，故本文仍采用"意象"的译名。

一、"诗的语言充满意象"

在兰色姆的诗学中，意象是抽象概念的对立物，因而也是诗的语言与科学语言的根本区别。他说：

> 它（按：指"意象"）具有的那种原始的新鲜性——这是概念所不可能具有的——是不可能被剥夺的。概念是衍生的，是被驯服的，而意象是处于自然的或未驯服的状态；它必须在处于那种状态时被发现，而不能被安排成那种状态。它服从于自身的规律，而不服从于我们的任何规律。②

---

① Cleanth Brooks, "The Language of Paradox", in *The Well Wrought Urn: Studies in the Structure of Poetry*, New York: Harcourt, Inc., 1970, p.9.

② 约翰·克娄·兰色姆：《诗歌：本体论札记》（1934），见赵毅衡编选《"新批评"文集》，天津：百花文艺出版社，2001年，第56页。

而"科学"的"抽象性"正是"意象"的破坏者：

> 科学只能把具有无限性质的意象等同于与科学有关的某一性质，
> 然后才能对其进行控制；因为正在起作用的科学始终是一门科学，它
> 只限于某种特殊的兴趣。科学不是通过驳斥，而是通过抽象化来破坏
> 意象的。①

他还从"符号学"的角度说明了这个问题：科学符号的唯一特征就是
指涉客体，审美符号不仅有语义上的指称对象，还与对象相似，即作为图
像或形象符号来使用；科学符号所代表的客体好像都是抽象的，比如说它
可能只代表物体的某一特性或方面，而图像符号或审美符号所代表的一定
是一个完整的物体。②

在兰色姆看来，意象就是一种审美符号，即"图像"符号，它虽然是
一种语词，但它既"具有语义对象"，"指称一些物体"，又"与这些物
体相像"，"代表一个完整的物体"；而"科学符号"所代表的客体"都
是抽象的"。这些言论，都突出地强调了意象的物象性、形象性，亦即意
象的感性特征。

因此，兰色姆明确宣布，正是意象把诗与科学严格地区别开来，没有
意象就不是诗：

> 一段只使用抽象概念而没有意象的论述是一篇科学文献，而绝不
> 是一首诗。③
> 诗的冲动并不是自由的，然而它顽强地坚持不让科学享有它的意

---

① 约翰·克娄·兰色姆：《诗歌：本体论札记》（1934），见赵毅衡编选《"新
批评"文集》，天津：百花文艺出版社，2001年，第57页。

② John Crowe Ransom, *The New Criticism*, Westport: Greenwood Press, 1979,
p.284.

③ 约翰·克娄·兰色姆：《诗歌：本体论札记》（1934），见赵毅衡编选《"新
批评"文集》，天津：百花文艺出版社，2001年，第60页。

象。它打算重新组成感觉世界。①

这等于说，意象就是诗的生命。

兰色姆诗学的基本观点是"结构—肌质"论，而"肌质"又是诗的"本体特性"。可以说，在兰色姆的诗学中，意象与肌质大体上是一回事：肌质虽然未必全是意象，但主要是意象；而意象则全是肌质。他说肌质是在"立意"与"韵律"相互磨合的过程中产生的，"意义必须适应格律，于是就产生了意义中的肌质"②。具体而言，意义为了适应格律，就必须对某些词语作重新选择，使之具有了"不确定性"。而——

> 这种积极或者说珍贵的不确定性（indeterminacy）随着意象进入诗歌而被引入。……格律看起来只会有损于诗篇，但很快它就别出机杼：在象征符号中，它引出了图像符号，由此，诗歌步入了自己的轨道。③

"象征符号"就是指抽象的科学词语。在选择词语时，诗人会"别出机杼"，从原来的"象征符号"引出"图像符号"，亦即"意象"，由此诗歌成为诗歌。这里本是谈肌质的产生，而谈的却是意象的产生，可见意象就是肌质。所以兰色姆才会说："大自然中几乎全都是肌质。"④ 而"自然景物"正是兰色姆所描述的那种具有"原始的新鲜性"的意象。

而退特的张力论是对诗歌语言的"外延"与"内涵"的关系的分析，亦即对一个词语的表面的词典意义与暗含的比喻意义的关系的分析，这实际上就是对意象的分析。"意象"作为一个词语，既有其表面所指的事

---

① 约翰·克娄·兰色姆：《诗歌：本体论札记》（1934），见赵毅衡编选《"新批评"文集》，天津：百花文艺出版社，2001年，第69页。

② John Crowe Ransom, *The New Criticism*, Westport: Greenwood Press, 1979, p.318.

③ Ibid., p.316.

④ Ibid., p.249.

物，又有某种与人的思想情感相关的暗示意义。如退特所说："我所能获得的最深远的比喻意义并无损于字面表述的外延作用，或者说我们可以从字面表述开始，逐步发展比喻的复杂含义。"①一个成功的"意象"也正是如此。

因此，退特的《论诗的张力》一文几乎处处讲到意象。例如他批评英国19世纪浪漫派诗人詹姆斯·汤姆森（James Thomson）的诗句"爱情的酒是音乐，爱情的华筵是歌"两句，说"爱情的酒照样可以是'歌'，爱情的筵席照样可以是'音乐'"。这就是说"歌"与"音乐"这两个用为隐喻的意象并不含有引向"爱情的酒"与"爱情的华筵"的暗示意义。退特指出：

> 我们越是追寻此诗意象的意义，就越糊涂。这里的意象无助于弄清一首诗试图保持的一般意义，我觉得这里的意象已失去了过去许多诗人已为之赢得的那种尊严。②

显然，这里的"歌"与"音乐"是两个没有意义的、失败的意象。又如退特对邓恩的诗《告别辞：节哀》（John Donne, *A Valediction: Forbidding Mourning*）中的"黄金"这个"意象"的称赞。与"黄金"有关的几句诗是："因此我们两个灵魂是一体。/虽然我必须离去，然而不能忍受/破裂，只能延展。/就像黄金被捶打成薄片。"③退特赞赏道：

> 这节诗的全部意义从内包上包括在明显的黄金外展中。如果我们舍弃黄金，我们就舍弃了诗意，因为诗意完全蕴蓄在黄金的形象中

---

① 艾伦·退特：《论诗的张力》（1937），见赵毅衡编选《"新批评"文集》，天津：百花文艺出版社，2001年，第130页。
② 同上，第125页。
③ 诗句原文为："Our two souls therefore, which are one, / Though I must go, endure not yet/ A breach, but an expansion, / Like gold airy thinness beat."

了。内包和外展在这里合二而一，而且相得益彰。①

不易破裂而可以延展的"黄金"这个意象，恰可比喻"不能忍受破裂"而只能无限"延展"的"灵魂"。退特认为把爱情比作"黄金"是非常得体的。所以新批评诸家都以邓恩这首诗中的"黄金"为成功的意象的范例。

布鲁克斯强调"意义必须从特殊性产生"，说"诗人必须首先通过特殊性的窄门才能合法地进入普遍性"，必须"通过细节的具体化而获得他所能获得的一般意义"；而他所说的"特殊性""细节的具体化"其实都是指意象。所以他在谈特殊性与普遍性的关系时，说的是："对于特殊的意象和陈述语来说，它包含着一个有机联系的原则。"②显然，"特殊的意象"就是"特殊性"。此外，他还强调"诗篇应当使情景得到准确的、真实的戏剧性表现，应当十分忠实于整个的情景"③。要"使情景得到准确的、真实的戏剧性表现"，离不开意象。所以他的《精致的瓮》对那些具体诗篇的阐释，大都属于意象分析。

除了上述三位，罗伯特·潘·沃伦虽然反对那种排斥一切理性概念，仅以具体意象为"诗的成分"的纯诗论，但绝不是轻视意象。如其所说：

> 在意象离开了它原来的所在地而进入一首诗时，它便开始"意指"某种东西了。那种企图从诗中排除概念的努力破坏了我们的存在的统一和我们的经验的统一。④

---

① 艾伦·退特：《论诗的张力》（1937），见赵毅衡编选《"新批评"文集》，天津：百花文艺出版社，2001年，第130–131页。

② 克利安思·布鲁克斯：《反讽——一种结构原则》（1949），见赵毅衡编选《"新批评"文集》，天津：百花文艺出版社，2001年，第377页。

③ 同上，第394页。

④ Robert Penn Warren，"Pure and Impure Poetry"，*The Kenyon Review*，Vol. 5，No. 2（Spring，1943），p.249.

这是反对把意象理解为纯粹的物象，指出诗中的意象已经包含了理性的思想成分。这样的意象是"诗的成分"。

维姆萨特通过对隐喻的分析来论证"具体普遍性"。"具体普遍性"的"具体"性就主要体现于隐喻的喻体，其实就是意象。例如他举华兹华斯的《孤独的收割者》为证：写的是一个姑娘在高原上孤独地割麦，一边劳动一边唱着"有些哀怨"的歌；即使是阿拉伯沙漠中疲惫的旅人偶然听到的夜莺的歌唱，或苏格兰西北赫布里底群岛上布谷鸟的报春的啼叫，也赶不上少女的歌声醉人心迷：

> 姑娘独自在收割，在歌唱，那两只鸟——阿拉伯沙漠的夜莺、赫布里底群岛的杜鹃这三个意象起了平行隐喻的功能，为的是抽象出歌唱中的孤独，遥远和神秘的魅力。

三个具体意象的平行隐喻，抽象出了"孤独，遥远和神秘的魅力"这个难以言表的"具体普遍性"。①

韦勒克在《文学理论》中总结说："诗的语言一般充满意象，由最简单的比喻开始，直至包罗万象的布莱克或叶芝式的神话系统。"②并且他提出："意象和隐喻"是"所有文体风格中可表现诗的最核心的部分"③。

二、意象的构成

意象具有形象性、物象性；但意象并不是纯粹外在的形象、物象，它同时也包含人的内在的思想、情感。意象由这两方面的汇聚构成，这一点

---

① W. K. Wimsatt, "The Concrete Universal", in *The Verbal Icon: Studies in the Meaning of Poetry*, Lexington: University Press of Kentucky, 1954, p.80.

② ［美］勒内·韦勒克·奥斯汀·沃伦：《文学理论》，刘象愚等译，北京：文化艺术出版社，2010年，第16页。

③ 同上，第167页。

新批评诸家都是赞同的。

兰色姆虽然强调意象的物象性、感觉性，但并不否认意象含有内在的思想感情。他在阐释莎士比亚的一首十四行诗时说，莎士比亚在创作这首诗时，心境忧郁、身体欠佳、意志消沉，这些应该成为诗的背景，继而谈到这首诗的核心内容：

> 你问我，我和我的诗出了什么问题。唉，现在是我生命最低落的时候。拿季节来比方（第一个诗节），想想那木叶摇落，秃枝残梗，就算还有几片残叶苦苦支撑，也是枯干黯淡；或者更贴切一些，想想那些鸟儿曾经歌唱其间的枝柯，如今鸟去枝空。拿时辰来比方（第二个诗节），想想日色已尽，夜幕降临的时刻。拿篝火来比方（第三个诗节），想想火势将尽，唯有余烬若灭若明。①

兰色姆认为，第一个隐喻意象最为丰富，三个隐喻所表现的"日暮途穷的惨淡意味"越来越浓。这些阐释从莎士比亚当时的精神状态出发，理解诗中的隐喻意象，而在理解之后又回到了莎士比亚当时的精神状态。三个隐喻意象无不既有感性的物象性，又有理性的精神性。兰色姆的感性的"肌质"本是从理性的"结构"即"立意"转化而来的；在这种转化的过程中，"肌质"自然就包含了"立意"的"意"。

布鲁克斯认为，"特殊的意象"是对"普遍性"的"主题思想"的"间接陈述"，"间接陈述"也是一种"陈述"，也包含了"主题思想"的内涵。所以他也反对机械的形式与内容的二分法，因为按照这种二分法，兼有"意"和"象"的"意象"或者归入形式，或者归入内容，而扭曲了它的既是内容也是形式的基本特征。他说："形式和内容的二分法阻碍了批评"，它的"必然结果是，意象的作用被分割在逻辑功能和修辞功

---

① John Crowe Ransom, *The New Criticism*, Westport: Greenwood Press, 1979, pp.123–124.

能之间"。[①]

退特的张力论、沃伦的反纯诗论、维姆萨特的具体普遍性论，同样也是站在意象的感性与理性有机统一的立场，反对只取一方面或者将两方面割裂。对意象的构成问题，从理论上讲述得最为充分、最为详尽的，是勒内·韦勒克和奥斯汀·沃伦合著的《文学理论》，书中强调：

其一，意象绝不只是"外部世界的图像"。

书中引述了理查兹在1924年版的《文学批评原理》中的一段话，认为其结论今天听来依然是靠得住的：

> 人们总是过分重视意象的感觉性。使意象具有功用的，不是它作为一个意象的生动性，而是它作为一个心理事件与感觉奇特结合的特征。[②]

据此，该书宣称"那些把自己仅仅局限在外部世界的图像中而去尝试写'意象派'或者'物性'诗歌的人没有几个是成功的"，又以美国现代诗人庞德（Ezra Pound）的说法作证："意象不是一种图像式的重现"，而是"一种在瞬间呈现的理智与感情的复杂经验"，是一种"各种根本不同的观念的联合"。[③]

其二，意象暗示某种"内在的"东西。

《文学原理》中提出：

> 视觉的意象是一种感觉或者说知觉，但它也"代表了"、暗示了

---

① Cleanth Brooks, "Criticism, History, and Critical Relativism", in *The Well Wrought Urn: Studies in the Structure of Poetry*, New York: Harcourt, Inc., 1970, p.226.

② ［美］勒内·韦勒克、奥斯汀·沃伦：《文学理论》，刘象愚等译，北京：文化艺术出版社，2010年，第205页。

③ 同上。

某种不可见的东西、某种"内在的"东西。[①]

书中说，看来似乎有两种意象："意象可以作为一种'描述'存在，或者也可以作为一种隐喻存在。"接着进一步分析道："但是，如果意象不作为隐喻，从'心灵的眼睛'看来，可否具有象征性？难道每一种知觉不是选择性的吗？"这就又否定了有完全不作为隐喻、不具有象征性，仅仅作为一种"描述"存在的意象。书中还就此加了一个注："现代心理学表明，'意象'这个术语的这两种意思有重复的部分。我们可以说，每一个自发的心理意象在一定程度上都有象征性。"[②]这就是说，凡进入作者心理的意象，都或多或少，或自觉或不自觉地带有一定的选择性和象征性，即带有"某种内在的东西"。

韦勒克的《文学理论》还参照此前有的学者"按着上行的顺序从最低级排向最高级"，也就是说，从最接近字面的含义排向最有想象力或者印象主义的高度对"诗歌意象"所作的分类，对意象中"外在的东西"与"内在的东西"这两方面做了更深入、更具体的说明。书中说道：

> 从美学上讲，最粗糙的形式是强合的和装饰性的隐喻意象，……从价值上判断，上述两方面的类型都"缺乏必需的'主观'因素"，它经常把一外在的意象与另一个外在的意象联系起来，而不是把"外在的自然界与人的内在世界"联系起来。另外，在装饰性和强合的两种意象中，造成比喻关系的两方面是彼此分离的、固定的、互不渗透的。[③]

"强合的和装饰性的隐喻意象"就是那种纯粹作为修饰语而并无实际意义的隐喻意象，这是"最粗糙的形式"。而它们之所以"最粗糙"，就

---

① ［美］勒内·韦勒克、奥斯汀·沃伦：《文学理论》，刘象愚等译，北京：文化艺术出版社，2010年，第206页。

② 同上。

③ 同上，第223页。

在于它们都"缺乏必需的'主观'因素"，"经常把一外在的意象与另一个外在的意象联系起来，而不是把'外在的自然界与人的内在世界'联系起来"。

书中继续说："最高级的意象是潜沉的、基本的、扩张的三类意象。""潜沉的意象"是指那种潜伏在"视觉之下"，而"不作明确的投射和清楚的呈现"的意象。如莎士比亚《李尔王》中的"成熟"："人必须忍受他们的死亡，正如他们的出生一样；成熟就是一切。"这里的"成熟"是在自然界植物循环的必然性与人的生命循环的必然性之间提出令人思索的类比，而并未明示。"基本的意象"，就是"比喻的各方面仅在它们的根基上会合、在一个看不见的逻辑面上会合"的意象，如邓恩《别离辞：节哀》中的"圆规"。"扩张的意象"就是"寓言和进步思想的意象"，即具有"强烈的感情"和"独创性的沉思"的意象，"比喻的双方都给人的想象以广阔的余地"，它们彼此强烈地"相互作用""相互渗透"。总地说来——

> 这三类意象的共同点就是都具有特别的文学性（即反对图像式的视觉化）、内在性（即隐喻式的思维）、比喻各方浑然一体的融合（即具有旺盛的结合繁殖能力）。[①]

"反对图像式的视觉化"就是不刻意追求外形的逼真——这是图画的特长，文学是做不到的。"隐喻式的思维"就是充分考虑意象的隐喻含义，使之具有丰富的内在性。"具有旺盛的结合繁殖能力"就是指意象的字面意义与隐喻意义浑然一体，妙合无垠。

上面这三类概括了"高级的"、成功的意象的基本准则。中国的王夫之也有类似的看法。他说：

---

① ［美］勒内·韦勒克、奥斯汀·沃伦：《文学理论》，刘象愚等译，北京：文化艺术出版社，2010年，第225页。

> 把定一题、一人、一事、一物，于其上求形模，求比似，求词采，求故事，如钝斧子劈栎柞，皮屑纷霏，何尝动得一丝纹理？以意为主，势次之。势者，意中之神理也。（《夕堂永日绪论·内编》）
>
> "青青河畔草"与"绵绵思远道"何以相因依、相念吐？神理凑合时，自然恰得。（《夕堂永日绪论·内编》）

"把定一题、一人、一事、一物，于其上求形模，求比似"等，就是追求外形的逼真，追求"图像式的视觉化"。这样模拟出来的"意象"永远不能成为隐喻意义的完美载体，故谓"何尝动得一丝纹理？"而"以意为主，势次之。势者，意中之神理也"云云，说的就是"隐喻式的思维"。"意"与"象"之间那种"相因依、相念吐"的"浑然一体的融合"，正是这种"神理凑合"的"隐喻式的思维"的结果。王夫之的这些言论与韦勒克的上述言论，虽然说法完全不同，但含义却很亲近，正可谓"貌离而神合"。

其三，意象是内、外两方面的"汇聚"。

对于新批评的诗学来说，这一点关系到他们的诗学主线，即感性与理性的统一，所以韦勒克特别强调。例如他说：

> 意象、隐喻、象征、神话，代表了两条线的汇聚，这两条线对于诗歌理论都是重要的。一条是诉诸感官的个别性的方式，或者说诉诸感官的和审美的连续统一体，它把诗歌与音乐和绘画联系起来，再把诗歌与哲学和科学分开；另一条线是"比喻"或称"转义"这类"间接地"表述方式，它一般是使用换喻和隐喻，在一定程度上比拟人事，把人事的一般表述转换成其他的说法，从而赋予诗歌以精确的主题。……诗歌不是一个单一的符号系统表述的抽象体系，它的每个词既是一个符号，又表现一件事物，这些词的使用方式在除诗之外的其他体系中是没有过的。①

---

① ［美］勒内·韦勒克、奥斯汀·沃伦：《文学理论》，刘象愚等译，北京：文化艺术出版社，2010年，第203–204页。

这里是把意象同其他同类概念放在一起谈的。"两条线"，既是指"外在的"与"内在的"，也是指"感性的"与"理性的"。在新批评派看来，这是一回事。"两条线的汇聚"，也既是指"外在的"物象与"内在的"心理的"汇聚"，也是指感性与理性的汇聚。这里主要是谈后一种"汇聚"。每个词既是一个抽象的语言符号，又是一个具体的物象符号。显然"意象"就是如此。诗就是由这两种符号构成的，所以说"这些词的使用方式在除诗之外的其他体系中是没有过的"。

这个问题实际上也是"形式"与"内容"的问题。所以韦勒克又说：

> 所有这四个术语使我们注意到文学作品的各个方面，它们把过去分割的"形式"与"内容"准确地沟通并联系在一起。这些术语具有两个方面的意义：一方面，它们把诗歌拉向"外在图像"和"世界"；另一方面，又把诗歌拉向宗教和"世界观"。[①]

按照新批评派的理论逻辑，意象的"意"是心理的、内在的，属于理性，属于内容；意象的"象"是物体的、外在的，属于感性，属于形式。所以将"意"与"象"合而为一的"意象"，就成为所有这些对立的两方面的统一，或者说是所有这些对立的两方面的统一的基石。

三、意象的意义

新批评诗学认为，意象对于诗具有重要的意义。

韦勒克等的《文学理论》在讲"扩张的隐喻"的时候，举了莎士比亚的《麦克白》（William Shakespeare，*Macbeth*）中的几句诗作例：

---

① ［美］勒内·韦勒克、奥斯汀·沃伦：《文学理论》，刘象愚等译，北京：文化艺术出版社，2010年，第212–213页。

> 日光阴暗下来，那乌鸦
>
> 振翅飞返鸦林：
>
> 白昼美好的事物开始垂下头、打盹。①

接着进行了详细分析：

> 在《麦克白》这几行诗中，莎士比亚给了我们一种"隐喻的罪恶背景"，这就形成了一个扩张的隐喻，它把黑夜与恶魔般的罪恶、日光与美好的事物平行类比，尽管不是以明显的方式比喻，而是以暗示性的、诉诸感官的个别具体意象来表达的："日光阴暗下来"；事物"低下头、打盹"。在"白昼美好的事物开始垂下头、打盹"一句中，诗意的朦胧与诗意的具体会合了。句中的主语和谓语翻来覆去相互作用：如果从动词开始，我们就会问，什么样的事物——鸟、动物、人、花垂下头、打盹呢？然后，注意到主语的抽象性，我们就会问，垂下头、打盹是否隐喻着"不再保持警惕"，"在罪恶的力量面前怯懦地畏缩呢"？②

莎士比亚的这几句诗，以夜幕降临时分的一些"具体意象"沉重地暗示了一桩严重的罪恶事件将要发生。"日光阴暗下来""白昼美好的事物开始垂下头、打盹"，这些意象既符合自然景物的真实，又有强烈的隐喻含义，而且使人产生丰富的想象，很好地实现了"诗意的朦胧与诗意的具体"的会合。这种氛围，这种感受，就是这些具体意象所产生的艺术效果。

布鲁克斯的《精致的瓮》在分析《克里娜去五朔节》（Robert Herrick,

---

① 诗句原文为："Light thickens, and the crow / Makes wing to the rooky wood: / Good things of the day begin to droop and drowse."

② ［美］勒内·韦勒克、奥斯汀·沃伦：《文学理论》，刘象愚等译，北京：文化艺术出版社，2010年，第227–228页。

Corinna's Going A-Maying）这首诗的时候，对其中"朝露"这个意象也发表了详细的议论。这首诗多次写到朝露，诸如"晶莹的露珠挂在树梢枝头，洒落在青青草丛间"①，"来吧，去采集来自夜晚的映着晨光的露珠"②，等等。布鲁克斯说：

> 诗人事实上让诗的前两小节充斥着朝露的意象。滴滴朝露成为春天、黎明和情人们青春的象征。朝露是大自然馈赠的礼物，挂在树梢枝头，晶莹闪亮；它们在早晨的霞光里晶莹耀眼，宛似珍贵的珠宝；它们是最适于少女们的装饰品；但是它们不会长久——克里娜必须抓紧时间，如果她还想去享受这大自然的珠宝的话。这样，在这首诗的语境中，朝露成为寓意丰富而深远的象征，而这种意义不是在任何一本辞典上可以找到的。③

的确，朝露的自然、晶莹和短暂，在这里都蕴含了深长的意味。它将伴随青春少女克里娜去参加一个民间的自由欢快的节日。它代表了这位青春少女的美好的现在，又预示了她的可以想见的未来。种种难以尽言的意味，似乎都随着闪亮的朝露闪现出来。作为意象的"朝露"绝不同于作为语词的"朝露"；而作为意象的"朝露"才能成为"寓意丰富而深远的象征"。接着布鲁克斯郑重宣布："重申一遍，求助于辞典不能赋予我们诗歌所蕴含的这种有力的'第二意义'。"④"第二意义"就是"言外之意"，即人们只有在优秀的诗歌中才能享受到的"诗意"。

以上例子突出地表明，意象是诗的"言外之意"，即诗的基本载体，

---

① 诗句原文为："The Dew bespangling Herbe and Tree."

② 诗句原文为："Come, and receive them while the light /Hangs on the Dew-locks of the night."

③ Cleanth Brooks，"What Does Poetry Communicate?"，in *The Well Wrought Urn: Studies in the Structure of Poetry*，New York：Harcourt，Inc.，1970，p.73.

④ Ibid.，p.74.

是诗意生成的艺术细胞。

四、两种近似的意象论

中国诗学也有自己的意象论。中国诗学与新批评两种意象论虽然理论面貌完全不同，在精神实质上却有不少重要的相通、相似之处。

中国的意象论可谓源远流长，而且是诗学体系中的重要一环。先秦时期的《周易·系辞上》，就提出了这样的说法：

> 天垂象，见吉凶，圣人象之。
>
> 子曰："书不尽言，言不尽意。"然则圣人之意其不可见乎？子曰："圣人立象以尽意，设卦以尽情伪，系辞焉以尽其言。"

这里所说的"象"是指自然界的天象和圣人拟诸其形容的卦象，"意"是指吉凶祸福的天意和圣人之意，当然圣人之意也就是圣人体察到的天意。这里提出了达"意"的两重符号系统，即"言"与"象"；而且确定了这两重符号系统之间的关系，即"言"以明"象"，"象"以显"意"。应该说，《周易》上的这些言论已经确立了一种明确的"意象"观念。因此，这些言论虽然并不是专论文艺，却为后来诗学理论的"意象论"奠定了的坚实的基础。

《周易》之后，东汉的王充开始把"意"与"象"缀合为"意象"一词。其所著《论衡·乱龙》云：

> 天子射熊，诸侯射麋，卿大夫射虎豹，士射鹿豕，示服猛也。名布为侯，示射无道诸侯也。夫画布为熊麋之象，名布为侯，礼贵意象，示义取名也。

这里的"象"是指画在布上的物或人的图像。"射杀"这些图像表示某种意愿，作为一种礼仪，故云"礼贵意象"。

魏晋南北朝，是玄学盛行的时期，也是"文的自觉"时期。玄学家们围绕《易传》中提出的言、象、意的关系进行了热烈的讨论。如王弼提出：

> 夫象者，出意者也；言者，明象者也。尽意莫若象，尽象莫若言。言生于象，故可寻言以定象；象生于意，故可寻象以观意。意以象尽，象以言著。故言者，所以明象，得象而忘言；象者，所以存意，得意而忘象。（《周易略例·明象》）

此即"言尽意论"。而荀粲认为：

> 理之微者，非物象之所举也。今称"立象以尽意"，此非通于象外者也；系辞焉以尽言，此非言乎系表者也。斯则象外之意，系表之言，固蕴而不出矣。（见《三国志·魏书·荀恽传》裴松之注引《晋阳秋》）

这些讨论大大促进了"意象论"的发展。如"得意忘象""得象忘言""象不尽意""意在象外"等提法，都直接进入了文艺理论。

随之诞生了中国古代第一篇专论文学创作的论文，即西晋陆机的名文《文赋》。《文赋》论文学创作，就是围绕言、象、意三者的关系展开的。文章开篇即云：

> 余每观才士之所作，窃有以得其用心。夫放言遣辞，良多变矣。妍蚩好恶，可得而言。每自属文，尤见其情。恒患意不称物，文不逮意。盖非知之难，能之难也。

"每观才士之所作，窃有以得其用心"是研究他人的创作经验。"每自属文，尤见其情"是自己的创作体会。无论他人的创作经验还是自己的创作体会，都表明文学创作之难，就难在"意不称物，文不逮意"。物就是象，文就是言。在陆机看来，如何处理好文、物、意，即言、象、意的关系，是文学创作的中心问题。

至南北朝，刘勰的《文心雕龙》在文学的意义上提出了"意象"的概念，标志了作为艺文理论的"意象论"的诞生。《文心雕龙》专论创作构思的《神思》篇，把文学创作归结为：

> 使玄解之宰，寻声律而定墨；独照之匠，窥意象而运斤。

"声律"与"意象"成了文学作品的两大审美要素，"寻声律而定墨"与"窥意象而运斤"也就成了文学创作的两大基本任务。"意"是指作家的心意，"象"是指同这种心意结合着的物象。故这段话标志着文艺学领域"意象论"的正式诞生。

南北朝之后，论"意象"者代不乏人，意象论也扩展到诗、文、书、画等整个艺术领域。如传唐代王昌龄《诗格》："久用精思，未契意象。"司空图《二十四诗品·缜密》："意象欲生，造化已奇。"明代李日华《竹嫩画滕·与张甥伯论团扇图》："大都画法以布置意象为第一。"

中国诗学意象论的形成发展的历史过程，固然与新批评全然无涉，但如进而考察它的思想内容、理论要点，那就是另一种景象了。

首先，关于意象的构成，中国古代"意象"一词的本义就是"立象以尽意"，所以一开始就强调内在的"意"与外在的"象"的结合。这一点与新批评几乎完全一致。

明人何景明有云：

> 意象应曰合，意象乖曰离，是故乾坤之卦，体天地之撰，意象尽矣。（《与李空同论诗书》）

何氏此语，本为批评同代李梦阳于诗"独取杀直，而并弃要眇"，故无以"穷极至妙，感情饰听"，即直肆言"意"而非寓"意"于"象"，故少言外之意，无含蓄蕴藉之美。所以何氏引《周易》为典，强调"意"与"象"的相应相合。有人又强调，这种应合不能是有意的安排，而必须出之于自然。清人王夫之评曹操《秋胡行》云：

> 当其始唱，不谋其中；言之已中，不知所毕；已毕之余，波澜合一。然后知始以此始，中以此中。此古人天文斐蔚、夭矫引伸之妙。盖意伏象外，随所至而与俱流，虽令寻行墨者不测其绪。（《古诗评选》卷一）

"天文斐蔚、夭矫引伸之妙"，就是随意见象、随象生意的意象浑融、天然契合之妙。人在世界之中，意由象生，象因意著，二者本是自然联系着的。任其自然，"意伏象外，随所至而与俱流"，自会有意象浑融、天然契合之妙。这里，王夫之所说的"意伏象外，随所至而与俱流"，其实就是韦勒克所说的"隐喻式的思维"。而此种意象浑融、天然契合的境界，绝非寻行数墨，有意搭配者所能臻至。李东阳评杜甫"乐意相关禽对语，生香不断树交花"两句诗，谓"论者以为至妙，予不能辨，但恨其意象太著耳"（《怀麓堂诗话》）。"意象太著"就是指意与象的结合不够浑融、自然，有刻意求巧、人为雕琢的痕迹。这可以说是从反面阐述了王夫之的意思。明人陆时雍又云：

> 《三百篇》赋物陈情，皆其然而不必然之词，所以意广象圆，机灵而感捷也。（《诗镜总论》）

"其然而不必然"，就是自然而然。"意广象圆"一语，可谓精炼之至。"广"即广远无尽，"圆"即圆融自然。"意广"而"象圆"，自是最成功的"意象"；充满这样的"意象"，自是最优秀的诗篇。这就又返回经典，以无意作诗而成为诗之典范的《诗经》为证，表达了王夫之"意伏象外，随所至而与俱流"的自然妙合之论。

总之，"意象"既是情感化、心灵化了的物象，也是物态化、形象化了的情感；故必须"意"与"象"二者兼具，并结合得浑融无际。这是中国诗学对"意象"的结构的基本要求。从上述新批评的"意象论"来看，可以肯定他们当并无异议。

其次，关于意象的意义，中国诗学认为，没有意象，诗就没有"余味"，就不会动人，也就不成其为真正的诗。

明代王廷相的下面这段话最具代表性：

> 夫诗贵意象透莹，不喜事实粘着。古谓水中之月，镜中之影，难以实求是也。……嗟乎！言征实则寡余味也，情直致而难动物也，故示以意象，使人思而咀之，感而契之，邈则深矣。此诗之大致也。（《与郭价夫学士论诗书》）

所云"水中之月，镜中之影"原是佛家语，比喻佛理之只可意会而不可拘执。用以论诗，就是强调诗应有"不涉理路，不落言筌"的含蓄蕴藉之美。此前南宋诗论家严羽在提倡"不涉理路，不落言筌"的时候，就是这样说的："盛唐诗人惟在兴趣，羚羊挂角，无迹可求。故其妙处透彻玲珑，不可凑泊，如空中之音，相中之色，水中之月，镜中之象，言有尽而意无穷。"（《沧浪诗话·诗辨》）但王廷相这里，主要不是提倡"水中之月，镜中之影"般的含蓄蕴藉之美，而是论述怎样才能创造这样的美。刻意于描摹外在的景物，或者直肆地表白内在的感情，都不会有"余味"，即言外之意，也不会"动物"，即动人。只有"示以意象"，才能产生深微悠远的言外之意，使人"思而咀之，感而契之"，获得"余味"无穷的审美体验，所谓"邈则深矣"。这就是意象的意义。

汉高祖刘邦作有《大风歌》一首。诗仅三句："大风起兮云飞扬，威加海内兮归故乡，安得猛士兮守四方。"汉武帝刘彻作有《秋风辞》一首，也不长，里面有"秋风起兮白云飞，草木黄落兮雁南归"，"欢乐极兮哀情多，少壮几时兮奈老何"等语。明代胡应麟评曰：

> 《大风》千秋气概之祖，《秋风》百代情致之宗，虽词语寂寥，而意象靡尽。（《诗薮·内编》卷三）

"寂寥"指稀少；韩愈《送权秀才序》有"寂寥乎短章，春容乎大篇"。"靡尽"即无尽。这两首诗，若仅言"威加海内兮归故乡，安得猛士兮守四方"，"欢乐极兮哀情多，少壮几时兮奈老何"，虽似亦有"气概"，亦含"情致"，却显然缺少诗意，即所谓言征实则寡余味也，情直致而难动物也"。而当这种"气概"和"情致"分别与"大风起兮云飞扬""秋风起兮白云飞，草木黄落兮雁南归"这样的自然景物融合起来，结为"意象"之后，就产生了诗的效果，令人"思而咀之，感而契之"了。这两首诗也成了胡应麟所说的"千秋气概之祖"和"百代情致之宗"。

唐代温庭筠的诗《商山早行》中有"鸡声茅店月，人迹板桥霜"两句，宋人梅尧臣许以为"含不尽之意见于言外"的范例，曰"道路辛苦，羁旅愁思，岂不见于言外乎？"（见欧阳修《六一诗话》）明代李东阳又就此做了补充说明：

> 人但知其能道羁愁野况于言意之表，不知二句中不用一二闲字，止提掇出紧关物色字样，而音韵铿锵，意象具足，始为难得。（《怀麓堂诗话》）

所谓"含不尽之意见于言外""道羁愁野况于言意之表"，就是指具有深切的言外之意。而李东阳进一步强调，这两句诗之所以具有这样深切的言外之意，就在于能够"提掇出紧关物色"，以为"意象"。的确如此！温庭筠那两句诗没有一个"闲"字，就是"提掇出"了鸡声、茅店、月、人迹、板桥、霜这样几个"紧关物色"以为"意象"。试想：如果没有这些意象，怎么能够"道羁愁野况于言意之表"，具有"道路辛苦，羁旅愁思"的言外之意？而有了这些意象，那种"羁愁野况""道路辛苦，羁旅愁思"还需要用其他什么"言"来"表"吗？

前面讲新批评的意象论的时候说过，意象是诗的"言外之意"，即诗意的基本载体，是诗意生成的艺术细胞。在这里，即在中国诗学的意象论里，意象岂不同样具有这样的意义？

此外，由于新批评的意象论与中国的意象论都强调"意象"不是单纯的物象，而是"内在的"心意与"外在的"物象的统一，所以双方都反对刻意于事物外形的描摹。用韦勒克的话来说，就是"反对图像式的视觉化"；用王夫之的话来说，就是反对"把定一题、一人、一事、一物，于其上求形模，求比似"。中国古代甚至因此提出，意象虽似逼真，却并不是外界实有的物象，而是艺术家的创造。司空图曰"是有真迹，如不可知，意象欲出，造化已奇"（《二十四诗品·缜密》），说的就是这个意思。意象真切地呈现在眼前，故谓之"是有真迹，如不可知"；但这真切呈现在眼前的东西又不是自然物本来的样子，故谓之"意象欲出，造化已奇"。清代恽格更突出地强调了意象的主观创造性：

> 一草一木，一邱一壑，皆灵想之所创辟，总非人间所有。其意象在六合之表，荣落在四时之外。（《南田画跋》）

草木丘壑，皆世界之所实有；而进入画中的草木丘壑，又出自画家的心灵。自后一方面言之，就是"非人间所有"，"在六合之表"了。

二者也有相异之处。最显著的一个区别在于：新批评的"意象论"与"隐喻论"相联，意象大都是隐喻的产物，是隐喻的喻体，所以注重"意"与"象"的人为组合；而中国的意象论是同"比兴说"相联的，且主要是"兴"的产物，所以强调"意"与"象"的自然感发。无论如何，如果要在新批评诗学与中国诗学间寻找一个含义最为接近的概念，或者说寻找一个最显著的"汇通点"，那就莫过于"意象"了。

第四节　新批评诗学的"言意之辨"

上面围绕语境、隐喻和意象这三个范畴，阐述了新批评的诗歌语义学的大致内容。下面将讨论新批评诗歌语义学的中心议题。

对于这个问题，布鲁克斯的这句话可以认为是一种概括："诗人必须考虑的不仅仅是经验的复杂性，而且还有语言之难制性。"[①]从布鲁克斯及其他新批评成员的言论看来，这个"经验的复杂性"与"语言之难制性"之间的矛盾，就是他们的诗歌语义学所要解决的主要问题。而"经验"是他们所公认的诗要表达的"意"，"语言"当然就是"言"。因此，这个"经验的复杂性"与"语言之难制性"的问题，用一个中国诗学的题目来概括，那就是"言意之辨"。

细思语境、隐喻和意象，皆是为了解决"言"与"意"，即"言内之意"与"言外之意"的关系问题，皆是为了阐明"言外之意"的生成机制，只是从三个不同的层次着眼而已：语境是着眼于作品全篇，隐喻是着眼于语言表达方法，意象则是着眼于"喻体"这个具有关键意义的词语。

因此，这里就以"言意之辨"为题，对新批评的诗歌语义学以及他们在谈结构问题时有关语义的论述，作一个综合概括。

一、诗贵有言外之意

"诗无言外之意，便同嚼蜡。"[②]这是中国清代诗学家袁枚的话。新

---

①　William K. Wimsatt and Cleanth Brooks，*Literary Criticism*，*A Short History*，New York：Alfred A. Knopf，1957，p.673.

②　袁枚：《随园诗话》卷四，北京：人民文学出版社，1982年，第41页。

批评理论也存在类似的意思。他们认为诗歌不同于其他文体的独特的"意义结构"，就在于一般字面意义之外，还具有辞典中没有，也不可能有的"第二意义"。这个"第二意义"就是"言外之意"。

1.语义非诗意

新批评十分强调诗歌语言与其他文体语言，主要是科学理论语言的重大差别，这可以说是他们的诗歌语义学的起点。在这方面，克利安思·布鲁克斯的论述最为充分。他说，科学理论语言必须严格遵守辞典上的定义，而诗歌语言则恰好相反："科学的趋势必须是使其用语稳定，把它们冻结在严格的外延之中；诗人的趋势恰好相反，是破坏性的，他用的词不断地在互相修饰，从而互相破坏彼此的词典意义。"[①]他又说，科学理论语言应该一词一义，而诗歌语言则往往一词多义："从推理上考虑，理想的语言应该是一词一义，并且词和义之间的关系也应该是稳定的。但诗人使用的词却必须包孕各种意义，不是不连续的意义碎片，而是有潜在意义能力的词，即意义的网络或意义的集束。"[②]他还指出，科学理论语言不受语境的影响，而诗歌语言则必须承担语境的压力："科学的术语是抽象的符号，它们不会在语境的压力下改变意义。它们是纯粹的（或者说渴望它们是纯粹的）语义；它们是事先就被限定好的。它们不会被歪曲到新的语义之中。可是哪儿有能包含一首诗的用语的辞典呢？"[③] "诗篇从来不包含抽象的陈述语。那即是说，诗篇中的任何'陈述语'都得承担语境的压力，……它们的关联，它们的合适性，它们的修辞力量，甚至它们的意义都离不开它们所植基的语境。"[④]总之——

---

① Cleanth Brooks，"The Language of Paradox"，in *The Well Wrought Urn: Studies in the Structure of Poetry*，New York：Harcourt，Inc.，1970，p.9.

② Cleanth Brooks，"The Heresy of Paraphrase"，in *The Well Wrought Urn: Studies in the Structure of Poetry*，New York：Harcourt，Inc.，1970，p.210.

③ Ibid.

④ 克利安思·布鲁克斯：《反讽——一种结构原则》（1949），见赵毅衡编选《"新批评"文集》，天津：百花文艺出版社，2001年，第380-381页。

我们永远不能用科学的或哲学的尺码衡量一首诗，因为当你把诗放到这种尺码上衡量时，那首诗永远不会是一首"完全的诗"，只不过是从那首诗中抽出来的抽象概念而已。[①]

显然，所有这些言论都是强调：对于科学理论文章来说，语义即文意，意已尽于言中；而对于诗歌来说，语义并非诗意，真正的诗意乃在言外。

那么，诗歌语言何以必须如此？新批评诗学家们认识到，这是由诗所要表达的主题与诗所使用的工具，即语言之间的矛盾所决定的。布鲁克斯即明言："一首纯正的诗篇的主题，并非抽象概念——即是说，并非一个人从有关的特殊经验中概括出来的东西"，而是"我们生活着的真实的一部分"；它"应当使情景得到准确的、真实的戏剧性表现，应当十分忠实于整个的情景"[②]。而"辞典"上的语言不能完成这样的任务，如他在谈"悖论"时所说，"即使是表面上简明直接的诗人也因其工具的性质而被迫使用悖论"[③]。把这个问题说得更清楚的，是维姆萨特。他说：

> 每种用词语构成的描写，只要它是一种直接的描写（谷仓是红的、方的），就是一种一般化。这是词语的性质所决定的。词语所携带的不是个体，而只是或多或少特殊的一般化，……永远也没法声称有词语的特殊性、个别性，……[④]

---

① Cleanth Brooks, "The Heresy of Paraphrase", in *The Well Wrought Urn: Studies in the Structure of Poetry*, New York: Harcourt, Inc., 1970, p.202.

② 克利安思·布鲁克斯：《反讽——一种结构原则》（1949），见赵毅衡编选《"新批评"文集》，天津：百花文艺出版社，2001年，第394页。

③ Cleanth Brooks, "The Language of Paradox", in *The Well Wrought Urn: Studies in the Structure of Poetry*, New York: Harcourt, Inc., 1970, p.10.

④ W. K. Wimsatt, "The Concrete Universal", in *The Verbal Icon: Studies in the Meaning of Poetry*, Lexington: University Press of Kentucky, 1954, p.75.

这里所说的"词语的性质"就是布鲁克斯所说的"工具的性质"。他们的意思都是说，诗的主题具有而且必须具有特殊性、具体性，而诗所使用的语言工具却是一般的。一般化的语言"工具"如何能表达具有特殊性的诗的"主题"？用中国诗学的话来说，这就叫"言不尽意"。

2.诗人必须"创造自己的语言"

一般化的语言工具不能表达特殊性的诗的主题，而诗又不能不使用语言这种工具，那么怎么办？新批评提出：诗人必须"创造自己的语言"。① "创造自己的语言"就是创造性地运用隐喻、悖论、反讽之类的语言手法，而所有这些语言手法实际上都是为了超越"言内之意"，追求"言外之意"。用中国诗学的语言来说，就是"言在于此，而意寄于彼"（罗大经《鹤林玉露》乙编卷四）。

布鲁克斯引证理查兹的话为据：

> 诗人必须运用类比来写作，正如I. A.理查兹指出的，所有微妙的情绪状态只有隐喻才能表达。②

任何"微妙的情绪状态"都是既内在又具体而特殊的，因而都是无法用一般化的辞典语言来表达的。只有借助于隐喻，即借助于某种艾略特之所谓"客观对应物"来表达。这些说法使我们想起了王夫之的一句话："以写景之心理言情，则身心中独喻之微轻安拈出。"（《夕堂永日绪论·内编》）"微妙的情绪状态"岂不就是"身心中独喻之微"？那么"以写景之心理言情"也就是借助于某种"客观对应物"了。

在隐喻的基础上，布鲁克斯又提出了"悖论"和"反讽"两个概念。

---

① Cleanth Brooks, "The Language of Paradox", in *The Well Wrought Urn: Studies in the Structure of Poetry*, New York: Harcourt, Inc., 1970, p.9.

② Ibid.

他说："诗的语言是悖论语言。"[1]作为修辞学概念，悖论的本义是指一个陈述语表面上不合理，而实际上合理，如"鸟鸣山更幽"就是。这实际上也就是强调，诗的语言必须具有与言内之意不同的言外之意。

关于悖论，布鲁克斯还有一段话值得注意。他强调：

我们的偏见强迫我们把悖论看作是智力性的，而不是情绪性的；清晰的，而不是深沉的；理性的，而不是神圣地非理性的。[2]

这表明，布鲁克斯在改变"悖论"这个词的语义的同时，也就改变了这个词的语义性质。"悖论"一词通常是用来评论说理议论之言的，因而是智力性的、清晰的、理性的。当布鲁克斯把悖论同隐喻联系起来，用于"诗人的语言"的时候，这个词也就相应地变为情绪性的、深沉的、神圣地非理性的了。简言之，就是从说理性的变成了抒情性的。就布鲁克斯对悖论的新解及"诗人的语言"普遍情况而论，也确实如此。与此相关，布鲁克斯"坚持诗的基本结构是不合逻辑的"[3]。

且举两个我国隐喻的例子。一个是："不知细叶谁裁出，二月春风似剪刀。"（贺知章《咏柳》）"春风"与"剪刀"差异多大，怎么能"似"？但春风吹出的那一片片精细的柳叶，恰似一只无形的巧手用剪刀精心裁出的一般，似不合理又很合理；而面对大自然这一鬼斧神工的杰作，诗人的欣喜、惊叹之情亦随之溢于言表。这是一个极富想象力和创造性的隐喻，也很合乎布鲁克斯所说的"悖论"。另一个是："逝者如斯夫，不舍昼夜！"（《论语·子罕》）字面上是说川水奔流不息的状态，实际上是喻人锲而不舍的精神。按布鲁克斯的看法，以水喻人似不合理，

---

①　Cleanth Brooks，"The Language of Paradox"，in *The Well Wrought Urn: Studies in the Structure of Poetry*，New York：Harcourt, Inc.，1970, p.3.

②　Ibid.

③　Cleanth Brooks，"The Heresy of Paraphrase"，in *The Well Wrought Urn: Studies in the Structure of Poetry*，New York：Harcourt, Inc.，1970, p.211.

而奔流不息与锲而不舍又确乎相通，故而也是悖论。而且，前一个例子显然带有很强的感情色彩，后一个例子也不是一般的陈述，而是一种深沉的感叹：都不是纯粹"智力性的"。

"反讽"本来是指表面的陈述与隐含的真意正好相反，即说反话。但布鲁克斯大大扩展了这个词的含义，只要字面意义与实际所指存在差别，他就一律视为"反讽"。按照他的意思举一个中国的例子：《诗经·小雅·北山》中的"率土之滨，莫非王臣"，孟子解释说，这两句话在这首诗中的意思，不是说舜既然当了天子，他的爸爸就也应向其称臣，而是说"劳于王事而不得养父母也"。只不过是一种情绪的表达，犹如说"此莫非王事，我独贤劳也"（《孟子·万章上》）。这里没有任何反讽的意味，但按照布鲁克斯的定义，这就是"反讽"。

无论"悖论"还是"反讽"，以及这两个概念所依附的"隐喻"，实际上都是指同一个词语而具有"言内"与"言外"两种不同的含义。布鲁克斯所谓的"诗人必须用隐喻写作"[1]，"诗的语言是悖论语言"[2]，"反讽"是"可以用来指出诗歌的一个普遍而重要的方面"[3]的"唯一词汇"，三句话实质上就是一句话：诗的语言必须具有言外之意。

3. "第二意义"

于是布鲁克斯提出了"第二意义"。前文已提及，这是他在评论赫里克的《克里娜去五朔节》的时候说的。这首诗多次写到"朝露"，其第一意义即字面义是早晨的露水，但是通过语境的压力，就能获得各种丰富的"第二意义"[4]。布鲁克斯详细阐释了朝露的象征意义，具体而微地体现了新批评的"文本细读"的特色，虽然没有出现悖论、反讽之类的理论术

---

[1] Cleanth Brooks, "The Language of Paradox", in *The Well Wrought Urn: Studies in the Structure of Poetry*, New York: Harcourt, Inc., 1970, p.9.

[2] Ibid., p.3.

[3] 克利安思·布鲁克斯：《反讽——一种结构原则》（1949），见赵毅衡编选《"新批评"文集》，天津：百花文艺出版社，2001年，第381页。

[4] Cleanth Brooks, "What Does Poetry?", in *The Well Wrought Urn: Studies in the Structure of Poetry*, New York: Harcourt, Inc., 1970, p.74.

语，但把朝露称为"春天、黎明和情人们青春的象征"，就是把朝露当作一个隐喻，此外还突出了"语境"的作用，因此隐喻、悖论、反讽之义实际上均已渗透其中。"第二意义"论是布鲁克斯诗歌"言意论"的精髓和总结。

4.中国诗学论"言外之意"

中国诗歌理论诞生之初，就开始关注言外之意了。前述孟子的"是诗也，非是之谓也；劳于王事而不得养父母也"，说的就是"率土之滨，莫非王臣"的言外之意。如果说这还只是就个别诗篇而论，那么刘勰提倡"辞约而旨丰，事近而喻远"的"余味"（《文心雕龙·宗经》），就是从一般理论上提倡言外之意了。而同时代钟嵘的"文已尽而意有余"，"使味之者无极，闻之者动心"（《诗品·序》）云云，则已近于标举言外之意的宣言了。后世如宋代梅尧臣的"含不尽之意见于言外"（见欧阳修《六一诗话》），明代李开先的"音彻卧中，兴发醉后，而诗意有出言外者"（《水风卧吟楼记》），都是对这种观点的有力重申。至清人袁枚宣称"诗无言外之意，便同嚼蜡"（《随园诗话》卷二），则可视为这种观点的盖棺之论。可以说，在强调诗必须有言外之意这一点上，新批评诗学与中国传统诗学是遥相呼应的。

还有，提倡言外之意，必然而且主要就是反对以意尽于言内的说理议论为诗。布鲁克斯明确反对"把诗当作一种理性陈述"[1]，指出"直接陈述语导向抽象化，它威胁着要我们离开诗歌"[2]。同样，中国诗学也把以说理议论视为为诗的"理障"。严羽《沧浪诗话》的名言，就是"诗有别趣，非关理也"（《诗辨》）。他还把"以文字为诗，以议论为诗，以才学为诗"视为诗歌史上的一大"不幸"（同上）。王夫之更屡次宣布："议论入诗，自成背戾。"（《古诗评选》卷四）"议论立而无诗"（同

---

[1]　Cleanth Brooks，"The Heresy of Paraphrase"，in *The Well Wrought Urn: Studies in the Structure of Poetry*，New York：Harcourt，Inc.，1970，p.211.

[2]　克利安思·布鲁克斯：《反讽——一种结构原则》（1949），见赵毅衡编选《"新批评"文集》，天津：百花文艺出版社，2001年，第377页。

上）。对于肇自中唐的那股以理为诗之风，他毫不客气地批评道："唐宋人于理求奇，有议论而无歌咏，则胡不废诗而著论辨也？"（《古诗评选》卷五）而且，他还对"诗言志""以意为主"这两个中国诗学中的传统说法进行了澄清：

> 诗之深远广大，与夫舍旧趋新也，俱不在意。唐人以意为古诗，宋人以意为律诗、绝句，而诗遂亡。如以意，则直须赞《易》、陈《书》，无待《诗》也。（《明诗评选》卷八）
>
> 故知以意为主之说，真腐儒也。"诗言志"，岂志即诗乎？（《古诗评选》卷四）

这并不是否定"诗言志"和"以意为主"之说。"以意为主"的话，王夫之自己也说过不止一次。但是如果对这类说法不能正确理解，以为"言志"就是宣布志向，"以意为主"的"意"就是主题思想，也会走向抽象化、概念化的道路。王夫之的这些言论与布鲁克斯的"释义误说"颇有相通之处，其所谓"意"就是"释义误说"的"义"。

二、言内之意与言外之意

诗必须有言外之意，但言外之意又必须通过言内之意来表达。如果说布鲁克斯为了划清诗歌语言与非诗歌语言的界限，着重强调言外之意与言内之意的区别的话，那么退特则在"外延"与"内涵"的名义下，把诗的言内之意与言外之意联系起来，分析了诗歌的"言内之意"与"言外之意"的关系，强调二者应该结成一个有机的整体。

退特的张力论，论的就是言内之意与言外之意的关系。周珏良在《对新批评派的再思考》一文中有一条注释：

> Tension一字，是把逻辑名词extension（外延）和intension（内

包）去掉前缀ex－和in－而成，意为两者的结合；姑且译为"包延"。此外也可以把它了解为诗的本义（literal meaning）和比喻意义（metaphorical meaning）的结合。[①]

这里所说的"诗的本义"就是指诗的言内之意，"比喻意义"当然是指诗的言外之意。Tension一词一般译为"张力"，这里译作"包延"。究竟哪种译法更为恰当，这里暂且不论；但退特的张力论之所论，的确就是诗的言内之意与言外之意的关系问题，而不是任何其他问题。

关于"外延"与"内涵"，即言内之意与言外之意的关系，退特强调二者的有机统一。这是《论诗的张力》一文的主旨。他以但丁《神曲》（Dante Alighieri, *Divina Commedia*）中的三行诗作为他的张力论的典范例证："我诞生的城市坐落在海边，那里波河流下来，同跟随它的支流平静地汇流到一起。"退特说："虽然弗兰齐斯卡用尽可能直接描述的语言告诉但丁她住的地方，但她告诉他的东西还有更多言外之意。对明确指出的自然环境毫无强加的斧凿痕迹，她同她诞生的地方波河溶化为一体了。"[②]字面意义与隐喻意义、言内之意与言外之意，结合得天衣无缝，浑然一体。用中国诗学的语言来概括，可以说是"意伏象外，随所至而与俱流"（王夫之《古诗评选》卷一）。

退特的张力论要求"外延"精当地引向"内涵"，也就是"字面表述的外延"精当地引出"深远的比喻意义"，表现了对"外延"即"言内之意"的高度重视。这是很有道理的。言内之意与言外之意的关系，其实就是诗之言与诗之意的关系。虽云"言不尽意"，但诗又只能以言尽意。虽云"言有尽而意无穷"，但无穷之意又必须蕴含于有尽之言中。没有创造性的精当的"言"，哪儿会有深微的"言外之意"？欲表达言外之意，

---

① 周珏良：《周珏良选集》（"北京外国语大学70周年校庆学术成果"系列），北京：外语教学与研究出版社，2011年，第130页，注①。

② 艾伦·退特：《论诗的张力》（1937），见赵毅衡编选《"新批评"文集》，天津：百花文艺出版社，2001年，第136–137页。

功夫还须做在言内。这一点，中国诗学也多有谈及。如姜夔《白石道人诗说》云："辞尽意不尽者，非遗意也，辞中已仿佛可见矣。"李重华《贞一斋诗说》云："其蕴含只在言中，其妙会更在言外。"再如前面提到的温庭筠《商山早行》那首诗，若不是创造了"鸡声茅店月，人迹板桥霜"这样的"言"，哪里会表达出"道路辛苦，羁旅愁思"这样的"意"？正是这两句精当的"字面表述的外延"，才成就了"道路辛苦，羁旅愁思"这样"深远的比喻意义"。

从上述退特所举的邓恩的《告别辞：节哀》（John Donne, *A Valediction：Forbidding Mourning*）、但丁的《神曲》（Dante Alighieri, *Divina Commedia*）这两首例诗可以看出，所谓外延、言内之意，实际上往往就是作为隐喻之喻体的意象，如《告别辞：节哀》中的黄金、《神曲》中的波河。所以，言内之意与言外之意的关系问题，主要就是如何以象达意、以景抒情的问题。退特所要求的外延与内涵的有机统一，其实就是意与象应、情与景合。而这方面，中国诗学的言论就多了，如：何景明《与李崆峒论诗书》曰"意象应曰合，意象乖曰离"；王世贞《于大夫诗集序》曰"外足于象，而内足于意"；都穆《南濠诗话》曰"情与景会，景与情合，始可与言诗矣"，等等。而更值得注意的是，在所有这些人之前，唐代署名王昌龄的《诗格》，已经提出过"景物与意""相兼道"：

> 诗贵销题目中意尽，然看当所见景物与意惬者相兼道。若一向言意，诗中不妙及无味；景语若多，与意相兼不紧，虽理通亦无味。昏旦景色，四时气象，皆以意排之，令有次序，令兼意说之为妙。

"相兼"就是相互呼应，相互蕴含。这里不仅要求"相兼"，而且要求"相兼"须"紧"。如果"景"与"意"，即言内与言外，亦即外延与内涵能够紧密"相兼"，就能"从字面表述开始，逐步发展比喻的复杂含义"，使整首诗成为"全部外展和内包的有机整体"。这段话的意旨与退特之意是相吻合的。

三、言外之意与"诗意"

布鲁克斯着重论述了诗歌语言必须具有"言外之意"，退特主要是强调"言内之意"与"言外之意"的有机联系；但这个"言外之意"究竟具有什么特征，属于什么性质，尚未得到充分的阐发。而这恰恰是维姆萨特的诗学的要点。他以"隐喻"为中心，分析了诗的"言外之意"的主要特征，实际上揭示了"诗意"的审美本质。

1.隐喻：一种营造"诗意"的艺术方法

维姆萨特对"言外之意"的阐发，是从分析隐喻的意义结构入手的。他认为，隐喻的主要作用，并不是以喻体说明喻本，像通常理解的那样；而是从喻本和喻体这两类性质不同的事物中，抽象出它们的相似性，即共性。这个相似性既不等同于喻本，也不等同于喻体，而是比喻本和喻体"更一般化的第三个类"①。这"第三个类"叫不出名字，只有联系隐喻才能得到理解。故云"这是一种无法表达的新概念"，即新意义。

这是维姆萨特对隐喻的基本看法。后来，他又用不同的语言，对这种看法做了补充性的重申。如说："在理解想象的隐喻的时候，常要求我们考虑的不是B（喻体）如何说明A（喻本），而是在两者被放在一起并相互对照、相互说明时能产生什么意义。"②把两个极为熟悉的词放在一起，目的不是用一个熟悉的物体来说明另一个熟悉的物体，而是"对其熟悉的性质提出疑问，对一个未知的整体进行深入探索"③。这里的"未知的整体"，是指那个没有名字的"第三个类"，即"诗意"。

2.诗意的基本特征

归纳起来，维姆萨特所揭示的诗意的特征有以下三点：

---

① W. K. Wimsatt，"The Concrete Universal"，in *The Verbal Icon: Studies in the Meaning of Poetry*，Lexington：University Press of Kentucky，1954，p.79.

② W. K. Wimsatt，"Symbol and Metaphor"，in *The Verbal Icon: Studies in the Meaning of Poetry*，Lexington：University Press of Kentucky，1954，p.127.

③ Ibid.

其一，它没有名字，无法表达，可以说具有超语言性。

一般而言，隐喻的双方是有"名字"、可以言说的，它们也往往会明白地写在诗句中。维姆萨特论隐喻时即云："在两个规定了的并可以叫出名目的概念中间，正因为它们互不相同，才使隐喻得以存在。"①但隐喻双方所产生的新意义却"没有名字"，是"无法表达的新概念"。所以他说"诗的要点似乎在喻体和喻本之外"，即在"言外"。

的确，一首诗的诗意，人们可以在心里真切，甚至强烈地体会到它，但却无法用确切的词语称呼它、说出它。用新批评的理论来说，这就是诗的不可释义性。布鲁克斯的《释义误说》曾非常细致地描述过这种情况：如果尝试让读者使用命题去"说"一首诗，那么"随着他的命题接近于恰如其分，他会发现，不仅命题的长度已大大增加，并且它自身已开始充满各种保留和限定。……他本人也开始求助于他自己的隐喻了。总之，他的命题随着接近恰如其分，也就不再是命题了"②。"诗意"对于"释义"的这种顽强抵抗，正是它的超语言性的突出体现。

其二，它只能通过直觉、想象来领悟，具有非逻辑性。

有学者指出，总地说来，新批评是重理性的。无论是在对此前的浪漫主义的反驳中，还是在对大体同时的意象主义的批评中，还是在对现代派诗歌的辩护中，他们都强调了理性对于诗歌的重要意义。但这并不等于说新批评不承认诗的非逻辑性的思维特点。布鲁克斯坚持"诗的基本结构是不合逻辑的"；艾伦·退特也指出认识内涵和外延的统一不是靠"演绎的能力"；维姆萨特在分析诗的意义结构的时候，更每每不忘申明，在喻体与喻本之间存在着"丰富稠密的想象"，对言外之意的领会"不是逻辑地（形而上地）发挥一个隐喻的效果"，是"用联想而不是用逻辑"。此外，维姆萨特在谈诗歌批评的时候还说过：

---

① W. K. Wimsatt, "Symbol and Metaphor", in *The Verbal Icon: Studies in the Meaning of Poetry*, Lexington: University Press of Kentucky, 1954, pp.127–128.

② Cleanth Brooks, "The Heresy of Paraphrase", in *The Well Wrought Urn: Studies in the Structure of Poetry*, New York: Harcourt, Inc., 1970, p.198.

客观主义批评家的工作是通过近似地描述诗歌，或是重述它们的多重意义，以帮助读者得到一个对诗本身的直觉的、完全的理解，从而知道什么是好诗，如何将它们与坏诗区分。当然，不可能用其他词句讲一首诗。[①]

中国诗学说"诗有可解，不可解，不必解"（谢榛《四溟诗话》卷一）。所以，诗歌批评只能"通过近似地描述"，以启发读者的"直觉"，让读者自己去领会。总之，"想象""联想""直觉"，这是理解诗的"言外之意"的不可或缺的思维方式。

其三，它是由多种成分熔铸而成的复合意义，具有多元复合性。

即使就单个的隐喻而言，"两个类之间的相似性"也是一种复合意义，何况维姆萨特论述的是一首完整的诗。他对济慈的《初读查普曼译荷马史诗有感》（John Keats, *On First Looking into Chapman's Homer*）、华兹华斯的《孤独的收割者》（William Wordsworth, *The Solitary Reaper*）及"最好的故事诗"的分析都是就整个一首诗而言。这就更是多种成分熔铸而成的复杂微妙的复合意义了。所以在分析了三个具体诗例之后，他把这种特征归结为"多变为一"的原则：

> 贺拉斯说："任何东西，简单则统一"，这话与真相正相反，应说"复杂则统一"。每首真正的诗都是复杂的诗，只有靠其复杂性才具有艺术的统一。[②]

> 当亚里士多德说美的基础是变异中的统一，当柯尔律治说"美从其本质上考虑，即从其类型而不是从其程度上考虑，是多变为一，而多依然可见"……他们都表达了这个原则。[③]

---

① W. K. Wimsatt, "The Concrete Universal", in *The Verbal Icon: Studies in the Meaning of Poetry*, Lexington: University Press of Kentucky, 1954, p.83.

② Ibid., p.81.

③ Ibid.

　　"多变为一"，可以说是对"言外之意"的多元复合性的最简明的
概括。

　　后来，他又根据这个"多变为一"的原则提出了一种新的诗歌观念，
即"隐喻的或无限的诗歌观念"，以与"概念的或按古典原理规定的观
念"相区别。他先引述了克罗齐《美学》中的一个类比：悲剧就像"把大
量的印象注入一个坩埚，许多在其他情况下孕育出来的表达方式和新印象
混成一体；就像我们把破碎的青铜块和最精美的小塑像一道投入熔炉一
样"[①]。对于这个类比，他表示基本赞同："在某种意义上类似的情况确
实地存在于诗歌中，在诗歌里，所有的成分都在被使用的过程中经历了某
种变化，获得了比它们原有的简单的抽象的字典意义更丰富的含义。"但
他也做了一点重要的修正：

　　　　熔铸在一首诗中的词语具有了一种新的价值，并不是因为丧失了
　　其最初的或一般的意义，而是因为保持了这些意义。……更为恰当的
　　是把这一切比拟为一座大教堂的怪兽形状的承霤口、尖顶、纪念碑和
　　其他装饰品，而不比作铸进大塑像时丧失原有形式的小雕像。[②]

　　大教堂的所有建筑装饰，都像诗中的"隐喻化"了的语词一样，在大
教堂的"语境"中，共同营造了那种神秘莫测的宗教意味和宗教氛围。这
个修正就是为了维护与强调诗意的多元复合性，因为如果"熔铸在一首诗
中的词语"在"具有了一种新的价值"之后便"丧失了其最初的或一般的
意义"，诗意也就成了另一种单纯意义，而不成其为真正的复合意义了。
由此可见，"隐喻的或无限的诗歌观念"就是建立在隐喻基础上的、具有
"多变为一"的复合意义的诗歌观念。

---

　　① 　W. K. Wimsatt, "Symbol and Metaphor", in *The Verbal Icon: Studies in the Meaning of Poetry*, Lexington: University Press of Kentucky, 1954, p.129.

　　② 　Ibid., pp.129–130.

上述三点特征，最后一点是最重要、最根本的。正因为"言外之意"具有不可分析的多元复合性，它才需要"用联想"来理解，才无法用词语来表达，具有了非逻辑性和超语言性。

关于这种复合意义，燕卜荪的《朦胧的七种类型》举炖菜的汤汁[①]为例，说汤汁的味道，里面什么都有，但又哪样都不是，而是其中各种成分"化而为一"的另一个层次上的"味"，一种美味。对于这种"味"，如果你想知道它，只能靠自己去品尝；而且品尝之后也只能感之于内而难以言之于外。燕卜荪的这个隐喻与维姆萨特那个"大教堂的装饰品"的隐喻相似，但更为通俗易懂，相当贴切地说明了"言外之意"的不可分析的多元复合性，也涉及与此相关的非逻辑性、超语言性的特征。

3.中国诗学的"味"

言至此，不能不使我们想到中国诗学里的"味"。这倒不仅是因为燕卜荪这个汤汁的隐喻，而主要是因为维姆萨特对诗的"言外之意"即"诗意"所作的那些论述。"无法表达的新概念""一个未知的整体""第三个类"等种种说法，中国诗学里是没有的；"具体普遍性"这个概念，中国诗学里更没有。但维姆萨特在"具体普遍性"的名义下实际论述的，就是作为"诗意"的"言外之意"。而在中国诗学里，作为"诗意"的"言外之意"，就称之为"味"。也就是说，"具体普遍性"与"味"，作为两个不同的概念，所论述的实际问题却大体一致。

"味"来源于味觉，移之于审美领域主要是指内在的、意蕴的美。诗作为一种语言作品，同其他语言作品一样，都是以"言"达"意"，亦有"言"有"意"。关于诗不同于其他文体的本质特征，中国古代诗论家发现：如果说一切语言作品无不有"言"、有"意"的话，那么诗则还有个"言""意"之外的"味"，这才是诗之所以为诗的决定因素。简言之，言中有意，意中有味，这或许可以说是中国诗学的意义结构论。"意"是

---

① William Empson, *Seven Types of Ambiguity*, London：Chatto and Windus，1949，p.6.

指言内之意，"味"就是言外之意。且看杨万里的下面这段话：

> 夫诗，何为者也？尚其词而已矣？曰：善诗者去词。然则，尚其意而已矣？曰：善诗者去意。然则，去词、去意则诗安在乎？曰：去词、去意而诗有在焉。然则，诗果焉在？曰：尝食夫饴与茶乎？人孰不饴之嗜也？初而甘，卒而酸。至于茶也，人病其苦也，然苦未既而不胜其甘。诗亦如是而已矣。（《颐庵诗稿序》）

这段话以一问一答的方式，以近于夸张的语言，旗帜鲜明地把诗的意义结构分成了词、意、味三个层次，把意与味断然分开，把味突出为独一无二的诗之所在。后面的话是说，诗之为诗，就应该有像茶那样"苦未既而不胜其甘"的"味"。

所以，在中国专门的诗歌之学诞生之初，"味"就作为诗的审美标志树立在诗歌论坛上了。即钟嵘《诗品序》所言："五言居文词之要，是众作之有滋味者也。"作为一种反例，《诗品序》还批评那些以谈玄论道为宗，徒具诗之躯壳而了无诗之意蕴的"玄言诗"为"淡乎寡味"。总之，有"味"才是诗，无"味"即非诗。

再看"言""意"之外的"味"的特征。

首先，"味"也具有超语言性。"味"既然是言外之意，就同被维姆萨特移到言外的喻本一样，也是没有名字、不可表达的，否则就不成其为言外之意的"味"了。欧阳修《书梅圣俞稿后》云：

> 余尝问诗于圣俞，其声律之高下，文语之疵病，可以指而告余也；至其心之得者，不可以言而告也。余亦将以心得意会，而未能至之者也。

"心之得者"就是指诗所给予人的审美体验，亦即"诗意"或"味"。这是只能"心得意会"而"不可以言而告"的。后人将此义简化为"但可意会，不可言传"（李渔（《闲情偶寄·演习·教白》），成了一句广泛流行的熟语。清代诗论家叶燮至云：

> 可以言言，可以解解，即为俗儒之作。
>
> 可言之理，人人能言之，又安在诗人之言之。（均为《原诗·内篇·下》）

这就把"诗意"的"不可言"的特征强调得更加突出了。诗人就是专门言所"不可言"的人。

其次，"味"也具有非逻辑性。这一点与上一点其实是一个问题的两面，超语言的，就是非逻辑的。所以中国诗学对于这两点往往相提并论，上述"但可意会，不可言传"的"意会"，就是一种非逻辑的心理体验。而且"味"这个词本身就既是名词，也是动词。作为动词，就是指心理体验的思维方式。所以钟嵘在提出"五言居文词之要，是众作之有滋味者也"的同时，便说道："使味之者无极，闻之者动心，是诗之至也。"（《诗品序》）这第二个"味"就是动词。而这种意义上的"味"，在不大注意概念的规范性、同一性的中国古代，有许多虽未必等同却基本同义的词语。如下面杨时的几段话：

> 学诗者不在语言文字，当想其气味，则诗之意得矣。（杨时《杨龟山先生集·语录》）
>
> 仲素问诗如何看，曰：诗极难卒说，大抵须要人体会，不在推寻文义。（同上）
>
> 唯体会得，故看诗有味。（同上）

"不在语言文字""不在推寻文义"就是不在于语义分析、不在于逻辑推理。如此，则与之相反的、能够得"诗之意"与诗之"味"的"想"和"体会"，其非逻辑性也就不言自明了。这里的"想"就是想象，"体会"当是以体验去领会。

上文提到过罗大经讲"言外之意"的两句话："言在于此，而意寄于彼。"下面紧接着还有一句："玩味乃可识。"就是说认识诗的"言外之意"即诗意，是需要"玩味"的。罗大经还曾就杜甫的几句诗评论说：

> 杜少陵绝句云："迟日江山丽，春风花草香。泥融飞燕子，沙暖睡鸳鸯。"或谓此与儿童之属对何以异。余曰不然。上二句见两间莫非生意，下二句见万物莫不适性。于此而涵泳之，体认之，岂不足以感发吾心之真乐乎？（《鹤林玉露》乙编卷二）

杜甫的四句诗，两两相对，语言通俗亲切，对仗工整自然，像是儿童学对对子的佳作。但这只是诗之"词"而并非诗之"意"。只有"涵泳之，体认之"，才能得到"两间莫非生意""万物莫不适性"的愉悦感，而这才是诗之"意"。反过来说，这样的"诗意"，也唯有"涵泳""体认"才能获得。

"想""体会""玩味""涵泳""体认"，等等，无须一一细解也能大致明白：它们都属于非逻辑的、心理体验的思维方式。

维姆萨特对于作为诗意的言外之意，着重论述的是"多变为一"的多元复合性，这个特征中国诗学的"味"也有吗？也有。司空图的下面这段话即可为证：

> 文之难，而诗之难尤难。古今之喻多矣，而愚以为辨于味而后可以言诗也。江岭之南，凡足资于适口者，若醯（即醋），非不酸也，止于酸而已；若醝（即盐），非不咸也，止于咸而已。华之人以充饥而遽辍者，知其咸酸之外，醇美者有所乏耳。（《与李生论诗书》）

与钟嵘相似，这里也是在同"文"的比较中，把"味"作为诗的本质特征来看待的。但这段话的重心，已经从强调"味"之于诗的重要性转向了阐明诗之"味"的特殊性。"辨于味"主要是指在两类不同的"味"中"辨"出何者是真正的诗"味"。两类不同的味，一种是"咸酸"之味，一种是"咸酸之外"的"醇美"之味；司空图强调，只有后者才是真正的诗"味"。而"咸酸之外"的"醇美"之"味"就是一种多元复合的"味"。

　　盖中国古代之论"味"，历来强调"和五味"为"至味"。这就是个"多变为一"的原则。先秦时期的《国语·郑语》即有"和五味以调口"之说。后来的《吕氏春秋·本味》中有伊尹"说汤以至味"一段，言之更详：

　　　　调和之事，必以甘酸苦辛咸，先后多少，其齐（适当比例）甚微，皆有自起（定数）。鼎中之变，精妙微纤，口不能言，志不能喻（心难于测）。

　　这就是说必须以甘、酸、苦、辛、咸等多种味道加以适当的"调和"，才能获得最美的"至味"；而这样调和成的"至味"既难测度，亦难言表。司空图的"味"在"咸酸之外"的观点，显然与这些先贤之论一脉相承。故苏轼在复述司空图的观点时说：

　　　　其论诗曰："梅止于酸，盐止于咸。饮食不可无盐梅，而其美常在咸酸之外。"（《书黄子思诗集后》）

　　包含咸酸却不是咸酸，生于咸酸又超越咸酸，这不正是一种"和五味"为"至味"的复合之味吗？

　　但司空图这种比喻性的说法带有相当大的模糊性和不确定性。"味在咸酸之外"也可以理解为提倡一种"澹泊"的味。苏轼即据此提出"发纤秾于简古，寄至味于澹泊"（《书黄子思诗集后》）。虽然"和五味"而成的"至味"会显得比单一的咸酸之味淡雅，而且苏轼还特别申明这是"外枯而中膏，似淡而实美"（《评韩柳诗》），是"质而实绮，癯而实脏"（《和陶诗序》），但"澹泊"与复合之味毕竟不是一回事。当然，这与老子的"道之出口，淡乎其无味"（《老子·第三十五章》）之说亦不无关联。此外还可以理解为提倡风格的多样化。苏轼的"咸酸杂众好，中有至味永"（《送参寥师》）就是针对韩愈单纯提倡"豪猛"的主张而发。这与复合之味也不是一回事。其实，不仅司空图的"味在咸酸之外"，中国诗学里的"味"就是如此。杨万里谈《论语》，也说"读书必知味外之味"（《习斋论语讲义序》）。这与作为"诗意"的"味"岂可混为一谈？这种模糊性与不确定性是中国传统诗学概念的通病。所以中国诗学的"味"与维姆萨特的"具体普遍性"也只能说是在论述诗的"言外之意"方面有某些相通之处，而不能视为两个对应概念。

四、立象以尽意

新批评十分强调作为"喻体"的意象的作用，提倡用"可感知事物"暗指"纯理性的事物"，这就是"立象以尽意"了。

如果说隐喻可以表达"纯理性的事物"，那么隐喻就必须提供这样的形象。所以《易传》在提出"书不尽言，言不尽意"的问题之后，紧接着便说："然则圣人之意其不可见乎？子曰：圣人立象以尽意。"（《系辞上》）"立象以尽意"，这才是解决问题的关键。而中国诗学的"言意之辨"，本来"辨"的就是言、象、意这三者的关系问题。故"以象尽意"是"言意之辨"的一个不可缺少的环节。

新批评虽然没有"立象以尽意"这样的说法，但隐喻的"喻体"就是意象。如前引布鲁克斯所说，运用隐喻对于特殊的意象和陈述语来说，包含着一个有机联系的原则。"特殊的意象"就是指隐喻的喻体。布鲁克斯还说过：

> 兰色姆先生……发现，相对于莎士比亚而言，邓恩是更出色的抒情诗人，因为邓恩的意象"被证明是有效用的"，而莎士比亚却往往

不能。我衷心地赞同他的观点：诗人的隐喻必须有效。[①]

"诗人的隐喻"即指"邓恩的意象"，隐喻与意象可以自由互换，几乎成了两个同义词。退特讲邓恩的《告别辞：节哀》，也把"黄金"这个喻体称作意象，说这个意象的逻辑外延是解读这首诗的钥匙。维姆萨特也是如此。在前述他对那几首例诗的阐释中，孤独的割麦女、夜莺的歌唱、布谷鸟报春的啼叫等意象都被视为喻体。

在新批评诗学家的著作中，我们还可看到，他们认为许多大自然的意象都可以成为"人的意识形态的象征"，即都可以成为比喻人的内心世界的喻体。下面是兰色姆和韦勒克的两段话：

> 大自然是一个极富象征意义的领域，使人完全可以从中获得表现纯人类意识状态的象征物。我认为这一象征领域早已约定俗成，像许多其他的象征领域一样，它完全可以供诗人从中取材。[②]
>
> 视觉的意象是一种感觉或者说知觉，但它也代表了、暗示了某种不可见的东西、某种内在的东西。[③]

这就以象征代表或暗示的方式，把大自然的意象同人的内心世界联系了起来，从而为意象的隐喻化、喻体化提供了必要的理论基础。

于是，韦勒克的《文学理论》便把意象和隐喻捆绑在一起，提出意象和隐喻是诗的最核心的部分[④]。他还强调，好的隐喻是用可感知事物来

---

① Cleanth Brooks, "Criticism, History, and Critical Relativism", in *The Well Wrought Urn: Studies in the Structure of Poetry*, New York: Harcourt, Inc., 1970, p.243.

② John Crowe Ransom, *The New Criticism*, Westport: Greenwood Press, 1979, p. 247.

③ ［美］勒内·韦勒克、奥斯汀·沃伦：《文学理论》，刘象愚等译，北京：文化艺术出版社，2010年，第206页。

④ 同上，第167页。

暗指纯理性的事物①；而"最粗糙的形式"则是经常把一个外在的意象与另一个外在的意象联系起来，而不是把外在的自然界与人的内在世界联系起来。②也就是要求以"外在的意象"作为"人的内在世界"的喻体，用前者象征或暗示后者。这就相当接近于中国古代对"比"的界定了："索物以托情谓之比。"（胡寅《与李叔易书》引李仲蒙语）《文学理论》中的这些说法即便是引于他人，也代表了韦勒克自己的观点。而韦勒克的这句话，"用'可感知事物'来暗指'纯理性的事物'"，可作为新批评的"意""象"观的总结。

在有关形象与情意之关系方面，叶嘉莹多年前就指出过："西方诗论中的批评术语甚多，……只不过仔细推究起来，这些术语所表示的却同是属于以思索安排为主的'比'的方式，而并没有一个是属于自然感发的中国之所谓'兴'的方式。"③我们现在看到的就是这种情况。新批评诗学称"隐喻"，却并不接近中国诗学的"兴"。

如上，通过参照中国诗学的"言意之辨"，对新批评诗学的诗歌语义学做了粗略考察。"言意之辨"所涉及的是诗歌与其他文体的基本区别的问题，用新批评的术语来说就是诗歌的"本体特性"的问题，可以看出在中国诗学与新批评诗学的两种"言意之辨"之间，的确存在着许多相同之处，遍及"言意之辨"的每个环节。

---

① ［美］勒内·韦勒克、奥斯汀·沃伦：《文学理论》，刘象愚等译，北京：文化艺术出版社，2010年，第220页。

② 同上，第223页。

③ 叶嘉莹：《比兴之说与诗可以兴》，《光明日报》1987年9月22日。

第三章 新批评的诗学方法论

诗歌结构论与诗歌语义学虽然是新批评诗学的主要内容，却不足以成为他们的诗学的标志。其诗学的标志，是以"文本中心论"为代表的诗学方法论。在新批评诗学体系中，最引人注目，也最有争议的，就是他们的诗学方法论。

第一节　提倡"本体批评"

"本体"和"方法"无疑是两个不同的概念，但新批评诗论家认为诗歌批评应该"以本体分析为依据"，应该"用本体论的语言"[①]，这表明他们是把"本体论"当作诗歌批评的方法，或方法论的原则来看待的。并且他们所说的"本体"主要就是指诗歌的"文本"（text），与他们的"文本中心"论紧密相联。因此可以说，他们的诗歌本体论属于他们的诗学方法论。

这里需略做交代：前面提到，新批评所说的"结构"实际上就是"诗本身"，具有诗歌本体的意义；但他们并没有把诗歌"结构"论称作"本体"论，他们的诗歌"本体"论另有一套内容，如下文所述。

而在美国新批评中，最突出地张扬"本体批评"的是兰色姆。

---

① 均为兰色姆语。

一、兰色姆：呼唤"本体批评家"

兰色姆的代表作《新批评》，是为美国新批评命名的著作。而这部著作的主旨，就是呼唤"本体批评家"。

1."本体批评"的提出

兰色姆这里所说的"新批评"是指二十世纪以来，把注意力集中转向"诗本身"的语言分析的文学批评。他说"讨论新批评应从理查兹说起，新批评几乎自他开始"[①]。书中着重讨论了理查兹、艾略特、温特斯（Yvor Winters）等几位批评家的观点，他们是美国新批评的先驱者。兰色姆虽然肯定他们的大方向，但又有所不满。不满者，主要是认为他们的批评方法还"新"得不够彻底，还带有"旧"批评的"杂质"。他说：

> 简言之，新批评在理论上至少普遍存在两个具体的错误。一个是使用心理学上的情感性语汇，试图根据诗歌的情绪、感觉和态度，而不根据其对象来评判文学。另一种纯属道德说教，这就意味着新批评尚未从旧批评中解放出来。我期待批评家们甩掉这些包袱。[②]

就是说，只有"甩掉"使用"情感性语汇"和"道德说教"这类"旧批评"的"包袱"，更加专注于"诗本身"的语言分析，才能成为他心目中的真正合格的"新批评家"。

（1）对"心理学批评家"的批判

兰色姆称理查兹为"心理学批评家"。理查兹的确是主张吸取心理学的某些成果来充实诗学的。而兰色姆称他为"心理学批评家"，主要是指他比较关注诗歌的情感特征。兰色姆引用了理查兹下面一段话，指出他是这样来区分"科学语篇"和诗歌语言的：

[①]　John Crowe Ransom，*The New Criticism*，Westport：Greenwood Press，1979，p.3.
[②]　Ibid.，p.xi.

科学语篇也叫符号性言语，追求有明确、真实的指称对象即具体事物；如诗歌一类的情感类言语，指称的对象不追求真实性，而着重唤起人们的情感与态度。①

据此兰色姆指出，理查兹认为诗歌并不是认知世界的手段，而是为了调动种种情感或主体状态。换言之，诗歌不具有认知作用，只有心理功能。对于理查兹来说，与科学相对应的艺术的真正价值不在于认知，而是在于它所激发和表现的情感状态。兰色姆表示，他完全不赞成这样的观点。理由是：

艺术是一种具有高度思想性或认知性的活动，说艺术如何有效地表现某种情感，根本就是张冠李戴。至于有人说艺术发乎情，此话没错，但是，艺术的立意所在，在于寻求适当的物体使感觉和激情客体化，从而将其忘却。②

理查兹注重"讨论一首诗特有的情感，而不谈这首诗中所包含的特定的认知客体"③。兰色姆强调"情感状态之存亡完全取决于客观认知"④。很明确，兰色姆把诗歌乃至所有艺术都归结为"认知性活动"，同理查兹的"情感"论针锋相对。

兰色姆认为，"情感"属于心理现象，因而只要关注诗歌的情感问题，就是一种心理学的倾向，就不是真正的诗学。所以他在《新批评》中

---

① John Crowe Ransom, *The New Criticism*, Westport: Greenwood Press, 1979, p.8.（兰色姆所引的理查兹的原话见Richards, I. A., *The Meaning of Meaning: A Study of the Influence of Language upon Thought and of the Principles of Literary Criticism*. New York: Harcourt, Brace & Co., Inc., 1923, p.239.）

② Ibid., p.16.

③ Ibid., p.17.

④ Ibid., p.18.

还提到："从我们所展示的理查兹、燕卜荪、艾略特和温特斯来看，对于感情问题的关注使得新批评家们的诗歌分析几乎无一例外地带有心理学的倾向。"①

（2）对"历史学批评家"的批判

兰色姆称艾略特为"历史学批评家"。这主要是因为，艾略特以英国或欧洲的"规范"（standard）、诗歌主流（the main stream）或传统（tradition）作为衡量诗歌的标准，甚至还提出传统能对新的时势加以审度并自行写出诗来。②因此诗人应该抛弃其个性（depersonalized himself），只做传统的"私人秘书"。艾略特认为"诗人，任何艺术的艺术家，谁也不能单独地具有他完全的意义，他的重要性以及我们对他的鉴赏，就是鉴赏他和过去的诗人以及艺术家的关系"③。

兰色姆对此提出了尖锐的指责："对传统的崇拜，差不多到了迷信的地步。"④在对待历史传统的问题上，兰色姆认为：

> 一种诗歌创作是否符合这一主流，这仍然是历史性判断，而不是批评性判断。批评性判断需要判定的是一种诗歌创作的优劣，这种判断应该可以丝毫无涉于历史或传统。⑤

是否符合传统与判定作品的优劣是完全不同的两回事，二者"丝毫无涉"⑥。在这种广泛的历史性比较中，批评家检验的是诗人是否符合传统或是否正统，而不是诗本身的审美价值。

兰色姆批判艾略特一味崇拜传统、以传统为绝对的评价标准无疑是有

---

① John Crowe Ransom, *The New Criticism*, Westport: Greenwood Press, 1979, p.218.

② Ibid., p.147.

③ Ibid., p.148.

④ Ibid.

⑤ Ibid., p.140.

⑥ Ibid., p.141.

道理的，但他完全割断历史、否弃传统，这就又走向了另一个极端。

（3）对"逻辑学批评家"的批判

兰色姆称温特斯为"逻辑学批评家"。这里的"逻辑学"实际上是指伦理学或道德论。兰色姆说"温特斯认为，伦理趣味是诗歌唯一的趣味"，并批评道："如果一首诗没有明显的道德内容，比如说一首纯粹的景物诗，我相信他会不屑一顾，认为这不是诗的正宗。"[①]而他对这种道德批评表示了排斥的态度：

> 针对诗人表达的道德理想，还可以进行更为深刻细致甚至是哲学性的研究，这类研究有时被归入"意识形态"研究一类。然而，一个学者如果让这些出色的研究垄断了自己的注意力，那他就是自愿荒唐地斩断自己的批评生涯；这些研究使他连批评的门槛都进不去。温特斯常常心甘情愿地由着自己被挡在门外。[②]

甚至他说"道德说教是稗草，不是谷禾"[③]。

他认为一切"道德理想"和"意识形态"均与文学批评无关，关注这些问题就根本进不了文学批评的门槛。不仅无关，而且有害；在文学批评中，这方面的言论是必须彻底拔除的"稗草"。

兰色姆并不排斥诗歌的"立意"，并不否认诗歌中应当有一定的主题思想。但他所关心的，主要不是"立意"的思想内容，而是"立意"的逻辑功能。他认为"立意"在诗歌中只是搭建一种"逻辑结构"，以作为那些"细节"的"肌质"可以附丽的框架。而温特斯在进行"道德说教"的同时，也分析诗歌的"逻辑结构"，而这后一点恰与兰色姆一致。所以兰色姆在说过"道德说教是稗草，不是谷禾"之后，又提出："如果我们能

---

① John Crowe Ransom, *The New Criticism*, Westport: Greenwood Press, 1979, p.213.

② Ibid., p.215.

③ Ibid., p.234.

拔掉它们，剩下的大致就是非常优秀的东西：那就是结构分析。没有哪个批评家像温特斯那样广泛而又权威地关注结构分析。"①他对温特斯的总的评价是："我想说，他对批评的贡献不在于他的道德说教，而在于他的结构分析。"②

（4）"呼唤：本体批评家"

兰色姆在批判上述三种被视为"旧传统"的倾向的基础上，呼唤"本体批评家"：

首先，他在批判"心理学批评家"的名义下，排除了对诗歌的"情感"分析，而这"情感"既是诗人在诗中表达的情感，也是读者从诗中感受到的情感，所以排除了对诗歌的"情感"分析也就割断了诗歌与作者和读者的联系。

其次，他还在批判"历史学批评家"的名义下排除了诗歌与文学传统、与文学发展史的联系。

再次，他在批判"逻辑学批评家"的名义下，排除了对诗歌的"道德理想"和"意识形态"的分析，而二者都源于社会并影响社会，都是社会性的，所以排除了对这两者的分析也就割断了诗歌与社会的联系。

在排除了所有这一切之后，剩下的就是孤立的、共时状态的"文本"了，亦即构成诗的语言符号，诗的结构形式。就兰色姆自己的观点而言，则是他的诗歌结构论或本体论，即"结构"与"肌质"的联合体。

这样，兰色姆就否定了"文本"之外的一切考虑，从而开辟了"文本中心"论的道路，也奠定了后继者的"意图谬说""感受谬说"等著名观点的理论基础。可见，兰色姆的《新批评》为整个新批评的诗学方法论规划了方向。

2.兰色姆的双重本体论

兰色姆的"本体"并不是一个严格的哲学概念。他是在相当宽泛的

---

① John Crowe Ransom, *The New Criticism*, Westport: Greenwood Press, 1979, p.234.

② Ibid., p.212.

意义上运用"本体"这个词的。他所说的"本体"大致包括两个层次的含义：一个是诗歌本身的"本体"，他称作"诗歌存在的现实"；一个是诗歌背后的世界的"本体"，他称作"本原世界"。

（1）"诗歌存在的现实"

兰色姆在《新批评》里说："一种诗歌可因其主题而不同于另一种诗歌，而主题又可因其本体即其存在的现实而各不相同。一种杰出的文学批评理论最近就产生于区分这种不同；因此，批评或许再次像康德当初想做的那样能以本体分析为依据的。"[①]这段话把"本体"和"主题"明确地区别开来，表明他的"本体"就是指"诗歌存在的现实"。"诗歌存在的现实"指的是什么？

在《新批评》的最后一章《呼唤：本体批评家》，开头就讲到"诗歌"与"散文语篇"的差别问题。兰色姆认为，"二者的差别不在于道德说教"，"也不在于情感、感受力或'表现'"。[②]二者的差别在于：

> 更有希望成为区别诗歌与散文的特征的是一首诗所特有的结构。……假如一种结构（1）在逻辑上通常不及科技文章的结构那样严密与精确；（2）引入并携带大量于结构无益甚至有碍的不相关的材料或异质性内容，……我们把它们归纳起来就是说：诗歌是一种松散的逻辑构架，伴有局部不甚相干的肌质。[③]

他所考虑的，就是文体的"结构"问题。他认为"诗"与"散文"的根本差别，就在于它们各有不同的"结构"形式；"诗"之所以为"诗"，就在于"诗"的特殊"结构"，是"一种松散的逻辑构架，伴有

---

① 约翰·克娄·兰色姆：《诗歌：本体论札记》（1934），见赵毅衡编选《"新批评"文集》，天津：百花文艺出版社，2001年，第53页。

② John Crowe Ransom, *The New Criticism*, Westport: Greenwood Press, 1979, p. 279.

③ Ibid., p.280.

局部不甚相干的肌质"，亦即"结构—肌质"的联合体。前已言及，这就是兰色姆的诗歌结构论。这样的"结构"形式就是"诗歌存在的现实"，就是诗歌的"本体"。

在《新批评》中，兰色姆还结合莫里斯的"符号学"阐述了他对诗歌的"本体论"观点。莫里斯的符号学提出，"科学话语"用的是"象征符号"，"审美话语"用的是"图像符号"。据此，兰色姆勾勒出"真正的本体论观点"：

> 科学话语的有效性部分依赖于它在语义上的单纯。这就是说，每一个象征符号应当指涉一个物体，……在整个语篇中它指涉的物体不得有任何的变化，一个象征符号的指涉对象应该是受限制的，而且始终不变。
>
> 然而，在美学话语中，我们用图像符号取代了象征符号。图像符号的特点在于它指涉整个的或者说具体的物体，不受限制。①

这说明，"真正的本体论的观点"，就是对"科学话语"与"审美话语"的语言差别，主要是语义差别的分析。"真正的本体"，就是各种"话语"的语言符号。兰色姆从这个观点出发，直接"回到对诗歌的本体分析上来"，他的"分析"是：

> 批评家在评论一首诗时明白，创作一首诗至少需要在文字上苦心经营，以便找到一种"格律美""意义到位"的语言。②
>
> 我想说的是，格律与意义的动态互动过程就是诗歌的全部有机活动，它包含了诗歌所有的重要特征。③

---

① 　John Crowe Ransom, *The New Criticism*, Westport: Greenwood Press, 1979, p.290–291.

② 　Ibid., p.294.

③ 　Ibid., p.295.

可知，诗歌的"本体分析"，就是分析诗歌如何"在文字上苦心经营"，如何在"格律与意义的动态互动过程"中达到格律与意义的协调。以这种模式，兰色姆对玄学派代表诗人邓恩的一首题为《挽歌：论他的情人》（John Donne, *Elegie: On His Mistris*）的诗做了一番"本体论"的分析。诗中出现的细节有法国的男人，变色龙，唾液和病菌，衣绿妆红、海绵般水肿的荷兰人，白色的阿尔卑斯山，等等，最后结尾是：

> 祝福我好运，除了朱庇特什么也不用怕
> 想想我曾经拥有过你的爱情就已满足啦。①

兰色姆赞赏这首诗的诸多细节新鲜别致、充满活力、生动活泼，突出了客观对象的具体特征，用本体论的语言来说，那就是"肌质异常鲜明"。②可见兰色姆把文学作品的本体性同时放置在肌质的具体性以及结构的抽象性上，并且还在《纯属思考推理的文学批评》一文中提到黑格尔的"具体的共相"，亦即维姆萨特阐发的"具体普遍性"，这是新批评诗论的主要观点之一。

除了《新批评》，兰色姆还在《纯属思考推理的文学批评》一文中，再一次抨击了"心理学的诗论"和"伦理学的诗论"，提出了他"认为对于诗的正确了解"。他的"正确了解"就是：

> 任何诗，只要在"机巧"方面值得使人注意，那它就必须部分地是"抽象"艺术，那它就必须是纯粹为了思考推理而把力量集中在结构、穿插上，和结构与穿插之间的关系上。③

---

① 诗句原文为："Augure me better chance, except dread Jove / Thinke it enough for me to have had thy love."

② John Crowe Ransom, *The New Criticism*, Westport: Greenwood Press, 1979, p.192.

③ 约翰·克娄·兰色姆：《纯属思考推理的文学批评》（1941），见赵毅衡编选《"新批评"文集》，天津：百花文艺出版社，2001年，第113–114页。

集中于"机巧"，集中于"结构、穿插"和"结构与穿插之间的关系"，就是"对于诗的正确了解"，当然也就是对于诗的"本体性"的"了解"。

总而言之，诗的"结构"、诗的"话语"，诗的"结构—肌质"，"格律与意义的互动"，以及"结构与穿插之间的关系"，等等，就是"诗歌存在的现实"，或称"本体"。

（2）诗的"本原世界"

但"诗歌存在的现实"只是诗歌本身的"本体"。在这个"本体"后面，还有一层同它相呼应，而且是它的"本原"的"本体"，那就是诗的"本原世界"。兰色姆的本体论包含了这两层意义的统一，只是兰色姆时而言此，时而言彼，并无明确区分。如下面这段话：

> 我认为，诗歌作为一种话语的根本特征是本体性的。诗歌处理的是存在的一个层次（an order of existence），客观世界的一个等级（a grade of objectivity），对此科学话语无能为力。[①]

这里所说的，就不是"话语"层次上的本体，而是"存在"与"客观世界"层次上的本体了。诗歌要表现的是一个科学话语无能为力的存在层次与世界等级，这就是诗歌"本原世界"的"本体"特征。

那么，诗歌表现的是什么样的存在层次与世界等级？兰色姆说，有两个迥然不同的世界，一个是"科学话语所描述的那个世界"，一个是"我们生活于其中的这个世界"[②]。科学世界是经过科学价值与科学话语的加工、约简，有条不紊的世界；而生活世界是没有经过以上的加工，仅用感觉、记忆等粗略认识的世界。毫无疑问，生活世界才是真实存在的"本原世界"。而科学和诗歌的根本区别，就在于它们向我们展示的是这样两

---

① John Crowe Ransom, *The New Criticism*, Westport: Greenwood Press, 1979, p.281.

② Ibid.

个迥然不同的世界：一个是经过人为的价值选择的"有限世界"，不再鲜活，易于控制；一个是艺术的世界即"现实的世界"，质感和价值丰富，难以驾驭。①

兰色姆还指出，"诗歌试图恢复"的"本原世界"，不仅不是经过了"约简"的"有限"的"科学世界"，而且也不是柏拉图所说的那种"纯存在世界"，即"理性世界"：

> 在柏拉图看来，"表象世界"（或个人意见）低于"纯存在世界"（或理性），但是，他承认前者是我们感知所能把握的世界，而且事实上它就是自然的世界。②

这样，兰色姆就把自然的、我们生活于其中的真实世界，同经过人为选择或设想的世界——包括科学世界与理性世界——明确地区别开来，从而把诗歌牢牢地安置在这个"现实世界"的基础之上，突出强调了只有这个"现实世界"才是诗歌的世界"本体"。

在兰色姆的诗学中，"诗歌存在的现实"背后的深层的"本体论"就是"世界观"，或曰"诗歌的本体"的背后就是"世界的本体"。因此，兰色姆要求，诗人和文学批评家都应该有同诗歌的"哲学禀赋"相一致的"世界观"和"本体论"。他呼吁文学批评家"采取亚里士多德的、现实的世界观"，"而不要采取柏拉图的、唯心的世界观"。这样的言论在形式主义者的文学理论中是非常罕见的。赵毅衡指出，新批评虽然在重视语言、重视"文本"方面超过任何形式主义派别，但"他们始终承认语言世

---

① John Crowe Ransom, *The New Criticism*, Westport: Greenwood Press, 1979, p.293.

② Ibid., p.328.［原文为："The World of Appearance（or opinion）seemed to Plato inferior to the World of Pure Being（or reason），but he acknowledged that the former was the world which our perceptions took hold of, and indeed was the world of nature."］

界外的一个客体世界"①。在这一点上，兰色姆表现得最为突出。

新批评的理论家们包括兰色姆从未对这两种"本体"的关系专门做过系统的论述，但如前所述，我们可以看到兰色姆的对于这个问题的基本观点：诗歌的本体来源于世界本体。诗歌的"话语本体"，诗歌存在的现实，诗歌结构，结构与肌质的综合体，统统都是指诗歌本体。而诗歌的"话语"结构，实际上来源于"诗歌试图恢复"的"本原世界"，因而也就是"本原世界"的结构。本书《诗歌结构论》一章已经提到，就世界而言，兰色姆的"结构"是指世界的骨架，"肌质"则是指世界的血肉，这两种"异质性"成分的组合，就构成了现实的"本原世界"。简言之，就是诗歌与世界同构。同一种结构，在诗本身，就成为诗的话语结构，叫作"诗歌存在的现实"；在诗之外，就成为世界的结构，叫作诗的"本原世界"。

二、沃伦、退特、布鲁克斯的"经验"本体论

兰色姆的三个弟子——潘·沃伦、艾伦·退特和克里安思·布鲁克斯关于诗歌"本体论"的直接论述并不多。但从他们的诗学论著中可以看到，他们实际上也有自己的本体观念。而且他们三人的"本体"观念还有一个明显的相近之处，那就是都把诗归结于"经验"。

1.潘·沃伦："存在的统一和经验的统一"

沃伦在《纯诗与非纯诗》中反驳"纯诗论"的时候，提出的理由就是："即使在最严格的意象主义的诗歌里也会有概念悄悄潜入——在意象离开了它原来的所在地而进入一首诗时，它便开始'意指'某种东西了。那种企图从诗中排除概念的努力破坏了我们的存在的统一和我们的经验的

---

① 赵毅衡：《重访新批评》，成都：四川文艺出版社，2013年，第100页。

统一。"①这也就是说，"存在"和"经验"是诗的本原。诗产生于斯，亦须忠实于斯。从这种观念出发，他在回答在诗的结构中什么成分不能使用的时候，说的也是凡在人类的经验可获得的东西，都不应被排除在诗歌之外。②他还以掌握的经验的范围大小作为评价诗人的主要标准。

总之，"经验"可以说是沃伦诗学的根本依据。对于有关诗歌、诗人的任何问题，他都是从"经验"出发的。这足以证明在他的心目中，"经验"具有诗歌"本体"的意义。

2.艾伦·退特："体验中的世界"

在艾伦·退特的心目中，诗歌的本体也是"经验"，或译作"体验"。在英语中，这本是一个词（experience）。

退特的《论诗的张力》一文，谈到对于诗的"内涵和外延的统一"即"张力"的"辨别能力"，要基于经验、文化等人类整体能力的培养，以及"把这种人类能力应用于独一无二的经验媒介——诗的独特能力。③把诗称作经验媒介，而且是独一无二的经验媒介，那么诗所要表达、所要体现的，就是"经验"。这样的"经验"对于诗而言，就具有"本体"的意义。

他在《作为知识的文学》中，曾引述理查兹的一种说法："诗是语言表达的最完整的形式。"④又说它不是可证实的科学的领域，也不是我们自己的投射（表达），然而它是完整的。意思是，纯客观的实证科学的语言不完整，纯主观的自我表达的语言也不完整，而诗的语言是主客观两方面的统一，所以只有它是完整的。那么这种主客观两方面相统一的语言，实际上就是，也只能是描述心理体验的语言。所以，艾伦·退特继而又做

---

① Robert Penn Warren, "Pure and Impure Poetry", *The Kenyon Review*, Vol. 5, No. 2（Spring, 1943）, p. 249.

② Ibid., p.250.

③ 艾伦·退特：《论诗的张力》（1937），见赵毅衡编选《"新批评"文集》，天津：百花文艺出版社，2001年，第129页。

④ 艾伦·退特：《作为知识的文学》（1941），见赵毅衡编选《"新批评"文集》，天津：百花文艺出版社，2001年，第173页。

了如下阐发：实证主义科学的完整是一种抽象。诗就不一样，诗的语言在莎士比亚的《哈姆莱特》那样富有想象力的伟大作品中的完整状态，就是一种"被体验的状态"[①]。退特十分醒目地提出："没有一个人可以体验科学。"的确，科学作为纯客观的抽象认识，可以通过逻辑思考去认知，却无法进入人的心理体验。而诗以及整个文艺，本来就是主客观统一的人生体验的写照，当然是一种"被体验的状态"。因此，退特提出"诗的题材是一般体验中的世界"[②]。如果题材变成实证主义的领域，诗的语言就不再描述它了，因为这种实证主义的世界不再真实了。

在这里，"诗的题材"来源于"体验中的世界"，"诗的语言"所描述的也是"体验中的世界"。那么，这"体验中的世界"，或者说对世界人生的"体验"，可以说就是诗的"本体"。

3.布鲁克斯："总体经验"

在新批评中，布鲁克斯是个最突出的"经验"论者。他的诗学体系从经验出发，又始终不离经验。他为诗所下的定义是，诗人探索和形成总体经验，使经验统一起来并赋予一定的形式。这可以说是以"经验"定诗。诗人不能像科学家那样，经过分析归类，然后将各部分组合起来，诗人归还给我们的应该是"经验自身的统一"[③]。这种统一的经验，要像人类在自身经验中所熟悉的那样真实。

为了呈现真实的经验，布鲁克斯要求诗篇忠实于整个情境，运用准确的、真实的"戏剧性表现"来使人真正地进入诗的经验。而这样的经验，就是"现实的一种模拟物"[④]。呈现真实的"经验"的才是真正的诗歌；真正的诗歌就是对现实人生的"一种模仿"。这样，布鲁克斯就从"经验"走进了生活的"现实"。

---

① 艾伦·退特：《作为知识的文学》，见赵毅衡编选《"新批评"文集》，天津：百花文艺出版社，2001年，第173–174页。

② 同上，第173页。

③ Cleanth Brooks，"The Heresy of Paraphrase"，in *The Well Wrought Urn: Studies in the Structure of Poetry*，New York：Harcourt，Inc.，1970，p.212.

④ Ibid.，p.213.

如上，这是布鲁克斯诗学的一条基本思路。他的"戏剧化"理论，他的"反讽"理论，都以这样的"经验"论为基础。"戏剧化"理论的一个原则就是"符合剧情"，而"剧情"就是使"经验"得到真实表现的"情景"。"反讽"理论的要旨是"从语境'装货'"，而"语境"也是指这样的"情景"。总而言之，在真实的情景中，呈现统一的经验，这就是布鲁克斯的诗歌的"本体"观念。

三、韦勒克与奥斯汀·沃伦的"理念"本体论

勒内·韦勒克与奥斯汀·沃伦的《文学理论》，作为新批评派诗学的系统总结，也谈到诗歌的"本体论"问题。不过，书中阐释的"本体"观念，与上述诸人均有不同。书中提出：

> 在我们能够对文学作品的不同层次作出分析之前，我们必须先提出一个极为困难的认识论上的问题，那就是文学作品的"存在方式"或者"本体论的地位"问题（为简便起见，下面以诗来代替文学作品）。什么是"真正的"诗？我们应该到什么地方去找它？它是怎样存在的？[①]

这里说的是文学作品的"存在方式"或者"本体论的地位"。依言，"本体论的地位"似乎就是"存在方式"，而"存在方式"似乎就是兰色姆所说的"诗歌存在的现实"，那么韦勒克的"本体"观念似乎就与兰色姆比较接近了。其实不然。下面就文学作品的"存在方式"或者"本体论的地位"一连提出了三个问题，而关键是第一个问题：什么是"真正的"诗？由此可见，韦勒克所理解的诗的"本体"实际上就是指诗的定义、诗

---

① ［美］勒内·韦勒克、奥斯汀·沃伦：《文学理论》，刘象愚等译，北京：文化艺术出版社，2010年，第152页。

的概念或理念。

　　那么，什么是"真正的"诗？后文回答："真正的诗必然是由一些标准组成的一种结构，它只能在其许多读者的实际经验中部分地获得实现。"[①]说到"结构"，似乎又与兰色姆的观点合流了：兰色姆不是就把"诗歌存在的现实"概括为一种"结构"与"肌质"合二为一的特殊"结构"吗？其实又不然。韦勒克对他所说的"结构"的特征做了相当认真而详尽的阐释：

　　　　我们几乎无可否认，存在一种"结构"的本质，这种结构的本质经历许多世纪仍旧不变。但这种结构却是动态的：它在历史的进程中通过读者、批评家以及与其同时代的艺术家的头脑时发生变化。这样，这套标准体系就在不断成长、变化，在某种意义上总是不能圆满地实现。[②]

　　这种"结构"，它的"本质"历久而不变，而它的具体形态"却是动态的"，随时都在变；它一直在走向"圆满"的实现，却永远也不可能"圆满"的实现；它确实地存在着，却又不会有确实的存在。这种情况，很像中国的老子所说的"道可道，非常道；名可名，非常名"，也像庄子所形容的，它无所不在，却并无定在。概言之，它是变动中的不变，相对中的绝对。如韦勒克所说："绝对存在于相对之中，虽然它最终不在那里，也不完全在那里。"[③]有的学者把这种情况称作"虚灵的真实"，就是说它有突出的形而上学的特征。而这一点是兰色姆和他的学生们的"本体"观念中所没有的。

　　那么，这个具有形而上学特征的"本体"究竟是什么？下面就在

---

　　① ［美］勒内·韦勒克、奥斯汀·沃伦：《文学理论》，刘象愚等译，北京：文化艺术出版社，2010年，第160页。

　　② 同上，第165–166页。

　　③ 同上。

"是"与"不是"的对举中做了这样的描述：

> 艺术品似乎是一种独特的可以认识的对象，它有特别的本体论的地位。它既不是实在的（物理的，像一尊雕像那样），也不是精神的（心理上的，像愉快或痛苦的经验那样），也不是理想的（像一个三角形那样）。它是一套存在于各种主观之间的理想观念的标准的体系。必须假设这套标准的体系存在于集体的意识形态之中，随着它（按：指集体的意识形态）而变化，只有通过个人的心理经验方能理解，它建立在其许多句子的声音结构的基础上。[①]

话说得如此复杂，其实就是指诗的"理念"。只有诗的"理念"符合这里的描述，也才具有上面所说的那种变动中的不变、相对中的绝对的形而上学特征。

以诗的"理念"为诗的"本体"，这完全是以柏拉图和黑格尔为代表的那条关于"美本身"的思路。例如黑格尔说："美本身应该理解为理念，而且应该理解为一种确定形式的理念，即理想。"[②]上述《文学理论》书中的"本体"观念实际上就是黑格尔这句话的发挥。

四、新批评本体观念的多层次性

上述情况表明，新批评诸家虽各有自己的"本体"论，却并没有统一的"本体"观念。韦勒克评论新批评说："他们的基本美学观看来往往还

---

① ［美］勒内·韦勒克、奥斯汀·沃伦：《文学理论》，刘象愚等译，北京：文化艺术出版社，2010年，第166页。

② ［德］黑格尔：《美学》（第一卷），北京：商务印书馆，朱光潜译，1997年，第135页。

不具备坚实的哲学基础。"① "本体"观念纷杂与矛盾，或许就是"不具备坚实的哲学基础"的一种表现。

新批评的"本体论"意义上的"本体"也有多种含义。综上所述，大致可以归纳为以下四个层次：

一是文本层次。如兰色姆的"诗歌存在的现实"。

二是经验层次。如沃伦、退特、布鲁克斯基本上都把诗归结为"经验"。

三是世界层次。如兰色姆的"诗的本原世界"。

四是理念层次。即韦勒克的"理想观念的标准体系"。

四个层次中，二、三两个层次的关系最为密切。"经验"就是对"世界"的"经验"，所以沃伦、退特、布鲁克斯虽然把诗直接归结为"经验"，但同时也往往会联系到"世界"。如沃伦提出的"经验的统一与存在的统一"的"存在"就是指"世界"。兰色姆虽主要是谈"本原世界"，有时也涉及"经验"。四个层次中，一与四两个层次相距最远，似乎差别最大，其实不然。韦勒克说诗的"理想观念的标准体系"，就建立在其许多句子的"声音—结构"即语言文本的基础上。抽象的"理念"其实就是抽象的形式，也可以落实为抽象的形式，"理念"本体正与"文本"本体相通。在四个层次之中，真正处于对立地位的，主要就是一、三两个层次，即"文本"本体与"世界"本体。如韦勒克《批评的诸种概念》所说：

　　我们怎么可能再把一种重视艺术作品的上下文关联（它的独立自觉性、有机性），同那种强调艺术与现实的有意义的联系的观点调和起来呢？②

---

① ［美］勒内·韦勒克：《批评的诸种概念》，罗钢等译，上海：上海人民出版社，2015年，第340页。

② 同上，第302页。

这大概就是所谓的"本体鸿沟"。当然，这条"鸿沟"完全是人为造成的，也只是理论逻辑上的。那些极端形式主义者片面夸大符号系统的独立性，以致割断了语言符号同现实世界的固有联系，从而迷失了返回现实世界的逻辑道路。实际上不存在绝对"独立自觉"的符号或"文本"。

赵毅衡的《重访新批评》即明确提出了新批评的众多批评家的本体论都存在双重意义。兰色姆既说诗的本体是诗自身，又说诗的本体性来源于"本原世界"。布鲁克斯和沃伦也指出诗是自足的，却又说诗能使人更意识到外界的生活。韦勒克的本体论认为文学是存在方式，又是自成一类的可认识的客体。[①]赵毅衡称之为"'平行主义'折中主义理论立场"，是介于形式主义和模仿论之间的折中主义。[②]

新批评"本体论"方面的矛盾在理论逻辑上或许是一个瑕疵，但对于诗学理论实质上却是一个重要的优势。伊戈尔顿在其《二十世纪西方文学理论》中，不无幽默感地说：

> 新批评在走向一种纯粹的形式主义时半途而废，因为他笨拙的给自己掺进了某种经验主义，即这样一种信念：诗的话语已经以某种方式在自身之内"包括"了现实。[③]

这的确可以说是"半途而废"，但从某种意义上说，恰恰是这样的"半途而废"部分地挽救、成全了新批评。新批评对于"本体鸿沟"（ontological gap）[④]，采取了折中的方法，使之避免了一元唯心主义和艺术符号自指论（self-reflexivity）等哲学的根本问题。新批评诗学坚持诗歌是

---

① 赵毅衡：《重访新批评》，成都：四川文艺出版社，2013年，第15页。

② 同上，第16页。

③ ［英］特雷·伊格尔顿：《二十世纪西方文学理论》，伍晓明译，北京：北京大学出版社，2007年，第46页。

④ Rene Wellek, *Concepts of Criticism*, New Haven: Yale University Press, 1963, p.293.

一种认知世界的方式，或者如韦勒克等想努力调和文学与世界本体的各个层次，实际上还是认为文学本体与世界本体具有某种相应的结构，这种对待文学与现实的关系的观点，即如赵毅衡所指出的"这一点使他们在各种形式主义中迥出伦辈"①。

第二节　强调"文本中心"

文本中心论是新批评诗学方法论的核心，甚至可以说是新批评的一面旗帜。他们就是举着这面旗帜进行"文本细读"，在诗歌语义学领域作出了卓越的贡献，但也用这面旗帜挡住了其诗学的视野，造成了片面的局限。

一、文本中心论的产生

从根本上说，"文本中心论"是西方二十世纪被称作"语言学革命"的哲学思潮的产物。"语言学革命"的语言学，就是索绪尔的结构主义语言学。索绪尔的基本论点之一就是语言与现实没有关系，词的意义是由它与同一系统中的其他成分的关系而形成的。所以伊格尔顿指出形式语言学只关心语言结构，而不关心人们实际上可能说些什么；②而语言学革命的标志，就是认为意义由语言生产出来，而不是原先我们以为的那样，语言是用来表达意义的工具。语言是第一性的，意义是第二性的，即"语言本体论"：

---

① 赵毅衡：《重访新批评》，成都：四川文艺出版社，2013年，第18页。
② ［英］特雷·伊格尔顿：《二十世纪西方文学理论》，伍晓明译，北京：北京大学出版社，2007年，第3页。

我们并不是先有意义或经验，然后再着手为之穿上语词；我们能够拥有意义和经验仅仅是因为我们拥有一种语言以容纳它们。①

经历了"语言学革命"，这种"语言本体论"被推广到哲学、人文学和社会科学的各个领域。对于语言的分析方法，似乎适用于其他学科，如赵毅衡指出，结构主义者认为文学批评是"语言的文学工艺学"，文学甚至美学都可视为"符号学现象"，甚至认为语言世界产生现实世界。②

显而易见，这样的"语言学革命"已经明确地把文学批评的方向指向了文学作品的语言符号，即"文本"。

具体说来，"文本中心论"则是在"语言学革命"中出现的形式主义文艺思潮的产物。二十世纪初的俄国形式主义是这种文艺思潮的开端，他们起初针对的是神秘的象征主义，并且以实践的科学的精神把注意转移到文学作品本身的物质实在之上。他们提出，文学不是伪宗教，不是心理学，也不是社会学，而只是一种特殊的语言组织；文学也不是传达观念的媒介，不是社会现实的反映，不是某种超越性真理的体现，它是一种物质事实，我们可以像检查机器一样分析它的活动。文学不是由事物或感情而是由词语制造的，故将其视为作者心灵的表现乃是一个错误。③

俄国形式主义之后，还有英国的"实用批评"。英国批评家利维斯、理查兹等人提倡"实用批评"，而"实用批评"又与"仔细阅读"（close-reading）紧密相联。理查兹的著作《实用批评：文学判断研究》④里，就是将隐去诗歌作者姓名及相关信息的诗篇提供给读者，要求读者自由发表评论，并分析记录下来的评论。这些隐去作者信息的诗篇，就是脱离历史

---

① ［英］特雷·伊格尔顿：《二十世纪西方文学理论》，伍晓明译，北京：北京大学出版社，2007年，第59页。

② 赵毅衡：《重访新批评》，成都：四川文艺出版社，2013年，第100页。

③ ［英］特雷·伊格尔顿：《二十世纪西方文学理论》，伍晓明译，北京：北京大学出版社，2007年，第3页。

④ I. A. Richards, *Practical Criticism: A Study of Literary Judgement*, London: K. Paul, Trench, Trubner, 1929.

语境的独立文本。伊格尔顿指出，"实用批评"这个词值得稍加深入思考。实用批评意味着一种方法，它摒弃辞藻华丽的纯文学空话，并且完全不惮于分解作品；但是它也假定，通过将注意集中于从其文化和历史的语境中孤立出来的诗或散文作品，你就可以判断文学的"伟大性"和"中心性"。[①] 要进行"实用批评"必然就要求"仔细阅读"，两者都意味着详尽的分析性解释。仔细阅读并不只是号召人们要关注文本，而更重要的是告诉人们不能关注什么，如伊格尔顿（Terry Eagleton）所说："它既意味着对关注的聚焦，也意味着对关注的限制。"[②]聚焦的是书页上的孤立的文字，不能关注的是产生和围绕这些文字的外部环境。这种研究方法的假设是，文本是能够孤立地得到研究或者理解的。而伊格尔顿认为"文本中心""仔细阅读"等批评方法，就是文学作品的"物化"，就是把文学作品当成客体本身来对待，而没有意识到文学作品之外的现实客体。并且伊格尔顿把批判矛头从英国的"实用主义"和"仔细批评"指向了新批评，认为文学作品的"物化"在美国新批评中走向了极端。

的确，俄国形式主义与英国实用批评的上述种种观点，都被美国新批评继承和发展。诸如俄国形式主义提出的文学作为"特殊的语言组织"的观点，英国实用批评提倡的把文学作品从产生和环绕它们的种种语境中分割出来，进行孤立的文本细读就可以判断文学的审美价值，等等，都在美国新批评的诗学中得到了详尽的阐发和充分的落实。尤其是英国的"实用批评"，更是美国新批评的直接前身。英国"实用批评"的倡导者理查兹和燕卜荪，是公认的美国新批评的先驱。理查兹就曾提出"纯批评"的口号，"纯批评"就是排除一切"非文学因素"的批评。燕卜荪的《朦胧的七种类型》单纯分析诗的语言文本，丝毫不涉及诗的历史背景和作者生平。这种倾向后来都被美国新批评加以完善和发展，使文学作品成了孤立的语言实体。这样，美国的新批评就建立了西方文学批评史上最为系统、

---

① ［英］特雷·伊格尔顿：《二十世纪西方文学理论》，伍晓明译，北京：北京大学出版社，2007年，第42页。

② 同上，第43页。

最为突出的"文本中心论"。

在西方二十世纪形式主义的文学思潮中，美国的新批评也有自己的特点。如赵毅衡指出的，新批评在理论上没有像结构主义走得那么远，他们始终承认"语言世界"之外还有一个"客体世界"。但赵毅衡同时也明确地指出，就"在方法论上之重视语言"这一点来说，新批评"超过任何形式主义"。他们"不仅借用语义学的分析方法来分析诗歌语言，也以诗歌语言的语义学分析方法为模式来分析整首诗的结构"①。的确，即在本文的"结构论"和"语义论"两个部分，就可以清楚地看到这种情况。

二、文本中心论的要旨

"文本中心论"对于新批评来说，是其核心的诗学方法。对此的系统阐述主要见于维姆萨特和比尔兹利合撰的两篇论文《意图谬见》和《感受谬见》。两篇论文分别批判从作者"意图"方面和从读者"感受"方面评论作品的方法。如丹尼尔·霍夫曼主编的《美国当代文学》说："1945年后的十年间，新批评真可以说是'制度化'了。批评的姿态和试探性的概括变成了条条框框，他们建立了一种新的正统。这一倾向清楚地反映在W. K. 韦姆塞特和门罗·C. 比尔兹利的两篇很有影响的文章之中：《意图的谬误》和《感受的谬误》。"②《意图的谬误》即《意图谬见》，《感受的谬误》即《感受谬见》。从此，"意图谬见"和"感受谬见"这两个概念得到了理论界的承认并流行起来。但霍夫曼同时也指出从长远看来，这两篇文章造成的后果是，丧失了原先优越于实证主义批评的某些可取的实用精神，反而使新批评变得僵化了。

这两篇被称为将新批评"制度化"的论文中，明确地阐述了"文本中

---

① 赵毅衡：《重访新批评》，成都：四川文艺出版社，2013年，第100页。
② ［美］丹尼尔·霍夫曼主编：《美国当代文学》（上、下），北京：中国文艺联合出版社，1984年，第72—73页。

心论"的目的与宗旨，或谓之出发点。前已述及，伊格尔顿认为"文本中心"既意味着对关注的聚焦，也意味着对关注的限制，那么两篇关于"谬见"文章的出发点首先就是论述文学批评中"关注的限制"。

1."文本中心"论的出发点

维姆萨特和比尔兹利之所以反对"意图谬见"和"感受谬见"，提倡"文本中心"的诗学方法，是出于以下两方面的考虑。

一是为了追求批评的"客观性"。

他们认为，之所以会出现从作者"意图"方面或从读者"感受"方面评论诗歌这两种途径，就是为了绕过客观批评中那些令人生畏的障碍，但是绕过客观批评就是离开了批评和诗歌本身：

> 感受谬见是将诗和诗的产生过程相混淆，……其始是从写诗的心理原因中推衍批评标准，其终是传记式批评和相对主义。感受谬见是将诗和诗的结果（即诗是什么和它所产生的效果）相混淆。……其始是从诗的心理效果推衍出批评标准，其终则是印象主义和相对主义。不论是意图谬见还是感受谬见，这种似是而非的理论，结果都会使诗本身作为批评判断的具体对象趋于消失。[①]

显然，这些说法很值得商榷。无论从作者"意图"方面还是从读者"感受"方面评论诗歌，都有其合理性和必要性。事实上，这两种途径无论在西方还是在中国都是古已有之而且卓有成效的。它们的出现未必就是为了"绕过客观批评"。

具体而言，两种谬见是怎么绕过客观批评并离开了批评和诗歌本身的呢？关于"意图谬见"，他们认为谬误在于将诗和诗的产生过程相混淆，即哲学家之起源谬见。其实，诗和诗的产生过程固不应混淆，但二者原本

---

① W. K. Wimsatt, Monroe C. Beardsley, "The Affective Fallacy", in *The Verbal Icon: Studies in the Meaning of Poetry*, Lexington: University Press of Kentucky, 1954, p.21.

密切相关，甚至不了解后者就难于真正理解前者。关于"感受谬见"，他们认为谬误在于将诗和诗的结果相混淆，也就是将"诗是什么"和"它所产生的效果"相混淆。实则，大体说来，什么样的诗就会产生什么样的效果，后者恰可以证实前者，二者正可以说是相证而益彰。因此，将诗与诗的产生及诗的效果之间的联系截然分开，并称之为"谬见"，实在是针对实证主义批评理论的矫枉过正。

强调批评的"客观性"没有错，强调批评的"客观性"应着重于"文本"的客观分析也没有错。但是，文学批评尤其是诗歌批评的"客观性"并不是绝对的。一方面，这类批评不需要，也不应该追求绝对的"客观性"，因为这类批评必须保留读者某些特殊的主观感受存在的空间；另一方面，这类批评也不可能达到绝对的"客观性"，因为无论哪个批评家，也无论他怎样标榜"客观性"，实际上都离不开他个人对作品的主观感受。此外，更值得注意的是，上面这些说法清楚地表明，在新批评的眼中，只有文本批评才是"客观批评"。

二是为了追求批评的易操作性。

《意图谬见》一文说：

> 在一些诗的背后，有着全部的生活、感觉上和心理上的经验，它们在某种意义上，是这诗的成因。但是这些从字面上，因而也就从诗这个理性作品上则是无法也无须知道的。对于我们各种经验的对象，对于每一个统一体，我们的内心都有一个断其根、抹杀其前后联系的活动——否则我们就没有什么事物、思想或其他任何东西可谈了。①

这段话似乎有道理。世界上没有孤立存在的事物，任何事物都处在普

---

① W. K. Wimsatt, Monroe C. Beardsley, "The Intentional Fallacy", in *The Verbal Icon: Studies in the Meaning of Poetry*, Lexington：University Press of Kentucky, 1954, p.12.

遍联系的网络之中，它的因果链条可以说是无限的。要想在一次研究中穷尽其所有的因果联系，是不可能的。所以每一次研究都只能从某一角度、某个方面入手，暂且割断其余的复杂联系，把研究对象"孤立"起来。但也正因为如此，每次研究的成果也都是有限的、不完全的，亦即暂时性的，需要经过多次乃至无数次从不同角度、不同方面的研究，日益揭示出研究对象所固有的种种复杂的因果联系，才能逐渐接近较为完全的认识。而上面这段话，显然是把"断其根、抹杀其前后联系"这个本来在一定意义上不无道理的方法极端地绝对化了，亦即把暂时的、相对的"孤立"变成了永远的、绝对的"孤立"，认为研究事物的方法就是一味地"断其根、抹杀其前后联系"，可以完全不顾客观事物固有的因果联系，即便是最直接、最具决定性的因果联系也必须一概弃绝。以这样绝对化的"孤立"论的哲学方法论作"文本中心论"的依据为"文本中心论"辩护，只能表明"文本中心论"就是这样绝对化的"孤立"论的诗学方法论，表明以"字面"作为"文本中心"的立论依据，只是为了便于操作而已。

易操作性，是新批评的诗学方法论所追求的一个目标，也的确是他们在诗学方法上的一个长处。但是，易操作性并不是诗学批评的唯一目标，更不应该是诗学批评的最高目标，因为易操作性的方法未必是正确的方法，更未必是高明的方法。对于诗歌批评来说，最关键的是如何引导读者正确而深刻地体验到作品的"诗意"，亦即如何能够真正"入诗"；读者可以说不出来，但必须能体验到。否则，一切方法，无论多么巧妙、多么便捷、多么"科学"，都毫无意义，甚至会引人误入歧途。在古今中外的诗学批评史上，这类误人子弟而自以为实用的方法论并不少见。举一个中国的例子：金圣叹谆谆教人按照八股文"起承转合"的路数，学会为诗分段，即"分解"，以此为读诗法宝。实际上，如此读诗可能会终生徘徊于诗外，而无以踏入诗门。金圣叹自己的《唐诗解》就多有妄自穿凿之论。

伊格尔顿针对迷信"方法"的文学理论指出，即使遵循种种批评方法，也未必能得出什么对于一首诗富有启发性的解释，相反，那些没有文学能力的人，不遵循既成的诠释程序而是通过轻视和嘲弄它们，也有可能得到有价值的诗歌阐释。所以，诠释方法的"易操作性"，不应成为绝对化的理论追求。①

2."意图谬见"

说到"意图谬见"，先交代一下"意图"这个词。英语intention一词大意是指行为的目的、计划或安排，译作"意图"并无不当。新批评的"意图谬见"之说，从理论上看与艾略特"非个性化"的观点颇有相通之处。艾略特在《传统与个人才能》一文中提出，诗并不是"诗人的心灵"的表现。"诗人的心灵"只是一种"工具"，一种"催化剂"，但最终的合成产物即诗里不含催化剂即诗人的心灵。②诗人应该把自己的"感受"与诗的"创作"彻底分开，诗中的"激情"与他自己毫不相干，那只是需要他完善处理的"材料"。因此，艾略特进一步提出"诗不是放纵感情，而是逃避感情，不是表现个性，而是逃避个性"的说法，把诗与诗人的"感情""个性"完全分开了。应该承认，艾略特这些话也的确含有号召诗人们跳出某些浪漫主义诗人的"小我"，表达"意义重大的感情"的积极含义。但这种把艺术的感情"非个人化"的理论，也为新批评把诗当作绝对独立的"客体"，完全撇开诗人以论诗开辟了道路。艾略特在《传统与个人才能》一文中还指出，把兴趣即关注点从诗人移到诗上，能使诗得到较为公正的评价。这正是新批评的"意图谬见"的观点。③

从上述艾略特"非个性化"的言论中可以看到，他的"非个性化"主要就是针对诗人自己的"感情"和"个性"，亦即诗人的情志。发源于此的新批评的"意图谬见"的"意图"，也主要是指诗人自己的情志，"意图谬见"就是认为联系诗人的情志来评诗就是一种"谬见"。这样，"意图谬见"就与中国诗学的"诗言志""诗者吟咏情性也"的观点恰恰相左了。

---

① ［英］特雷·伊格尔顿：《二十世纪西方文学理论》，伍晓明译，北京：北京大学出版社，2007年，第122页。

② 王恩衷编译：《艾略特诗学文集》，北京：国际文化出版公司，1989年，第5页。

③ 同上，以上均见第8页。

诗人之写诗，未必先有安排，未必先立什么明确的目的、计划，往往是即兴而为，兴尽则止。周珏良在一篇谈《中国诗论中的形式直觉》的文章中，举过这样的例子：

陈与义（简斋）：朝来庭树有鸣禽，红绿扶春上远林。忽有好诗生眼底，安排句法已难寻。[1]

《后山诗话》：渊明不为诗，写其胸中之妙耳。[2]

类似的例子在中国诗论中比比皆是。如杨万里所云："我初无意于作是诗，而是物是事适然触乎我，我之意亦适然感乎是物。是事触生焉，感随焉，而是诗出焉，我何与哉？天也，斯之谓兴。"（《答建康府大军库监门徐达书》）又如袁枚所云："我不觅诗诗觅我，始知天籁本天然。"（《老来》）面对这种情况，有何"意图"可言？又如何言其"意图"？德国哲学家弗洛姆在谈西方人与东方人的差别时，说过："我们这些野心勃勃的人干什么都要有目的，都要得到某种结果，达到某种目标。"[3]西方人觉得人的一切行为都是出于"有意"，写一首诗也必然是预先做好计划，定下目标，有明确的"意图"。而中国古人不是如此，他们觉得写诗乃"在有意无意之间"，甚或不期而至，所以很少论及"意图"。

那么，新批评为什么反对联系诗人的"意图"来评诗？具体而言，他们提出了四点理由。

其一，作者"意图"不是评价的标准。

衡量一部文学作品是否成功，不能根据作者的构思或者意图。[4]这个评判的理想的标准不属于作者，而应是大众范围的，因为读者不会完全依

---

[1] 周珏良：《周珏良选集》（"北京外国语大学70周年校庆学术成果"系列），北京：外语教学与研究出版社，2011年，第78页。

[2] 同上。

[3] ［德］弗洛姆：《生命之爱》，北京：工人出版社，1988年，第13页。

[4] W. K. Wimsatt, Monroe C. Beardsley, "The Intentional Fallacy", in *The Verbal Icon: Studies in the Meaning of Poetry*, Lexington：University Press of Kentucky, 1954, p.3.

照作者本人的原意去解读。①

这样分析有一定的合理性，因为作品一旦进入了社会，就必须要经受大众的评判，作者的意图决定不了读者的阐释。但这里有个逻辑问题，首先必须有正确而深刻的理解，而后才谈得到评价，才可能做出恰当的评价。即使是一个作为职业批评家的读者，批评一首诗的前提也不是评价，而是对诗的理解。还没有真正理解，或者根本就没有读懂，就难以给予公正的评价。而要想真正读懂，要想有正确而深刻的理解，了解作者的构思或意图至少有益而无害。

其二，作者"意图"无关于诗的成败。

新批评认为，如果诗人写出了成功的诗，诗本身就表明了他的意图，如果诗人没有成功地在诗中表明他的意图，那么他的诗也就不足为凭。②

的确，计划不等于结果，诗人构思的"意图"未必能够完全实现，所以不能仅凭诗人的"意图"来评价诗歌作品。但是，了解诗人构思的"意图"又与分析诗歌作品的成败密切相关。如果作者的构思本身就存在问题，那么诗歌作品就不可能成功；如果诗人的构思本身并无问题，那么作品的失败就肯定是在于表达或表现的方法、技巧方面存在问题。无论属于哪种情况，都离不开对作者的构思"意图"的考察。所以，联系作者的"意图"来论诗，未必就是"离开诗而论诗"。即使诗中并没有透露出多少关于诗人意图的消息，也不妨对"意图"做一些尽可能的考察，甚至更应该作这样的考察。

其三，诗歌作品是脱离诗人的独立"自足"的存在。

新批评的观点是：

> 那诗确非批评家自己的。但同时它也不是作者自己的（它一生出来，就立即脱离作者而来到世界上。作者的用意已不复作用于它，它

---

① W. K. Wimsatt, Monroe C. Beardsley, "The Intentional Fallacy", in *The Verbal Icon: Studies in the Meaning of Poetry*, Lexington: University Press of Kentucky, 1954, p.10.

② Ibid., pp.4–5.

也不再受作者支配），这诗已经属于公众了。它通过语言这个特殊的公有物而得到体现，其内容是关于人类这个公众知识的研究对象。任何关于诗的言论都得经过检验，这检验与语言学或普通心理学中的任何陈述所经过的检验相同。[①]

就是说，诗不是作者自己的，而是脱离作者来到了世界上，以"语言这个特殊的公有物"的形式属于公众；其内容也无关于作者本身，而是关于"人类这个公众知识的研究对象"；一旦作品完成并发表，其支配权就从作者转移到公众手上；诗的评论就如语言学或心理学的陈述一样要经过公众的检验。

一首已经完成、已经传世的诗，当然可以说是一个客观存在。但是一首诗毕竟有它的作者，体现着这位作者独特的情志与个性，这与"语言"这个"公有物"并不完全一样。一首诗的"内容"当然也可以说属于"公众知识"的范畴，但一首诗的"公众知识"与一篇语言学或心理学著作的"公众知识"也不完全相同，因后者不包含任何个人的情志与个性。以"属于公众"为理由，把一首诗同"语言"这种无作者的社会工具混为一谈，同语言学、心理学这类无个性的科学著作混为一谈，以隔断诗与作者的关联，说明诗的独立"自足"，值得商榷。

可见新批评无法完全否定诗与诗人的联系，无法完全否定诗中带有诗人的情志与个性。于是，他们又提出了第四条理由。

其四，诗最多是诗人的"面具"，而非直接的自我表现。

新批评还认为，即使一首诗看上去表现的是诗人的"个性"或"心境"，实际上那也只是诗人的一种"戏剧性"的表演。即使一首诗确实表现了作者的个性或心境，也不是作者自己在说话，不是作者的自我表现，

---

① W. K. Wimsatt, Monroe C. Beardsley, "The Intentional Fallacy", in *The Verbal Icon: Studies in the Meaning of Poetry*, Lexington: University Press of Kentucky, 1954, p.5.

而是作者"构思"出来的有"戏剧表现力的说话者"①在说话，犹如一出戏里某个角色的台词。而一出戏剧里某个角色的台词，显然是不能当作剧作者的自述来看待的。至于这个角色的台词是否也是剧作者自己想说的话，那就需要另外再作论证了。

这种观点，不仅维姆萨特与比尔兹利的《意图谬见》里有，韦勒克等的《文学理论》里也有，上面所说的"戏剧性的表现"到了韦勒克这里进一步变成了"面具"。面具当然不是真人。即使确实是诗人本身的经验和生活，经过戏剧化的表现，也就不再是原来的面貌，而成了一种"面具"。②总之，加入了戏剧性的表现、一种面具这样的隔离墙，"诗人"与"诗人的作品"就又被隔开了。

如上这些"理由"，总之就是要隔断诗与其作者的联系，把对作者的情感、个性的考察从诗歌批评中排除出去。

那么，像新批评这样割断了诗与其作者的联系，进而会产生什么样的理论后果呢？

后果之一，就是否定"真实性"的意义。

《意图谬见》批判了英国诗人爱德华·杨（Edward Young）等人诸如"全部的美只在于真实性的那种细腻刻画"的言论，还有那些描述诗人内心的种种文字。新批评认为这种鼓励在诗人的灵魂深处寻找真理并传达出来的言论，对激发年轻人的诗兴没有什么正面影响：

> 但所有这一切都不属于文艺批评这门艺术，而属于一种心理训练，一种自行发展的体系，一种可能已为青年诗人们所注意到，但又与诗歌批评这门大众艺术有区别的瑜伽。③

---

① W. K. Wimsatt, Monroe C. Beardsley, "The Intentional Fallacy", in *The Verbal Icon: Studies in the Meaning of Poetry*, Lexington：University Press of Kentucky，1954，p.5.

② ［美］勒内·韦勒克、奥斯汀·沃伦：《文学理论》，刘象愚等译，北京：文化艺术出版社，2010年，第76—77页。

③ W. K. Wimsatt, Monroe C. Beardsley, "The Intentional Fallacy", in *The Verbal Icon: Studies in the Meaning of Poetry*, Lexington：University Press of Kentucky，1954，p.9.

"诗歌的抒情言志必须真实"这样的常识，变成了带有讽刺意味的"心理训练"的"瑜伽"。

韦勒克等学者的《文学理论》更明确地宣告，"真挚性的准则是完全错误的……真挚性与艺术的审美价值没有必然的联系"①，还说图书馆那些痛苦缠绵的爱情诗与感情炽烈的宗教诗，也只是数量上的惊人，难以见得有多少艺术价值。因为用作家的传记，还有用史实资料佐证的作家经验与作品之间是否一致、是否有对应性的做法，是无法用来评判文学的。

真挚性与艺术价值之间即使没有必然联系，但也不是没有联系。"真挚性"确实并不是抒情诗的全部价值或唯一价值，"真挚"的情感也有美丑、高低和雅俗之分；即使存在着低劣的爱情诗和厌世的宗教诗，也难以断言"真挚性"没有价值。王夫之指出"贞亦情也，淫亦情也"（《诗广传》卷一），"浪子之情无当诗情"（《古诗评选》），但这并没有妨碍他在总体上以"陶冶性情，别有风旨"为诗的定义。新批评理论家在这里似乎犯了一个以偏概全的逻辑错误。

可以看到，维姆萨特与比尔兹利及韦勒克等人的上述言论谈的都是抒情诗。抒情诗可以完全不讲真伪，可以是"戏剧性的表演"，可以是诗人的"面具"：这就是他们"理直气壮"地宣扬的观点。

从中国诗学的眼光来看，新批评的这种观点是难以接受的。中国历来把文艺视为"心声心画"，心灵的声音和图画岂能弄虚作假？在先秦时代，《礼记·表记》即曰"情欲信"。《礼记·乐记》亦曰"著诚去伪"。《周易·乾卦·文言》又曰"修辞立其诚"。《庄子·渔父》篇更云："真者，精诚之至也。不精不诚，不能动人。"自此以后，这条准则几乎成了一条铁则。文坛上的一切言不由衷的虚假现象，都受到文论家们的尖锐批判。如刘勰言道：

---

①　［美］勒内·韦勒克、奥斯汀·沃伦：《文学理论》，刘象愚等译，北京：文化艺术出版社，2010年，第77页。

> 志深轩冕，而泛咏皋壤，心缠幾务，而虚述人外。……言与志反，文岂足徵？（《文心雕龙·情采》）

这是对华而不实、言不由衷的"齐梁文风"的批判。如元好问言道：

> 心画心声总失真，文章宁复见为人。高情千古《闲居赋》，争信安仁拜路尘。（《论诗三十首》）

晋朝诗人潘岳，字安仁。据《晋书》载："岳性轻躁，趋世利。与石崇等谄事贾谧，每候其出，与崇辄望尘而拜。……既仕宦不达，乃作《闲居赋》。"这首诗就是对潘岳的批判。中国古代是要以诗观人的，言而不真便一无足取。

后果之二，就是把有关的历史考察逐出文学批评之外。

新批评反驳了意大利美学家克罗齐（Benedetto Croce）在他的《美学》一书中所说："有关历史背景的解说是旨在力图，……为我们重建起那已随历史发展而改变了的心理条件。它……使我们能以正在进行创作之中的作者的眼光来看一部文艺作品（一个具体有形的东西）。" 这段话论述了有关的历史考察对于文艺批评的意义。新批评派则根本否定这种看法。《意图谬见》说：

> 克罗齐体系说到底，就是在含混地强调历史。……一个批评家可以写出一篇颇像样的讨论莎士比亚或高乃依的某部剧作表现出了什么意义或"精神"的分析文章。这是一个包括了严密的历史考证而不包括艺术分析在内的过程，或者他也可以同样煞有介事地来上一篇社会学方面，作者生平方面或者其他非美学的史学方面的文章。①

---

① W. K. Wimsatt，Monroe C. Beardsley，"The Intentional Fallacy"，in *The Verbal Icon: Studies in the Meaning of Poetry*，Lexington：University Press of Kentucky，1954，p.7.

新批评认为克罗齐只是在"含混地强调历史"。因为一个批评家写出的关于伟大作品的意义或精神的文学评论，如果只是包括历史考证而非艺术分析，那么和社会学、介绍作者生平、史学等文章没什么两样。如此说来，文学批评就只能局限于"艺术分析"而不能涉及文学作品的"意义或精神"，否则只是就一部文学作品写了一篇非文学批评文章。

总之，诗与作者无关，文本就是一切。《意图谬见》又云：

> 要是意图派的暗语诸如"真挚""忠实""自发性""可靠性""真实性""独创性"能与"完整""贴切""协调性""作用""成熟""细微""充足"这些词等同起来那就方便了，可实际上并非如此。①

所列两组概念，前一组关乎作者、关乎作者的思想感情，后一组则仅仅涉及"文本"。把"这些词等同起来"，就是让前一组等同于后一组，这当然是不可能的。这段话的意思就是：只有用以评论"文本"的，可以完全客观化、物质化的概念，才是文学批评的合格概念，"真挚"等则成了表意不明的"暗语"。

近期也有学者针对作者意图是否存在于"科学主义的阐释"当中的问题，提出：文学作品是作者思想和思想力量的客体化，作者的意图是贯穿于整个文本的语言、结构、风格当中的，试图否定和瓦解作者的意图，更是主观主义的态度。科学的文学研究态度应该给予作者及其意图应有的尊重。②

3."感受谬见"

除了作者的"意图"，新批评认为，读者的"感受"也不能成为诗歌批评的依据。归纳起来他们也提出了以下四条理由。

---

① W. K. Wimsatt, Monroe C. Beardsley, "The Intentional Fallacy", in *The Verbal Icon: Studies in the Meaning of Poetry*, Lexington: University Press of Kentucky, 1954, p.9.

② Zhang Jiang, "Is the 'Intention' There? On the Impact of Scientism on Hermeneutics", in *European Review*, Volume 26, Issue 2, 2018, pp.381–394.

其一，"感受"没有"客观性"。

新批评强调，文学批评的依据必须具有"客观性"，而"感受"都是主观的。

兰色姆在《批评公司》一文中就提出，应该排除在批评领域之外的，首先就是读者的个人感受，因为那只是读者对所读作品的效果发出的感叹：

> 个人感受的记录，即作为读者的批评家对所读作品的效果发出的感叹。如果我有权规定，那么批评应恪守的第一法律就是客观，就是应阐述客体的本质而不是它对主体的影响。①

个人感受的记录是无法阐述客体的本质的。此外"将属于主体的特性赋予了客体的词汇"，例如"感人的""可怜的""伟大的""令人赞叹的"等等，甚至连"美"这个词，都应列为非批评用语。这就把几乎所有"感受"性的评述，乃至带有"感受"色彩的词语全部排除在"批评领域"之外了，不可谓不彻底。②

维姆萨特与比尔兹利的《感受谬见》，更引证黑格尔的话强调了感受的主观性：

> 感受（feelings）"纯粹是我自己的主观情感（subjective affections），在这里具体的事物完全消失，仿佛是缩减在一个极其抽象的圈子里"。③

---

① 约翰·克娄·兰塞姆：《批评公司》，见史亮编《新批评》，成都：四川文艺出版社，1989年，第16页。

② 同上，第17页。

③ W. K. Wimsatt, Monroe C. Beardsley, "The Affective Fallacy", in *The Verbal Icon: Studies in the Meaning of Poetry*, Lexington：University Press of Kentucky, 1954, p.32.

这里不止一次讲到"感受"（feelings）或"情感（emotions/affections）"。实际上，"感受"就是"感受"到的"情感"，或者对"情感"的"感受"。《感受谬见》也主要是反对以"情感"论诗的，凡是主观性的感受，统统都应排除。如 "生动的形象"（vivid images）里，"生动"这个概念，就不是一部作品赖以辨识其存在的事物，而是一种认识结构的产物，"生动"并不是事物的客观属性，而是人们对某种物态的主观"感受"，所以"生动"这个概念也应该从"批评领域"排除。这种主观与客观、心理与物理的区别，新批评的辨析是非常严格的。只是这种绝对客观性难以推演，如果按照理查兹的理论，整个世界都是投射性的，那么作为认知客体的诗歌里，没有什么事物是不被投射了情感的，没有什么词语不是描述情感的。若都从批评领域排除出去，岂不是就没有词汇可以用来评论文学作品了？

其二，"感受"缺乏明确性。

《感受谬见》认为情感或感受处于模糊不清的状态。情感既能增强人们的理性认识，也能压倒理智，那么可以说情感或感受"濒于不自觉的边缘"[1]。

这倒也是事实。许多"感受"或"情感"的确模糊不清，自觉与不自觉也很难说清楚。问题在于这是否就应该成为被排除在文学批评领域之外的理由。我们记得，维姆萨特曾经在《具体普遍性》中说过，"客观主义批评家"也只能近似地描述诗歌，因为不可能把诗的所有艺术效果变成逻辑的语言，每首诗都有一点东西不可能用语言表示。[2]这同样缺乏明确性，不可能用其他语言说清楚，而这正是"诗或任何艺术作品"的特点。如果因为说不清楚、缺乏明确性就应该被排除在"批评领域"之外，那么整个"诗或任何艺术作品"都有被排除在批评领域之外的危险。而诗之所

---

① 　W. K. Wimsatt, Monroe C. Beardsley, "The Affective Fallacy", in *The Verbal Icon: Studies in the Meaning of Poetry*, Lexington：University Press of Kentucky, 1954, p.27.

② 　W. K. Wimsatt, Monroe C. Beardsley, "The Concrete Universal", in *The Verbal Icon: Studies in the Meaning of Poetry*, Lexington：University Press of Kentucky, 1954, p.83.

以说不清楚、之所以缺乏明确性，从根本上说，岂不就是因为诗所表达的是某种"感受"或"情感"？且所谓不可能把诗或任何艺术作品的全部效果变成逻辑语言的效果，至少首先是或主要是读者的"感受"。无论如何，在谈诗的本质的时候承认了的东西，在谈诗的批评方法的时候也不应为了强调"文本中心"而予以排除。

其三，"感受"难于判断真伪。

《意图谬见》中讲到，有人想冷静地调查诗歌对人所起的作用，因而走进了实验室，测试三角形和长方形所产生的生理效果，探讨济慈的诗使人产生的联想或导致的运动神经的放电现象，等等；还以讽刺的语气说，倘若动物也能读诗，感受派批评家对于动物的研究可能会做出类似的发现，比如说面临饥饿、痛苦和愤怒时，肝脏释放糖分，肾上腺分泌出肾上腺素，等等。又举例说，学生们在提到"母亲"一词时诚恳地表示了某种感情，但实验室的电流计并没有指示出任何身体上的变化。这些学生也声称他们在听到"妓女"一词时无任何感情，但是电流计却发生了明显的振动。①

这里主要是说"感受"无法判断真伪。"感受"多出自读者的自述，而读者在自述时难免会有诸如"面子"之类其他的考虑，很难判断其所述是真话还是假话。但是一般而言，谈读诗的感受很少会涉及个人的"面子"；而且了解读者的"感受"所关注的主要是普遍性，即众多读者的普遍"感受"。讨论读者"感受"的诗学价值，原不必夸大某些特殊情况以与"感受派批评家"为难。

其四，"感受"实际上产生于对客观事物的描写。

《感受谬见》中说：诗的"感情含义中有很大、很明显的一部分直接取决于描写意义"②。意思就是，读者所"感受"到的"感情"，往往并不是产生于诗中那些直接的"感情"陈述，而是产生于那些相关的景

---

① W. K. Wimsatt, Monroe C. Beardsley, "The Affective Fallacy", in *The Verbal Icon: Studies in the Meaning of Poetry*, Lexington: University Press of Kentucky, 1954, p.31.

② Ibid., p.24.

物描写。文章举了布鲁克斯分析丁尼生的《眼泪，徒然的眼泪》（Alfred Tennyson, *Tears, Idle Tears*）的一个例子。布鲁克斯说，"诗的第二节使我们对过去的欢乐经历有了生动的体会"，实际上是因为诗中"一只船体下垂的帆船上闪耀的光"这一个意象，同时暗示了悲伤（sadness）和清新感（freshness）两种特性。[①]批评家不能直接去描述眼泪、痛苦等生理症状，甚至应有意地避开此类感情的叙述，而应告诉人们，情感的对象有什么特征，不同的对象相互之间有什么细微的差别和联系。

显然，这其实就是中国诗学所激赏的"借景抒情"。王夫之说"语有全不及情而情自无限者"，"以写景之心理言情，则身心中独喻之微，轻安拈出"。这当然也就可以"避免谈到眼泪、刺痛或喜怒、冷漠或激烈等感觉的其他生理症象，或更空洞的情感骚动状态"。但新批评这里所强调的，却是诗歌批评不需要谈论什么"读者感受"，而只需要分析景物描写"所反映的情况知识"。于是批评的眼光从读者的情感"感受"转向了文本的景物描写，也就是从主体转向了客体，从主观转向了客观，回到了"文本中心论"的立场。这只能说是新批评的刻意引导。

这篇《感受谬见》实际上主要是谈"情感"问题。按照新批评众人的诗学逻辑，"借景抒情"就不再是抒情，而只是写景；诗亦借此而远离了感情，成了一种特殊的"知识"，故云"作为知识的文学"。诗究竟是表达"情感"还是提供"知识"，这是诗学的一个根本性的问题，后文还会详析。

---

① W. K. Wimsatt, Monroe C. Beardsley, "The Affective Fallacy", in *The Verbal Icon: Studies in the Meaning of Poetry*, Lexington: University Press of Kentucky, 1954, p.34.

三、文本中心论的局限

新批评的"文本中心论"行世以后，受到学界相当广泛的关注，引起了持续的讨论。讨论中提出的问题，约可归纳为以下几个。这些问题可以说既是"文本中心论"的特点，也是这种诗学方法论的局限。

其一，这是一种"偏而不全"的批评方法。

周珏良在《对新批评的再思考》中讲到，美国的"芝加哥学派"认为新批评的批评方是一种以"偏"论诗，而以自己建立的体系为"全"的批评方法。[①]比如布鲁克斯用反讽、悖论，燕卜荪用含混等片面的特点来分析文学作品这一有机整体，很难做到全面。当然，芝加哥学派的批评体系是否"全"姑且不论，但这里对新批评的批评是符合实际的。只关注"文本"，只注重作为诗的媒介的语言而不及其他，如何能全面理解文学作品那种有机统一的、纷繁复杂的意义体系？芝加哥学派依照亚里士多德的《诗学》，认为"全的批评"必须是艺术品的本体、媒介和表现方式三者的结合，新批评只注重语言和文本，就只偏重在了媒介这一个方面，就是"以偏概全"了。[②]

由此可看，"文本中心论"并不是亚里士多德式的"作品中心论"。亚里士多德的《诗学》是从"本体""媒介""表现方式"三个方面分析评价艺术作品的。"本体"就是指作品的题材、内容，"媒介"对于诗来说就是语言，"表现方式"指对话、叙述等。如果提出文学研究、文学批评应该以文学"作品"为中心，当然合理。有文学作品才有"文学"，有文学作品才能称作文学家。离开了"作品"就离开了文学研究与文学批评。但依传统的文学批评观念，文学"作品"，应该含有更丰富的维度，而"文本中心论"所关注的，仅仅是诗的语言"媒介"这一个方面，叫作

---

① 周珏良：《周珏良选集》（"北京外国语大学70周年校庆学术成果"系列），北京：外语教学与研究出版社，2011年，第132页。

② 同上。

"文本批评"或许更贴切。

新批评的诗学实际上更像"诗歌修辞学"或者"诗歌工艺学"。凡局限于作品的语言研究的理论，都只是修辞学或工艺学，而不是合格的文艺学或诗学。俄国形式主义者曾经提出，把诗学列为语言学的一个分支。那么这个语言学的分支就是修辞学。结构主义者自己就申明，他们的文学批评研究其实就是"语言的文学工艺学"。理查兹把语言学中的语义学应用于修辞学，著为《修辞哲学》并运用于文学批评。即使理查兹宣称欲建立一种哲学体系，而非旧式的修辞学，但也只是一种文学修辞学，而新批评的诗歌语义学的基础则几乎完全来自理查兹的修辞哲学体系。

新批评的语义批评，实际上还是对诗歌语言的修辞或语言工艺的研究，有人将其视为诗歌创作论。其实不然。创作论所关注的是文艺作品从无到有的产生过程，按照新批评的观点，应归入"起因"论。而新批评只关注创作完成之后的成品，坚决排斥"起因"研究。他们把"起因"研究称之为"起因谬说"，断言"研究起因显然绝不可能解决对文学艺术作品这一对象的描述、分析和评价等问题"[①]。此外，创作过程的关键环节，是作者对作品的构思和酝酿，而这又正是新批评的"意图"，于是"意图"研究又成了新批评批判的"意图谬见"。这样看来，他们没有"创作论"，只有"制作法"，就像生产"布丁"和"机器"那样。而"制作法"不等于"创作论"。

因此，新批评也难以真正划清诗歌与散文，即文学与非文学的界限。伊格尔顿指出，形式主义者所理解的"文学性"就是语言的某些特殊用法，比如隐喻、换喻等，既可以在文学作品之中，也可以在文学作品之外找到，甚至已广泛被应用于日常话语。[②]赵毅衡也以"现代语言学的基本看法"，否定了仅凭文本语言来区分文学与非文学的批评方法。他说，各

---

① ［美］勒内·韦勒克、奥斯汀·沃伦：《文学理论》，刘象愚等译，北京：文化艺术出版社，2010年，第69页。

② ［英］特雷·伊格尔顿：《二十世纪西方文学理论》，伍晓明译，北京：北京大学出版社，2007年，第5—6页。

个形式主义文学理论派别，都把文学作品的"本体"建立在语言文本之上，从文体特征中寻找文学特异性。然而，现代语言学基本发展方向是文学与非文学语言不存在根本性的区分，历史证明，很难在语言特征中找到"文学性"作为文学批评的根基。①只注重语言，将文学作品视为一个封闭的系统，只沿着语言媒介这个单一的维度走下去，与日后发展起来的结构主义、解构主义思潮一脉相通，最终不仅没有建立新批评所追求的具有审美价值的文学本体，反而有导致文本意义消解的危险。

其二，这是对"社会/历史批评"的否定。

所有带有形式主义倾向的文学批评，都排斥对文学作品所做出的社会/历史原因的研究。前已言及，他们认为只有把一部文学作品"从其文化和历史的语境中孤立出来"，才能对它做出科学的判断。因此，他们反对研究文学作品产生的社会/历史条件，宣称那是向"起源神话"屈服。马尔科姆·布拉德伯里（Malcolm Bradbury）曾指出新批评的理论倾向就是走向某一死胡同，那里不能进行任何关于文学的模仿或社会等方面的有效讨论。②前面提到的《美国当代文学》也认为，新批评有计划地排除了一切历史、社会学和作者生平一切有关的背景，"把诗光秃秃地放在纸面上"③。

赵毅衡则进一步指出，新批评始终把社会/历史批评作为他们的主要对手，《意图谬见》就主要是冲着社会/历史批评来的。④所以其中强调，文学批评就是"艺术分析"，也只能是"艺术分析"，而"意义或精神"方面、"社会学方面"、"作者生平方面"或者"史学方面"等其他各方面的分析，都不是文学批评。而在新批评中，反社会/历史批评的调门最高的，是艾伦·退特。

在《论诗的张力》一文中，退特离开"张力"这个主题，用大量篇幅

---

① 赵毅衡：《重访新批评》，成都：四川文艺出版社，2013年，第20—21页。
② 转引自史亮编：《新批评》，成都：四川文艺出版社，1989年，第290页。
③ ［美］丹尼尔·霍夫曼主编：《美国当代文学》（上、下），北京：中国文艺联合出版社，1984年，第75页。
④ 赵毅衡：《重访新批评》，成都：四川文艺出版社，2013年，第71—72页。

攻击"传达谬见（fallacy of communication）"，而这种谬见在诗歌创作中的表现，就是"社会诗"①。退特认为，如果诗歌为的是传达关于社会的内容，那么用今天的社会科学可以传达得更好，最多差别在于科学家无情和诗人多情，所以诗人专门写诗，这样也改变不了诗的无用论，因为以传达为己任的诗没有独立存在的必要。

中外文学史上的大量事实，充分表明诗歌是最适合于"传达思想感情"的文学样式，因而诗歌的主要品种就是"抒情诗"。"诗言志""诗者，吟咏情性也"，就是"传达"诗人的"思想感情"。而退特的逻辑是："传达社会内容或者思想感情"就是"社会科学"，而不是诗；关注诗的思想感情和社会价值也是"社会科学"，而不是文学批评；无论诗歌创作还是文学批评，只要涉及思想感情和社会价值，就是某种像社会科学的东西。这种观点并不是严密的逻辑论证，而更像是对社会/历史批评的厌弃。

赵毅衡还谈到，退特认为传达了一定思想内容的诗歌都不是好诗，而在二十世纪文学中，他特地选了美国女诗人埃德娜·米雷在萨柯与梵塞蒂被害时写下的动人的诗篇《在马萨诸塞州正义破了产》（Edna St. Vincent Millay, *Justice Denied in Massachusetts*）作为攻击的目标。②退特《论诗的张力》认为这首诗深受从诗中读出了社会正义感的人，以及与诗人有感情共鸣的人欢迎，但是如果读者并不具有社会正义感，与诗人情感或大自然的干旱意象没有共鸣呢？那么诗就会变得晦涩费解了。③攻击诗歌"传达思想感情"的新批评家，更深层的是针对所传达的特定的"思想感情"。那些批判社会/历史批评亦即意识形态批评的人，也未必没有他们自己的意识形态。至少可知与新批评相关的社会或者历史事件是，新批评在美国的

---

① 艾伦·退特：《论诗的张力》（1937），见赵毅衡编选《"新批评"文集》，天津：百花文艺出版社，2001年，第123–124页。

② 赵毅衡：《重访新批评》，成都：四川文艺出版社，2013年，第86页。

③ 艾伦·退特：《论诗的张力》（1937），见赵毅衡编选《"新批评"文集》，天津：百花文艺出版社，2001年，第123页。

崛起是与被称为"重农派"的南方团体有关，代表人物正是为新批评定名的兰色姆，兰色姆是歌颂南方农业社会、批判现代城市工业社会的，后者破坏了社会的和谐，剥夺了人的情感与理性的统一。①

从二十世纪的学术思潮来看，这种厌弃社会/历史批评的"文本"批评，也是"语言学革命"的一个后果。伊格尔顿在《二十世纪西方文学理论》中提出：语言不等于"实在之物"，语言背后是实实在在的社会现实。② "执迷"于语言或"文本"，其实就是对社会现实的逃避和妥协。故亦如伊格尔顿所说，对社会现实的逃避和妥协，也只能从一个从社会现实逃向某种替代品，例如有机社会、语言、神话等。③要想完全排除社会/历史批评，这是很难实现的。《美国当代文学》书中指出，无论理论家们阐发出多少种"谬见"，解读文学作品联系作者与创作的时代背景，是一种难以压制的"本能"。④接下来二十世纪中期开始，文学传记越来越受到欢迎，"文化研究"全面复苏，可以说是对新批评理论体系否弃文化和人性的一种反拨。文化研究"把文学重新拉回到广阔复杂的社会文化系统中，展开对文学作品的跨学科研究，……借文学作品来谈论各自的文化问题"⑤。当然，这样在文学作品的意义阐释问题上又会走向另一个极端，即张江所提出的"强制阐释"⑥，批评家强制做出脱离文学作品本身的主观阐释。可以说，文本与文化之间的关系问题是批评理论的核心，直到今天仍存在于学界的热烈争论之中。

其三，这是绝对孤立地看待事物的典型。

---

① ［美］约翰·克罗·兰色姆：《新批评》之《译序》，王腊宝、张哲译，北京：文化艺术出版社，2010年，第2–3页。

② ［英］特雷·伊格尔顿：《二十世纪西方文学理论》，伍晓明译，北京：北京大学出版社，2007年，第109页。

③ 同上，第198页。

④ ［美］丹尼尔·霍夫曼主编：《美国当代文学》（上、下），北京：中国文艺联合出版社，1984年，第76页。

⑤ 赖大仁《当代文学阐释论研究中的"本体阐释"问题》，《社会科学辑刊》2020年第2期，第170–178。

⑥ 张江《强制阐释论》，《文学评论》2014年第6期，第5–18页。

英国学者贝尔西的《批评的实践》一书谈到，新批评派坚决反对这样两种可能性，即"将作者意图作为意义根据的看法"，和"把读者当做文本意义的新权威"，因而"留下的只是意义存在于'纸面上'这一难以令人满意的概念了"。那就是："我们现在要弄清的不是来源，也不是结果，而是本身被看成意义主体的作品。"对于这种"概念"，贝尔西批评道：问题的症结在于意义并"不能超时间地存在于纸面上的词语里"。①

的确，新批评就是要彻底隔断作品的一切因果联系，把作品绝对地孤立起来。如维姆萨特与比尔兹利所说的"意图谬见"之"谬"在于联系作品的起因，而"感受谬见"之"谬"则在于联系作品的效果。②所以他们要抹杀其前后联系，只留下纸面上的词语，即"文本"。

这种观点的片面性乃至荒谬性是显而易见的。如果说不能暂时搁置其复杂的因果联系，就无法认识一个事物，那就更应该说如果完全不顾其因果联系，同样甚至更加不能认识一个事物。

一篇成型的作品的确有一定的相对独立性，但是如果把这种相对独立性片面地绝对化，那就完全违背了事实。像新批评那样一味单纯地强调作品的"孤立"性和"自足"性，就是把这种相对独立性片面地绝对化。这种绝对化了的"孤立"和"自足"，是他们特意割断了作品的一切因果联系，人为地制造出来的。用前引《美国当代文学》的话说，这个被"光秃秃地放在纸面上"的东西，已经不成其为作品，只不过是一个词语连缀的"文本"而已。

不过，也应该看到，新批评诗学家们在分析具体作品的时候，并不像他们在谈论诗学方法的时候这么绝对。而且新批评诗学家在诗学方法上的观点也并不都像"意图谬见""感受谬见"这么偏激。例如对于诗与诗人的关系，布鲁克斯就曾以舞蹈与舞者的关系为比，说过"探讨舞者的

---

①　［英］凯瑟琳·贝尔西：《批评的实践》，北京：中国社会科学出版社，1993年，第28-29页。

②　W. K. Wimsatt, Monroe C. Beardsley, "The Affective Fallacy", in *The Verbal Icon: Studies in the Meaning of Poetry*, Lexington：University Press of Kentucky, 1954, p.21.

经历，是完全合法的，这种探讨本身就必然很有趣味，而且对我们理解舞蹈可能具有价值"①。研究诗人的"诗"就需要研究诗人的"人"，而研究诗人的"人"归根结底还是为了研究诗人的"诗"，"诗"当然是"基本"的。在这种意义上强调"作品中心"（而不是"文本中心"）是理所当然的。

实际上，作为新批评理论的总结者的韦勒克，看到了新批评理论的这个缺陷，他说自己不希望把文学与语言等同起来，使之成为一个孤零零的文本："否认艺术与人的关系，在历史研究和形式研究之间设立障碍，这绝不是我的意思。"②所以韦勒克想为文学建构一个符合"整体论"（holistic）的结构。这种结构首先是一个符号结构，分成不同的层次：两个底层是语音层和意义单元层，从底层还要生成一个由情景、人物和事件构成的"世界"；这个世界既不是仅有语言，也不等同于任何的外在成分。可见韦勒克构想的这个"整体论"的结构，是包含了意义和价值的符号系统。这与当代学者针对"强制阐释"的局限呼吁建立的"本体阐释"有共通之处，后者希望建立一个"由作者、文本、读者架构起来的意义生成链条，是一个有机的整体关联，而不是此消彼长的对立存在"③。

四、"文本中心"与"以意逆志"和"知人论世"

面对新批评标榜"文本中心"的诗学方法论，不能不想到中国传统诗学的相关论述。中国传统诗学虽然少有专门阐述诗歌研究方法，即诗学方法的著作，但也注重如何"读诗"和"说诗"。而"读诗""说诗"之法

---

① Cleanth Brooks, "Yeats's Great Rooted Blossomer", in *The Well Wrought Urn: Studies in the Structure of Poetry*, New York：Harcourt, Inc., 1970, pp.191.

② ［美］勒内·韦勒克：《批评的诸种概念》，罗钢等译，上海：上海人民出版社，2015年，第271页。

③ 韩清玉、苏昕《强制阐释与本体批评范式——对新批评文本中心论的反思》，《华南师范大学学报（社会科学版）》2018年第1期，第167页。

自与诗歌研究之法，即诗学之法相通，甚至也可以说就是诗学之法。这方面最重要的观点，就是孟子提出的"以意逆志"和"知人论世"。

"以意逆志"说见于《孟子·万章上》：

> 咸丘蒙曰："……《诗》云：'普天之下，莫非王土，率土之滨，莫非王臣。'而舜既为天子矣，敢问瞽瞍之非臣，如何？"曰："是诗也，非是之谓也；劳于王事而不得养父母也。曰：'此莫非王事，我独贤劳也。'故说诗者，不以文害辞，不以辞害志；以意逆志，是为得之。如以辞而已矣，《云汉》之诗曰，'周余黎民，靡有孑遗'，信斯言也，是周无遗民也。"

此处所引诗句，出于《诗经·小雅·北山》。该诗本意乃是大臣怨叹君王役使不均，遂使自己长年劳于王事而不得侍奉父母。问者咸丘蒙以其中"率土之滨，莫非王臣"两句为据，提出舜既为天子何以不以其父瞽瞍为臣。这显然是脱离全诗的本意，仅就字面做了机械的理解。孟子在向他解释了诗的本意之后，提出"说诗者，不以文害辞，不以辞害志；以意逆志，是为得之"。这里的"文"指的是字词，"辞"指的是语句，"逆"者迎也，会也。意思是说，不要拘泥字词而误解语句之意，不要拘泥语句之意而误解诗人的情志，而要由语句之意去体会诗人的情志。

"知人论世"说见于《孟子·万章下》：

> 一乡之善士斯友一乡之善士，一国之善士斯友一国之善士，天下之善士斯友天下之善士。以友天下之善士为未足，又尚论古之人。颂其诗，读其书，不知其人可乎？是以论其世也。是尚友也。

这是论"尚（上）友"，而不是论读诗，但却涉及读诗。大意曰：仅仅友当今"天下之善士"还不够，还需要上友古人；而要上友古人，不可能直接交往，只有"颂其诗，读其书"；而要正确理解古人之诗书，又必须"知其人""论其世"。就涉及读诗之处而言，就是强调要联系作者的时代（其世）、生平（其人）来理解他的作品。

这种"以意逆志""知人论世"的"说诗"方法，显然是同把诗歌视为"言志""咏情"的"心声心画"相一致的。这是诗旨论与诗法论的统一。

而无论是"以意逆志"说，还是"知人论世"说，显然都是同新批评的"文本中心"论大相径庭的。要说相关的话，只能说是"负"相关，而不是"正"相关。"文本中心"论就是要斩断前因后果之类的一切瓜葛，以便一头扎进"光秃秃"的"文本"；而"以意逆志"和"知人论世"恰恰是要人跳出"光秃秃"的"文本"，放眼于诗人的"意图"、"个性"、生平与时代。不过，也应该看到：这两种对立的主张乃是出于一个共同的目的，即都是为了尽量准确、深入地理解作品。对于这个目的而言，两种主张似乎都有道理。大致可以说：新批评的"文本中心"论强调的是"不入虎穴，焉得虎子"，而中国的"以意逆志"和"知人论世"强调的是"超以象外，得其环中"。因此，与其在这两种主张中简单、绝对地强分是非，不如照实承认"不入虎穴，焉得虎子"是一条真理，而"超以象外，得其环中"也是一条真理，或许还是一条更深刻的真理。

第三节　追求诗学的科学化

一、"认识论诗辩"

二十世纪兴起的"新批评"是对十九世纪浪漫主义文学思潮的反驳。浪漫主义为了抵制科学理性的冲击以捍卫诗歌存在的权利，采取了撤出理性阵地以退为攻的策略，选择了张扬感性、排斥理性的立场。他们明确提出，诗歌不涉及理性，不涉及概念及利害计较。如科勒律治所说：诗与科学作品的相反之处，在于它"将快感而不是真理作为自己的直接目的"。而济慈更声称："美被哲学一触就全部消失。"[①]针对这种观点，新批评强调诗也是一种客观认识，也是提供一种有关客体的知识，只是与科学的认识和知识有所不同而已。因此他们坚持以理性为主导的理性与感性的统一，坚持了这个西方哲学认识论的传统立场。赵毅衡指出，这是新批评"最触目"的理论特点，即"'认识论'诗辩"。[②]

美国新批评的发起者兰色姆即强调：诗就是，或者说也是对客观物体的认识。他对理查兹的批评，主要就是指责理查兹提出科学著作"首先考虑的是符号化过程的正确性与指称的真实性"，而诗歌"首先考虑的是言语引发了什么样的态度"；而这样一来，"艺术作品的目的"就"不再是达到对客体的认知，而是为了调动种种情感或主体状态"；"换言之，诗歌虽好，但作为认知世界的手段却不足为训，它不具有认知作用，只有心理功能。"[③]显然，兰色姆就旗帜鲜明地把诗歌放在了认识论的范畴。

而在这个问题上，论述得最为详尽、最为突出的，是兰色姆的弟子艾伦·退特。他的名文《作为知识的文学》可以说是一篇"认识论诗辩"的专论。论文逐个批驳了那些否定或者忽略诗的认识本性和认识功能的观点。

首当其冲的是十九世纪英国著名诗人兼批评家阿诺德。阿诺德说，科学家能够"向我们提供关于外部世界的精确的观察与描述，这一切诗人也能向我们提供"，除此之外，诗人还"拥有一种他专有的世袭财富——形象的语言和修辞的力量"[④]。这虽然也是面向科学争取诗歌存在的权利，但照如此说，诗的特殊意义不过是为科学罩上美丽的语言外衣而已：

---

① 转引自赵毅衡：《重访新批评》，成都：四川文艺出版社，2013年，第4页。
② 同上，第5页。
③ John Crowe Ransom, *The New Criticism*, Westport：Greenwood Press，1979, p. 8.
④ 艾伦·退特：《作为知识的文学》，见赵毅衡编选《"新批评"文集》，天津：百花文艺出版社，2001年，第142页。

诗人在科学家（或者阿诺德幻觉中的科学家）处理题材的水平上来处理题材观察与描述。而后诗人为题材罩上语言，语言使僵冷的事实获得生命，来感动我们。[①]

对于这种观点，退特评述道，如果诗的价值在于用语言来传达情节和题材，无论语言是否美丽，实证主义者的自然决定论的语言即逻辑语言，比诗人语言更适合作为传达工具，由此也可推导出这样的结论：诗人的语言是无用的，诗也就成了科学的附属品。退特是要指出，诗歌必须能提供关于客观事物的不同于科学的"真理"，必须有自己独特的认识价值。

美国符号学家莫里斯（Charles William Morris）的观点也遭到批判。退特认为，符号学的立场是"行为主义"的，它的思维模式就是"符号—反应"。对于语言，符号学所关注的是词语作为一种符号的"可用有效性"，即唤起人们做出某种特定反应的功能，而不是词语的意义。这实际上也就抹杀了语言作品的认识价值：

"意义"已被"可用有效性"概念所取代——即一个词语的"真正"意义不是它的定义；而是包含该词语并可指经验地观察到的事件的一系列陈述。随着意义与定义的消失，一般概念也消失了；随之，认识一并消失了。语句不代表一个有智者（即心灵）的知的行为；用化学作比喻，它是一个"情境中若干元素之间相互反应的表现"。[②]

语句不是心灵的知性行为，而是变成了类似于化学反应的过程。这个"符号—反应"过程虽然有知觉、有行动，但是没有思考、没有认识，完全是一种动物本能式的"刺激—反应"过程。这个过程最终会导致排除一般概念即知识。

---

① 艾伦·退特：《作为知识的文学》，见赵毅衡编选《"新批评"文集》，天津：百花文艺出版社，2001年，第145–146页。
② 同上，第146页。

莫里斯的符号学还特别谈到"美学符号"即艺术作品，强调艺术作品就是要把注意力引向"符号手段"本身，而阻止联想到相应的"实物"。[①] 莫里斯之所言，其实是俄国形式主义的观点。俄国形式主义就认为，文学作品的语言不是把读者的注意力引向相应的客观事物，而是引向语言本身，这就是文学的"文学性"。兹维旦·托多洛夫（Zvetan Todorov）认为文学的特点，就是"符号指向自己而不指向其他任何东西的能力"。这种理论，被称为艺术符号的"自指论"。雅克布森也曾提出：诗的功能是符号与指称绝不相合，即传送的语言信息是语言本身。[②]莫里斯不过改用了符号学的说法而已。对于这种观点，退特指出，雅典的公民并不把符号手段错当成实物因为他们是有头脑、会思维的人，他们对绘画的欣赏不是"刺激—反应"式的本能行为，而是包含着理性认识的思维活动。这是对莫里斯的符号学美学的反驳，也是对俄国形式主义的反驳。

浪漫主义诗人柯尔律治的"快感"论也受到批驳。柯尔律治认为，诗的特性不是提供真理，而是提供快感。他的名著《文学传记》对诗下了一个这样的定义：诗是一种创作类型，它与科学作品不同，它的直接目标不是真实，而是快感；与其他一切以快感为目的的创作不同，诗的特点在于提供一种来自整体的快感，同时与其组成部分所给予的个别快感又能协调一致。退特指出，按照这个定义，真实在诗人心目中只占次要地位。而柯尔律治的"快感"是一种心理效果，是对刺激的反应。[③]而根据现代实验心理学的研究，这种心理效果不过是一种动物性的"刺激—反应"而已，既无关乎"诗意"，也不能"表明诗的性质"。所以，柯尔律治的这种快感理论至多可称为"诗歌心理学"，退特对此表示不屑，因为在这样探讨诗的特性时，最终离开了诗。

---

①　艾伦·退特：《作为知识的文学》，见赵毅衡编选《"新批评"文集》，天津：百花文艺出版社，2001年，第157页。

②　Roman Jacobson："Closing Statement"，Thomas Sebeok（ed.），in *Style and Language*，Cambridge：MIT Press，1974，p.356.

③　艾伦·退特：《作为知识的文学》，见赵毅衡编选《"新批评"文集》，天津：百花文艺出版社，2001年，第163页。

最后被评论的是新批评的先驱者理查兹。在退特看来，理查兹早期受心理主义的影响，也认为"诗是一种反应，一种缺乏一个具有认识能力的头脑的行为主义的'准备行动'"①。但理查兹后来发生了重大的转变，从心理主义的诗学走向了认识论的诗学。这里的关键问题是对语言的看法。退特说，理查兹在《修辞哲学》②一书中提出，"语言不只是一种指称体系，而是思想形成的场合和手段"，亦即超越"感觉"和"直觉"的思维与认识的形式和工具，所以是人类区别于动物的主要标志，动物才遵循"刺激—反应"的心理模式。与超越感觉和直觉能力相联的诗歌语言，最后完成的是一种有认识能力的人才具有的知识。③这就是从心理学的诗学向认识论诗学的转变。从语言落实到诗。退特又结合理查兹的"诗是语言表达的最完整的形式"的说法，提出诗所达成的完整状态，无疑是一种知识，只不过不是科学那种抽象的完整，而是一种感性与理性紧密结合的"被体验"的"完整"④。

二、知识与情感

认识的目的和功能在于提供"知识"。因此，新批评的"认识论诗辨"也以"知识"为旨归。但诗尤其是"抒情诗"，主要是表达人的"情感"还是提供客体的"知识"？如果既断言诗就是提供关于"客体的知识"，却又不完全否认诗中至少也带有"情感"，那么诗中的知识与情感究竟是什么关系？对于诗学来说，这显然是一个不容回避的重要问题。

---

① 艾伦·退特：《作为知识的文学》，见赵毅衡编选《"新批评"文集》，天津：百花文艺出版社，2001年，第169–170页。

② I.A. Richards, *The Philosophy of Rhetoric*, London：Oxford University Press, 1965.

③ 艾伦·退特：《作为知识的文学》，见赵毅衡编选《"新批评"文集》，天津：百花文艺出版社，2001年，第170–171页。

④ 同上，第173页。

1.新批评的"特殊知识论"

总地说来，坚持认识论原则的新批评，是重"知识"而轻"情感"的。赵毅衡在《重访新批评》中指出，新批评坚持认为，诗歌的真理不是"无客体"的心理反应有效性，而是一种对客体的特殊知识，诗的价值不是感情性的，而是认知性的；诗歌批评的职能是认知这种"独特的，独一无二的，完美的知识"。①

新批评的这种立场也是对此前的浪漫主义诗歌的一种"反动"。十九世纪英国诗的主流是浪漫主义，浪漫主义诗歌理论认为诗歌是抒发个人感情的，读其诗就可以知其人。故新批评等现代派诗人反其道而为之，强调诗的价值不是"感情性的"，而是"认知性的"。

不过如前所述，新批评既要把诗说成"知识"，又想把这种"知识"同"实证主义科学"的"知识"区别开来，所以特别申明这是一种"特殊的知识"。因此，他们在诗的"知识"与"情感"的关系问题上的观点，可以概括为"特殊知识论"。他们就是以这种"特殊知识论"来对抗"情感论"的。

从兰色姆开始，新批评就展开了对"唯感情论"的批判。

兰色姆明确宣布："艺术是一种具有高度思想性或认知性的活动，说艺术如何有效地表现某种情感，根本就是张冠李戴。"②他还特别指出"情感批评"是模糊的、不具有确定意义的。③

如果诗歌也是一种"认知"活动，那么诗歌与科学之间还有什么区别？兰色姆提出，有两种"不同类型的知识"："诗歌活动是一种知识行为。科学与审美的认知方式应当互为启迪，也许它们提供的是两种可供选择的不同类型的知识。"④"诗歌试图恢复我们通过感知与记忆粗略认识

---

① 赵毅衡：《重访新批评》，成都：四川文艺出版社，2013年，第8页。

② John Crowe Ransom, *The New Criticism*, Westport: Greenwood Press, 1979, p. 16.

③ Ibid., pp.279–280.

④ Ibid., p.294.

到的那个更丰富多彩也更难驾驭的本原世界。根据这一假定，诗歌提供一种知识，这知识有着迥然有别于其他知识的本体个性。"①意思就是说，诗歌提供的是与纯理性的科学知识不同的感性与理性合二为一的知识。为了与"科学知识"相区别，他把诗歌提供的这种知识叫作"审美知识"。

前面提到，维姆萨特与比尔兹利所说的"感受"实际上就是"感情"，所以他们对"感受谬见"的批判就是对"唯感情论"的批判。他们在《感受谬见》中特意回溯了"唯感情论"和与"唯感情论"相关的理论传统：柏拉图关于培植和浇灌情欲的说法，亚里士多德（Aristotle）的净化说（catharsis），现代意图学派"解脱"（relief）与"升华"（sublimation）的理论，托尔斯泰的感染说（the infection theory of Tolstoy），凡龙的感情表现主义（the emotive expressionism of Veron）等有关的快感（pleasure）理论，包括新批评的先驱——理查兹的情感理论。②而后，他们将这些观点概括为"唯感情论"，亦即·"感受谬见"。

新批评虽然没有完全否认诗中往往带有感情，但他们强调诗中的感情并不是直接表达，而是通过对"客观对应物"的描写间接表达的。

这种说法源自艾略特。他在《哈姆雷特》一文中提出要寻找一个"客观对应物"③来表现艺术情感，对戏剧来说，艾略特找到的客观对应物就是观众看到的戏剧场景和实物，通过这些可感知的事实来触发观众的情感。

兰色姆把这种说法纳入自己的《新批评》："至于有人说艺术发乎情，此话没错，但是，艺术的立意所在，在于寻求适当的物体使感觉和激

---

① John Crowe Ransom, *The New Criticism*, Westport: Greenwood Press, 1979, p.281.

② W. K. Wimsatt, Monroe C. Beardsley, "The Affective Fallacy", in *The Verbal Icon: Studies in the Meaning of Poetry*, Lexington: University Press of Kentucky, 1954, p.28.

③ 王恩衷编译：《艾略特诗学文集》，北京：国际文化出版公司，1989年，第13页。

情客体化，从而将其忘却。"①他把这叫作"间接地处理情感"②，认为那种自在自为的、纯粹的情感是假想出来的，情感只能是认知客体的对应物，否则无以为据。③而且同自己的"结构—肌质"论联系了起来：

> 我认为，诗歌之所以具有态度和情感价值，原因就在于诗歌通过与其主旨一样趣味盎然的细节展开认知话语，……④

"主旨"就是他所说的"结构"，"细节"就是他所说的"肌质"。而"细节"或"肌质"，实际上就是艾略特所说的"客观对应物"。

维姆萨特与比尔兹利的《感受谬见》也声称："这种情感……只能在其客观对象中得到表现，并作为知识的一种模式精心构思而成。"⑤"情感"本身既无须关注，也没办法关注，只需要关注"客观对象"就行了，也只有"客观对象"可以关注。通过分析"客观对象"以认识其中的"情感"，这是获得"知识的一种模式"。至此，诗的"情感"问题就完全纳入了认识论的轨道。

这样，通过"客观对应物"，诗包括抒情诗的宗旨，就不是表达诗人的"情感"，而是提供相关客体的"知识"了。

那么，"客观事物"如何能够成为某种情感的"客观对应物"？

既然强调通过"客观对应物"来表现"情感"，就需要说明某种"客观事物"如何能够成为某种情感的"客观对应物"。但是在这个问题上，新批评众说纷纭，莫衷一是。

对于艾略特而言，这个问题并不突出。因为他是在评论莎士比亚的戏

---

① John Crowe Ransom, *The New Criticism*, Westport: Greenwood Press, 1979, p. 16.

② Ibid.

③ Ibid., pp.20–21.

④ Ibid., p.25.

⑤ W. K. Wimsatt, Monroe C. Beardsley, "The Affective Fallacy", in *The Verbal Icon: Studies in the Meaning of Poetry*, Lexington: University Press of Kentucky, 1954, p.38.

剧《哈姆雷特》的时候讲到"客观对应物"的，他所说的"客观对应物"主要是指故事情节之类的"一连串事件"，而不是自然景物；"一连串事件"是人的行为，当然可以同人的情感相"对应"。但纯粹论抒情诗就不同了。

兰色姆相信"象征主义"。他在谈到浪漫主义诗歌时说，这类诗歌出色地描写风景时表现了强烈的情感，但"这种情感的来源很大程度上是模糊的"[①]。这一说法其实是对"客观对应物"的疑问。"风景"作为人之外的客体，怎么会成为人的"情感"的客观对应物或客观对象？上面兰色姆说艺术发乎情，而后寻求适当的物体使感觉和激情客体化；这就是说诗中的"情感"在寻求适当的物体之前就已经存在了，并不是某种物体的产物。那么描写某种风景如何能够表现一种情感？兰色姆只能用他自己所相信的"象征主义"来解释：大自然是一个极富象征意义的领域，且这些象征早已约定俗成，诗人只是从中取材。[②]这种情况或许是存在的。但是说自然物就是某种情感的"象征"，似乎自然物与人的情感也是一一对应的，未免过于绝对，而且也缺乏可信的证据。

所以艾伦·退特就不赞成"象征主义"，他认为以某种自然物表现某种情感那只是"体验中的世界"。他在《作为知识的文学》中，谈到理查兹说过的"两种理论"，即：

> 1.诗人的思想在某些瞬间……获得了对于现实的洞察力，把自然理解为某种东西的象征，而那种东西是超乎自然或在自然之中的，不是在一般情况下所能领悟的。
>
> 2.诗人的思想创造了一个自然，而在那自然之中，他投射（表达）了自己的感情理想和忧愁。

[①] John Crowe Ransom, *The New Criticism*, Westport: Greenwood Press, 1979, p. 245.

[②] Ibid., p. 247.

前一种就是"象征主义"。退特说，现代实证科学已经彻底瓦解了这种"象征主义"的幻想。现代实证科学证明，自然物不可能是其他"某种东西的象征"，而"对待自然唯一有效的办法是实证主义"，即自然科学。后一种则是"移情说"，即所谓"情感的投射"。退特说，"这种感情投射（表达）理论"也"不是牢牢地建筑在实证主义知识的基础上的"。的确，"移情说"也无法从"实证主义知识"即科学知识中得到证明。①

关于怎样理解以某种自然物表现某种情感这种现象，退特回答道："诗的题材是一般体验中的世界，但一旦题材——自然——成了实证主义的领域，诗的语言就不再描述它了。实际上它不再具有正确性了，或者不再阐明任何真实的事情了。"②就是说自然物与某种情感的联系只是人的一种体验，而不是确实存在的客观事实。问题是，"体验"是一种心理活动或意识活动的方式，适用范围很广，以之解释"客观对应物"与情感的联系未免显得有些宽泛。

布鲁克斯以"想象性掌控"的说法回答了这个棘手的问题：

> 把情感（emotion）与知识（intellect）相对立，即把"诗歌的纯朴"（lyric simplicity）与"深思熟虑"（thoughtful meditation）相对立，对诗歌的这种传统描述无益于诗的动机。这种对立不仅仅是肤浅的：它歪曲了真正的关系。因为抒情诗的特质，……它是对各种材料加以想象性掌控（an imaginative grasp）的结果——但是这种想象性掌控是如此肯定，以至于它展现给读者的是一种无须研究、不可预测的东西，它无时无刻不在控制着受其制约的错综复杂的材料。③

---

① 艾伦·退特：《作为知识的文学》，见赵毅衡编选《"新批评"文集》，天津：百花文艺出版社，2001年，第172页。

② 同上，第173页。

③ Cleanth Brooks, "The Motivation of Tennyson's Weeper", in *The Well Wrought Urn: Studies in the Structure of Poetry*, New York：Harcourt, Inc., 1970, p.177.

他认为情感与客观事物是对立的，要想达到两者的统一，只能是"对各种材料加以想象性掌控的结果"。何谓"想象性掌控"，这里没有解释，大概是等同于心理想象。这样说当然也有道理，"体验"本来就包含"想象"的成分。但是言"想象"与言"体验"类似，也显得宽泛，因为都无法建立在实证主义的基础上。

维姆萨特与比尔兹利提出，客观事物具有"文化环境"所赋予的"情感价值"，这是它的一种文化功能。即《感受谬见》所说：

> 诗是使情感固定下来的一种方式，可以说是世世代代的读者都能感受其情感的一种方式，当不同文化环境中客观事物的功能经历了变化，或者当客观事物作为单纯的史实，由于丧失了其迫切的时间性而丧失了情感价值的时候，尤其如此。……如果我们愿意寻求的话，仍有大量的永恒因素可以为诗的情感提供创作对象，……它就变成了强有力的固定情感价值的对象。[1]

诗是使情感固定下来的一种方式，即使文化环境已经历经了改变，客观事物表达情感的功能也随之变化甚至丧失了某些情感价值时，我们仍能从诗中找到一些客观事物与情感价值的关联，诗人可被视为（特定文化语境中的）情感法则的阐述者。[2]这种说法比较深刻，但既然何种"客观事物"具有何种"情感价值"是由"文化环境"所决定的，那么两者的关系就应该是规范化、公式化的，诗人还能随意地借景抒情、发挥自己的创造性吗？诗的借景抒情岂不就会千篇一律？实际情况显然没有这么简单。

以上各种说法似乎都有一定的道理，但又都说不圆满。所以这个某种"客观事物"如何能够成为某种情感的"客观对应物"的问题，在新批评

---

[1]　W. K. Wimsatt, Monroe C. Beardsley, "The Affective Fallacy", in *The Verbal Icon: Studies in the Meaning of Poetry*, Lexington：University Press of Kentucky, 1954, p.38.

[2]　Ibid., p.39.

的诗学中仍然是"基本上说不清楚"。

2. "特殊知识论"的中国诗学之辩

新批评的"特殊知识论"从"认识论诗辩"的哲学思路出发，把诗说成一种"特殊知识"顺理成章。但若放在中国诗学的视野中考察，会有不少问题需要商榷。

第一个问题是：诗歌是否一定要通过"客观对应物"间接抒情？是否也可以直接抒情？

在中国诗学里，借景抒情或谓"以景寓情"固然是主流之论，但王国维也提出过，诗词不必皆"以景寓情"，亦有"专作情语而绝妙者"：

> 词家多以景寓情。其专作情语而绝妙者，如牛峤之"须作一生拼，尽君今日欢"，顾敻之"换我心为你心，始知相忆深"，欧阳修之"衣带渐宽终不悔，为伊消得人憔悴"，美成之"许多烦恼，只为当时，一饷留情"。此等词，求之古今人词中，曾不多见。（《人间词话》卷下）

"专作情语"无疑就是直接抒情。况周颐也有类似的言论：

> 元人沈伯时作《乐府指迷》（按：此不确，下文所引出自张炎《词源》），于清真词推许甚至。唯以"天便教人，霎时厮见何妨"，"梦魂凝想鸳侣"等句为不可学，则非真能知词者也。清真又有句云："多少暗愁密意，唯有天知。""最苦梦魂，今宵不到伊行。""拚今生，对花对酒，为伊泪落。"此等语愈朴愈厚，愈厚愈雅。至真之情，由性灵肺腑中流出，不妨说尽而愈无尽。（《蕙风词话》卷二）

"至真之情，由性灵肺腑中流出，不妨说尽而愈无尽"，自然也是"泄水置平地"那样的直接抒情。王国维、况周颐都是近代人；在他们之前，已有人发表过类似的见解。如郑板桥即云："文章以沉着痛快为最"，"岂言外有言、味外有味者所能秉笔而快书乎？"（《潍县署中与舍弟第五书》）这显然也含有提倡直抒胸臆、"专作情语"之义。从王、况两位所举的诗例来看，的确很难说有什么明确的"客观对应物"，也没有像新批评所要求的那样，"避免谈到眼泪、刺痛或喜怒、冷漠或激烈等感觉的其他生理症象，或更空洞的情感骚动状态"（见前引《感受谬见》之语）。"须作一生拼，尽君今日欢""天便教人，霎时厮见何妨"这样的诗句，倒很有点像是"情感骚动状态"，确实可以称作"专作情语"。而其达情之真切到位，誉为"绝妙"并不为过。

实际上，在中外诗歌中，通过"客观对应物"间接抒情者固多上品，而"专作情语而绝妙者"亦不少见。像"天际识归舟，云间辨烟树"这样"全不及情而情自无限"的诗句固然为人所称道，而"前不见古人，后不见来者，念天地之悠悠，独怆然而涕下"这样直抒胸臆的作品亦堪称千古绝唱。所以中国诗学论诗的基本作法，曰"赋""比""兴"。三者并举，而非独标一体。"赋者，敷陈其事而直言之也。"（朱熹《诗集传》）

而新批评为了证明诗的宗旨也是提供"关于客体的知识"，以便把诗学拉入认识论的轨道，便只强调"客观对应物"。通过"客观对应物"来表达情感，用修辞学的术语来说，就是隐喻。所以对于新批评诸家来说，隐喻就成了诗歌的关键，如："诗人必须用隐喻写作。"[①]维姆萨特与布鲁克斯在他们合著的《文学批评简史》中，甚至提出"只有隐喻才是一切诗歌的普遍原则"：

> 三种主要的诗歌理论，即模仿说（亚里士多德的理论）、情感说（理查兹的理论）与表现说（克罗齐的理论）全都值得重视，但只有

---

① Cleanth Brooks，"The Language of Paradox"，in *The Well Wrought Urn: Studies in the Structure of Poetry*，New York：Harcourt，Inc.，1970，p.9.

隐喻才是一切诗歌的普遍原则。[①]

看来，离开"隐喻"、离开"客观对应物"，就不会有诗歌，更不会有什么"诗歌理论"了。实际情况是，新批评既否定了被视为"传达谬见"的"赋"，又不懂得"自然感发"的"兴"，于是就只剩下"比"。他们对于"隐喻"的剖析固然精深详尽，绝非中国诗学所可及，但是得其一而遗其二，其理论的狭隘性亦自不待言。其实，用隐喻写作的未必就是好诗，不用隐喻写作的未必就不是好诗。

第二个问题是：即使通过"客观对应物"间接抒情，诗歌就因此变成"认知性的"，而不再是"感情性的"了吗？

既然承认诗"发乎情"，说"此话没错"，就应当认可诗的目的，或者说宗旨本在于"表达情感"，而对"客观对应物"的描写只是一种"表达情感"的途径或手段。目的与手段，似应有本末、主宾之分。仅因为采用了借景抒情的表达手段便断言诗是"认知性的"而不是"感情性的"，这是否有点本末倒置或者说喧宾夺主？理查兹在谈到"技术"问题的时候说过：

不论什么时候，若是我们竭力从外表上评判诗歌，只注意技术上的细节，那么我们便把手段放在目的之前了，……[②]

新批评在这一点上似乎正是采取了这样的方式。

中国传统诗学虽历来提倡借景抒情，却从来没有混淆，更不要说颠倒抒情与写景的主次关系。谢榛说"作诗本乎情、景，孤不自成，两不相背"，这似乎是说情、景二者是并列的，但后面接着说"景乃诗之媒，情

---

① 转引自［美］勒内·韦勒克：《批评的诸种概念》，罗钢等译，上海：上海人民出版社，2015年，第303页。

② 徐葆耕编：《瑞恰慈：科学与诗》，北京：清华大学出版社，2002年，第64页。

乃诗之胚，合而为诗"（《四溟诗话》卷三），又把二者的关系、地位摆正了。"胚"即胚胎、根芽，"媒"即媒介、条件，二者岂能并列，岂无主次？王夫之是最强调"景语"的，有谓：

> 不能作景语，又何能作情语邪？古人绝唱多景语。如"高台多悲风"，"蝴蝶飞南园"，"池塘生春草"，"亭皋木叶下"，"芙蓉露下落"，皆是也，而情寓其中矣。（《夕堂永日绪论·内编》）

但他同时也强调："古之咏物者，固以情也。非情则谜而不诗。"（《古诗评选》卷四）"以情"就是依情、因情、发乎情；若离开抒情而写景，那就只是关于"客观对应物"的谜语，而不是诗。所以他对于情景关系问题的观点是：

> 诗之为道，必当立主以御宾，顺写现景。若一情一景，彼疆此界，则宾主杂遝，皆不知作者为谁。（《唐诗评选》卷三）

诗道必须以情为主，以情御景，即所谓"立主以御宾，顺写现景"。如若宾主不分，则不知景何所依而情何所御，即所谓"宾主杂遝，皆不知作者为谁"。宾主"杂遝"不分都不行，何况颠倒？略后，刘熙载更云：

> 在外者，物色；在我者，生意：二者相摩相荡而赋出焉。若与自家生意无相入处，则物色只成闲事，志士遑及问乎？（《艺概·赋概》）
>
> 昔人词，咏古、咏物，隐然只是咏怀，盖其中有我在也。（《艺概·词曲概》）

总之，无论景物描写如何重要，"诗言志""诗者，吟咏情性也"的宗旨都不能变。这也是中国诗学的一条不可移易的准则。新批评因为要通过对"客观对应物"的描写来表现"情感"，便断言诗是"知识的一种模式"，"激情不会凌驾于认知之上"，值得商榷。

第三个问题是：描写客观事物如何能够表达情感，即客观事物与人的情感的统一性问题。

在这个问题上，新批评众说纷纭，莫衷一是，而中国诗学有一种明快可信的说法，就是"物感"说，或谓之"感物"说。这种说法源远流长，自先秦以迄清末，虽代有生发，而要旨始终未变。

汉代《乐记》论音乐，即云：

> 凡音之起，由人心生也。人心之动，物使之然也。感于物而动，
> 故形于声。……其本在人心之感于物也。

至南北朝以降，则普遍用以论诗。如刘勰《文心雕龙·明诗》篇：

> 人禀七情，应物斯感；感物吟志，莫非自然。

又如钟嵘《诗品·序》：

> 气之动物，物之感人，故摇荡性情，形诸舞咏。

这种情况，既是缘情以感物，也是感物而生情。因此情中有景，景中有情，心目相取之际，即情景妙合之时。此时为诗，岂不抒情即是写景，写景即是抒情？而客观景物与人的情感的统一性这个难题，就这样解决了。这就是"物感"说或谓之"感物"说。

仅仅是"人禀七情，应物斯感"之类的三言两语，似乎太简单、太笼统，缺乏理论阐释。那么再看看王夫之下面的这段话：

> 言情则于往来动止、缥缈有无之中，得灵蠁而执之有象；取景

> 则于击目经心、丝分缕合之际，貌固有而言之不欺。而且情不虚情，
> 情皆可景；景非滞景，景总含情。神理流于两间，天地供其一目，大
> 无外而细无垠。落笔之先，匠意之始，有不可知者存焉。（《古诗评
> 选》卷五）

这是从天人合一的哲学高度，对诗歌创作中的情景问题所作的概括。
人生天地之间，心与万物共运，无往而不相依相伴，无时而不息息相通。
故任何情感都可以从眼前景物中得到灵妙的回响，任何景物都可以成为
当时情感的天然载体。既不应空言物色，亦不必直陈性情。既不劳人为之
巧计，亦无关论家之法规。唯以心目相取之真，一时神理之合，即景以达
情，即情而绘景，则天文斐蔚之作即此生矣。这是王夫之诗歌创作论的精
髓，大体上也是中国古代诗歌创作论的精髓。

同上述新批评的那些说法相比较，"感物"说似乎显得简单而笼统。
但它的简单其实是明快，它的笼统也不是宽泛。它简捷明快地说出了情与
景的统一性的生成机制，又能够涵盖"情景妙合"的诸种情况。它可以
包容新批评各种说法的合理因素，又避免了那些说法的片面绝对与机械
死板。

这里有个哲学、文化传统问题。"感物"说的哲学基础是天人合一。
这个基础已经预先把天与人、物与心统一了起来，在这个基础上才能顺理
成章地走向物我一体，走向情景相生的"感物"说。而新批评是在全然
不同的哲学基础上考虑问题的。不错，他们中的多数人已经认识到，"客
观对应物"与人的"情感"的统一性问题不可能在实证主义科学那里得到
支持，因而纷纷跳出了实证主义科学的畛域；但他们没有，也不大可能跳
出认识论的反映论的窠臼，因为这是西方哲学、文化传统的主流和命脉。
而认识论的反映论之前提，就是人与物，即认识主体与认识对象的二元分
立，这里没有通向物我一体、情景相生的"感物"说的路口。所以他们只
能站在认识论的反映论的边缘，用"象征""体验""想象""文化环境
赋予的情感价值"之类变通性的说法来加以解释。

在今天看来，天人合一、物我一体的思想观念似乎并不"科学"，而认识论的反映论是"科学"的。但或许正因为如此，认识论的反映论可以顺理成章地支持科学，却难于顺理成章地支持诗学。用认识论的反映论来说诗，总显得不够贴切，这是很多人在很早以前就提出过的问题。

三、诗学与科学

赵毅衡在《重访新批评》中说过：新批评强调必须区分科学与文学，却要求一种科学化批评。的确，新批评诗学在内容方面的一大宗旨，是要划清诗与科学的界限；但他们在诗学方法论上的一大宗旨，却是追求诗学的科学化。兰色姆曾经提出：诗歌批评家"不能一方面追随诗人，而另一方面却又认为自己在科学家所假定的合理的或者'整洁'的宇宙中居住"[1]。而新批评自己，恰恰与这里宣布"不能"的情况类似：他们一方面"追随"与科学判然有别的诗，另一方面又要在科学家的方法论里"居住"。

把诗学科学化，这是二十世纪以来，各种形式主义诗学的共同方针。俄国形式主义者艾钦鲍姆（B. Eichenbaum）就宣言："我们决心以对待事实的客观的科学方法，来反对象征主义的主观主义的美学原理。"[2]新批评的先驱者已经纷纷走上了这条诗学科学化的道路。兰色姆的《新批评》曾引艾略特的话说："只有在消灭个性这一点上，艺术才可以说达到科学的地步了。"[3]理查兹则更加热衷于诗学的科学化，甚至把文学批评称之为"应用科学"。原本是数学家的燕卜荪接过这个口号，以"分析性批评家"自居，明确反对"欣赏性批评家"。他有一句名言："无法解释的美

---

[1]　约翰·克娄·兰色姆：《纯属思考推理的文学批评》（1941），见赵毅衡编选《"新批评"文集》，天津：百花文艺出版社，2001年，第119页。

[2]　转引自赵毅衡：《重访新批评》，成都：四川文艺出版社，2013年，第94页。

[3]　T. S. Eliot. "Tradition and the Individual Talent", in *Perspecta*, Vol. 19（1982），p.39.

让我恼怒。"①他的目标正是要把"美"变成可以清楚解释的、类似于数学公式的对象，可见其走向诗学科学化的坚定立场。

理查兹可以说是先驱者。他从二十世纪二十年代起，就致力于诗学科学化的理论建树，写了《科学与诗》《文学批评原理》等多篇论著，决心以实事求是的"科学的"心理学原则，为诗歌批评提供一个牢固的基础，被人称作"教文学的心理学家"。他在《科学与诗》中，批评了济慈等诗人"以为科学发展必然的结果，会破坏一切诗歌底可能性"的思想，要求他们"从玄秘的世界观转向科学的世界观"，接受"确实的科学陈述"，以便使诗歌"与科学所供给的那些陈述"保持一致。②他的《文学批评原理》则充分体现了"科学的"心理学原则。以至于当时的钱锺书在读了这部书之后写道：

> 瑞恰慈的《文学批评原理》确是在英美批评界中一本破天荒的书，它至少教我们知道，假使文学批评要有准确性的话，那末……对于日新又新的科学——尤其是心理学和生物学，应当有所藉重。换句话说，文学批评家以后宜少在图书馆里埋头，而多在实验室中动手。③

继之而起的美国的新批评，全面贯彻了这个诗学科学化的方针。其突出表现上文多已涉及，这里简要归纳为以下三点：

一是追求文学批评的绝对"客观化"。

文学批评当然应该具有客观性，但这种客观性主要是指根据事实，包括作品本身、作者"意图"、读者"感受"等有关方面的事实。而新批

---

① William Empson, *Seven Types of Ambiguity*, London: Chatto and Windus, 1949, p.9.

② 见前引瑞恰慈：《瑞恰慈：科学与诗》。

③ 钱锺书：《美的生理学》，见徐葆耕编：《瑞恰慈：科学与诗》，北京：清华大学出版社，2002年，第116页。

评要求的不是这样的客观性。他们认为，作者"意图"、读者"感受"都难免于主观性，必须一概排除；至于作品的思想感情、艺术风格等，也往往会仁者见仁、智者见智，难于真正客观；只有语言符号连缀而成的"文本"才是纯粹"物质"的、"客观"的，因而也只有分析"文本"才能像检查"一块布丁或一台机器"那样，保证完全的"客观性"。这是一种绝对的、极端的"客观性"。

不同的领域，具有而且也需要不同的客观性。社会科学的客观性就比自然科学的客观性复杂得多，它往往具有更大的相对性，而没有自然科学的客观性那样的绝对性。而诗学作为一种艺术理论，既不可能有，也不应该追求自然科学那样的绝对的客观性。伊格尔顿指出：追求对于文学作品的纯客观阅读显然有着严重的问题。即使在最严格的客观分析中，似乎也不可能根除某种解释性和主观性成分，因而也就不可能根除主观性的因素。①

试看新批评对具体的诗歌作品所作的那些分析。虽然他们以身作则，尽可能地就"文本"说"文本"，但毕竟仍然是他们自己的解释。他们怎么能够保证这些解释是绝对"客观"的，而没有丝毫的主观因素？且略举一例。济慈的《希腊古瓮颂》（John Keats, *Ode on a Grecian Urn*）的开头两句是：

> 你仍是宁静的、完美的处子，
> 抚育于默默无语与时光缓流。②

布鲁克斯在《精致的瓮》中分析道：诗句暗示，"默默无语与时光缓流"并不是真正的父母，而是养父母。人们感到，它们太年迈，无法生

---

① ［英］特雷·伊格尔顿：《二十世纪西方文学理论》，伍晓明译，北京：北京大学出版社，2007年，第119页。

② 诗句原文为："Thou still unravish'd bride of quietness, / Thou foster-child of silence and slow time."

育。但是它们却像祖父母一样溺爱着孩子。古瓮是新鲜、无瑕的，虽然它已年代久远，但它仍年轻，而且摧毁一切的时间已经"抚育"了它。[①]

诗很精彩，分析也相当精彩，但这只是布鲁克斯个人的理解。换一个人，或许会觉得他的分析未免有些"过分解读"，因而对这两句诗会作出与他不同的，却同样有根有据的分析。难道能够说布鲁克斯的分析是绝对"客观"的，没有丝毫的主观因素吗？

简言之，文学批评既不可能做到也不应该追求科学技术那样的绝对的客观性。相反，具有、保留适度的主观因素正是它的一个本质性特征。

二是推行诗学的完全"技术化"。

理查兹把文学批评称为"应用科学"，就是这个意思。燕卜荪以"分析性批评家"自居，反对"欣赏性批评家"，也是要把文学批评变成一套技术性的"分析"方法。但燕卜荪似乎忽略了，"文学批评"乃至一切文艺批评，首先就是"欣赏"，其次才是"分析"。文艺作品是一种审美对象，或者说是一种欣赏品，它的美是在"欣赏"中感受到的，而不是逻辑地"分析"出来的。"分析"就是在"欣赏"的基础上"分析""欣赏"之所得。如果没有欣赏或者不会欣赏，并没有感受到作品的美，还能够"分析"什么？那岂不是真的把一首诗当成了"一块布丁或一台机器"了吗？在这个问题上，他远不如当年的朱自清清醒。朱在提倡"分析"方法的同时，就指出这种方法也可能会把诗"分析"没了。见本文"引言"。

如赵毅衡所说，不少当代批评家和诗人都承认新批评"教会了整整一代人如何读作品"；有人甚至说新批评的整个方法论之所以影响大，是因为它是"训练未来教师的职业教学法"。[②]这种情况正反映了新批评诗学的高度技术化的特点。《美国当代文学》一书谈到，最使新批评普及化的，是由克林斯·布鲁克斯和罗伯特·潘·沃伦合编的、评注详尽的选本

---

① Cleanth Brooks, "Keats's Sylvan Historian", in *The Well Wrought Urn: Studies in the Structure of Poetry*, New York: Harcourt, Inc., 1970, p.156.

② 赵毅衡：《重访新批评》，成都：四川文艺出版社，2013年，第98–99页。

《怎样读懂诗》（按：又译《理解诗歌》）[①]。这本书当时是美国占统治地位的教材，但正是这种教科书形式的表现，加速了新批评僵化与教条化的过程。[②]这大概是以擅长"文本分析"自居的新批评所始料未及的。

有人觉得，"艺术"也是一种"技术"，掌握了相关的"技术"就懂得了"艺术"，就成了艺术的"内行"。其实未必。前面讲《感受谬见》时，引述过伊格尔顿《二十世纪西方文学理论》里的一段话，提出"有能力的"读者究竟意味着什么？遵循种种阐释程序不一定真正具有文学能力，蔑视这些规则反而有可能得到富有启发意义的真知灼见。[③]诚然，艺术需要技术，但艺术不是技术。在文艺领域，技术不是决定性的因素，而决定性的因素是无法技术化的。阅读、欣赏是如此，创作或许更是如此。不少作家，其"处女作"就是其"代表作"，因为他们的"处女作"远比后来技术成熟的作品更为优秀。这就有力地证明了这一点。

技术就是"法"。中国文艺学论"法"，有所谓"死法""活法"和"无法之法"之分。"死法"就是伊格尔顿所说的"过分忠实地沿袭"那些"成规"，亦即《美国当代文学》所说的使之"僵化与教条化"。"活法"就是"规矩备具而能出于规矩之外，变化不测而亦不背于规矩"（吕本中《夏均父集序》）。而最高、最根本的法是"无法之法"，如石涛所云："至人无法，非无法也；无法之法，乃为至法。"（《画语录》）这"无法之法"，就是指那些无法技术化的决定性因素。

三是在理论上把诗歌"知识化"。

把诗归结为"知识"，这是新批评的共同观点。所以他们强调："诗歌活动是一种知识行为"（兰色姆之语），诗是"知识的一种模式"（维

---

① 见［美］布鲁克斯、沃伦：《理解诗歌》（*Understanding Poetry*），北京：外语教学与研究出版社，2004年。

② ［美］丹尼尔·霍夫曼主编：《美国当代文学》（上、下），北京：中国文艺联合出版社，1984年，第75页。

③ ［英］特雷·伊格尔顿：《二十世纪西方文学理论》，伍晓明译，北京：北京大学出版社，2007年，第122页。

姆萨特与比尔兹利之语），诗歌提供"关于客体的知识"（退特之语）。

为了不至于因此而把诗歌混同于科学，他们辩称诗歌提供的是一种"特殊的知识"："在诗里面我们得到的是关于一个完整的客体的知识"，"它给我们的"是"完整的知识和整体的经验"（退特之语）。据此可知，"特殊的知识"就是"完整的知识"，也就是"整体的经验"。"整体的经验"，无疑就是前述兰色姆提出的"理性活动"和"包容性体验"的综合。这实际上是两种性质不同的"经验"。有学者把"分门别类的理性活动"称作"理知经验"，把"同时周纳任何事物的包容性体验"称作"直觉感性经验"。汉语把前者称为"经验"，把后者称为"体验"。它们之间，不仅存在着"理性"与"感性"方面的差别，而且还存在着"客体"与"主体"方面的差别：

在"理性"与"感性"方面，"经验"偏重于理性，虽然也往往带有感性的成分，但可以脱离感性；而"体验"偏重于感性，虽然也往往包含着深邃的理性，但不脱离感性。

在"客体"与"主体"方面，"经验"是纯粹对于客体的认知，是纯粹"关于客体的知识"；而"体验"虽然也是因"客体"而起，但它是主体对于客体的自我感受，会因人而异，因时而异，所以既不是纯粹对于客体的认知，也不是纯粹"关于客体的知识"。

因为有这两方面的差别，所以严格说来，"经验"和"体验"不是两种不同性质的"经验"，而是两种不同性质的意识状态。但是对于这两方面的差别，前一方面，即"理性"与"感性"方面的差别，新批评是承认的；这正是他们的"特殊知识论"的"特殊"二字的依据。后一方面，即"客体"与"主体"方面的差别，新批评是不承认，或者说不理解的。这或许又是他们那种主客分立的二元论的认识格局限制了他们。而正因为不理解或不承认在"客体"与"主体"方面的差别，他们才能够或才会把"体验"并入"经验"，把源于人生"体验"的文学，包括诗，赋予一定的"特殊"性之后，并入"认识"，并入"知识"。

有学者指出：

柏氏（按：指柏拉图）和亚氏（按：指亚里士多德）极力从全面经验（包括直觉感性经验及理知经验）中只划出一部分而将之视为典范，这一个"模子"所发挥下去的可靠性便很可疑。①

西方的哲学传统，就是在两种不同的"经验"中，只划出"理知经验"，"将之视为典范"，而轻视"直觉感性经验"，其实就是把后者并入前者。新批评所使用的，显然就是这样的"模子"。

这样，把两种性质不同的"经验"综合为"整体的经验"，再把"整体的经验"与"完整的知识""特殊的知识"三者连成一气，就做成了文学、诗歌都不过是一种"特殊的知识"的结论。但是，把两种存在质的差别的意识状态混同起来，从而把文学、诗歌纳入"知识"的范畴，这种有违于客观事实的论断是否真能成立？

诗中未尝没有"关于客体的知识"。孔子在谈"学《诗》"的时候，就说到"多识于鸟兽草木之名"（《论语·阳货》）。但诗尤其是抒情诗的本旨，绝对不是提供这样的知识。即使是诗中的景物描写，也不能视为提供"关于客体的知识"。"风萧萧兮易水寒"，"黄河远上白云间"，"孤帆远影碧空尽，唯见长江天际流"，等等，如果说这些描写景物的诗句就是提供"关于客体的知识"，那么它们提供了什么"关于客体的知识"？易水是"寒"的？黄河是"远"的？孤帆走远了就连影子也看不见了？即使是那些专门描写景物的"咏物诗"，都很难说就是提供"关于客体的知识"。例如贺知章的《咏柳》："碧玉妆成一树高，万条垂下绿丝绦。不知细叶谁裁出，二月春风似剪刀。" 这是关于柳树的知识吗？又如苏轼的《海棠》："东风袅袅泛崇光，香雾空濛月转廊。只恐夜深花睡去，故烧高烛照红妆。"这是关于海棠的知识吗？

---

① 叶维廉：《寻找跨中西文化的共同文学规律：叶维廉比较文学论文选》，北京：北京大学出版社，1987年，第7页。

即使是知识含量更大的小说、戏剧，也不能归结为"知识"。人称《红楼梦》是清代社会的"百科全书"，但没有人会因此把这部伟大的文学巨著视为"知识的文学"。这是人们的常识。前述《美国当代文学》一书提示：理论最好不要违背人的自然"本能"。面对把诗，特别是"抒情诗"说成是"关于客体的知识"这样的理论，我们是否也应该反思，理论最好也不要违背大多数人的常识？

在韦勒克与奥斯汀·沃伦的《文学理论》中，人们可以看到一种更为"宏伟"的"知识"论，那就是把整个"艺术"全部"知识化"：

> 世界上有两种基本的知识类型，各有自己的一套语言系统：其一是科学，采用"推论式"的语言；另一是艺术，采用"表现式"的语言。①

科学是"知识"，艺术也是"知识"，二者的区别仅在于"语言系统"的不同，即表达形式的不同。那么，除了知识，人类文化里还有别的成分吗？如果不否认诸如信仰、理想、道德、情操等也是文化的话，而这些文化里虽然也有知识，却是不能归结为知识的。例如，道德"知识"就是伦理学，但是一个满腹道德知识的伦理学专家，却未必真有道德，甚至可能是个伪君子；而一个不知伦理学为何物的人，倒可能是个道德高尚的人。而艺术，正是人的信仰、理想、道德、情操等的哺育者，它的基本宗旨是净化人的灵魂，陶冶人的性情，而不是传授知识。这些就是"人文文化"。把这一切文化都归结为知识，就扼杀了人文精神。韦勒克等人的这种"知识一元论"，透露出来的正是扼杀人文精神的技术专制主义时代的"文化"信息。

伊格尔顿认为"关于文学的科学"之所以被提上议事日程，是因为

---

① ［美］勒内·韦勒克、奥斯汀·沃伦：《文学理论》，刘象愚等译，北京：文化艺术出版社，2010年，第26页。

它"适合于一个技术专制主义的时代，它提升那个科学逻辑进入了人类精神本身这一原先还是被保护着的围中之地"[①]。因此可以说，追求诗学的科学技术化，正是"一个技术专制主义时代"的意识形态。落实到美国的"新批评"，伊格尔顿指出，新批评以"技术专制主义的反叛者"始，又以"被现存学术权力当局所同化"终。[②]这是从意识形态角度对新批评所作的精辟总结。新批评就在这种"人文主义"与"技术专制主义"的纠结中，由于自身的理论上的固有缺陷，作为一个学派渐渐走向了衰微，只留下"文学研究将不得不一次次回归"[③]的那些关于文学真理的讨论。

---

① ［英］特雷·伊格尔顿：《二十世纪西方文学理论》，伍晓明译，北京：北京大学出版社，2007年，第220–221页。

② 同上，第48页。

③ ［美］约翰·克罗·兰色姆：《新批评》之《译序》，王腊宝、张哲译，北京：文化艺术出版社，2010年，第7页。

结　语

两种诗学的主要异同及相关问题

一、新批评诗学的理论体系

以上三章，大致阐释了新批评诗学的基本内容。新批评诗学的主要目标，是要厘清诗与散文，主要是诗与科学的界限，辨明什么是诗。他们认为诗之所以成为诗，关键在于诗有自己的特殊"结构"。所以"诗歌结构论"是他们的诗学的核心议题，其基本观点就是强调特殊性与普遍性，亦即感性与理性的统一。"诗歌语义学"则是这种特殊性与普遍性相统一的结构在诗歌创作与作品中的实际落实和体现。具体而言，就是以"隐喻"的修辞技巧为主要手段，通过"喻体"与"喻本"的辩证关系，实现特殊性与普遍性的统一。而"诗学方法论"则是要划清"新批评"作为一个新的、独树一帜的文学批评派别，同以往的诸种文学批评派别的界限，其标志性的旗号就是"文本中心"。"文本中心"作为诗歌研究与批评的原则性的方法，自然会贯彻在他们的全部诗学之中。这就是新批评诗学的理论体系，也就是上述三章的逻辑联系。

二、两种诗学的主要异同

在阐释过程中，也结合一些具体问题，谈到新批评诗学与中国诗学的异同。现在且把双方的主要异同略做归纳，以便通观全局。

其一，在诗歌结构论方面，前已言及中国诗学与新批评诗学走的是两条迥然不同的道路。新批评的诗歌结构论是围绕感性与理性的关系展开的，追求的是以感性体现理性的方式实现感性与理性的统一，以证明诗歌的"真理"价值。而中国的诗歌结构论则是围绕心与物亦即"情志"与"景物"的关系展开的，追求的是以"景物"呈现"情志"的方式实现

"情志"与"景物"的统一，为的是抒写"怀抱"。感性与理性的关系着眼于认识世界，接近于科学，所以新批评说："诗歌活动是一种知识行为（an act of knowledge）"①。而情志与景物的关系着眼于体悟人生，接近于伦理学，所以中国古人论诗曰："陶冶性情，别有风旨"（王夫之《诗绎》）。就此而言，可以说是分道扬镳。

但分道扬镳并不等于南辕北辙。在新批评诗学的"理性"与"感性"的框架中，人的"情志"被纳入"理性"的范畴，外在"景物"则属于"感性"的范畴。这样，"理性"与"感性"的关系也就内在地包含了"情志"与"景物"的关系。所以韦勒克等的《文学理论》在讲"好的隐喻"的时候，说"好的隐喻使用'可感知事物'来暗指'纯理性的事物'"②，而在批评那些"粗糙的"隐喻的时候，则说它们都"缺乏必需的'主观'因素"，它们"经常把一外在的意象与另一个外在的意象联系起来，而不是把外在的自然界与人的内在世界联系起来"③。"把外在的自然界与人的内在世界"联系起来，就是把"景物"与"情志"联系起来。这相当于把"理性"与"感性"的关系和"情志"与"景物"的关系等同了起来。可见，在"理性—感性"与"情志—景物"这两条俨然殊途的诗歌结构论之间，原来有一条相连的通道。

比较而言，新批评的诗歌语义学同中国诗学更为接近。如前所述，"言意之辨"本是中国诗学的传统题目，却也是新批评的诗歌语义学的主题。新批评同样强调，诗歌的独特的"意义结构"，就是在"言"的字面意义之外还有辞典中所没有，也不可能有的"第二意义"，亦即"言外之意"。他们还在"外延"与"内涵"的名义下，分析了诗歌的"言内之意"与"言外之意"之间的关系，强调诗是这两方面的有机联系的整体。

---

① John Crowe Ransom, *The New Criticism*, Westport: Greenwood Press, 1979, p.294.

② ［美］勒内·韦勒克、奥斯汀·沃伦：《文学理论》，刘象愚等译，北京：文化艺术出版社，2010年，第220页。

③ 同上，第223页。

他们又以"隐喻"为中心，分析了诗的"言外之意"的主要特征，揭示了"诗意"的审美本质。最后，对于诗的"言外之意"的产生，他们都关注一般作为"喻体"的"意象"的作用，提倡用"可感知事物"暗指"纯理性的事物"，也就是"立象以尽意"。

接近之处固多，而差异之处也不容忽视。提倡用"可感知事物"暗指"纯理性的事物"的说法，表明新批评的诗歌语义学只是感性与理性的关系在语义层面、技术层面的贯彻。他们心里想的，还是以感性体现理性，而不是像中国诗学那样，要以景物表达情志。

其二就是叶嘉莹早已指出的：在"有关形象与情意之关系"方面，新批评只是强调"以思索安排为主"的"比"，而只字未提属于"自然感发"的中国之"兴"。"比"是"思索安排"，是理性的认识活动；"兴"乃是"自然感发"，即心对物的自然"感应"。若以中国诗学论诗艺的"赋""比""兴"为参照，那么在新批评的思想中，"赋"属于"传达谬见"，"兴"则不知许事，"只有隐喻才是一切诗歌的普遍原则"。

其三，在诗学方法论方面，中国诗学与新批评诗学的差别是最大的。新批评诗学方法论的核心是"文本中心"。"文本中心"既是在排除了以情感论诗的"心理学批评"、以传统论诗的"历史学批评"和以伦理道德论诗的"逻辑学批评"之后，"呼唤本体批评家"的一种必然归宿，也是坚持"知识性"与"客观性"的认识论原则，走向诗学科学化的必要前提。而如前所述，这种观点与中国诗学在"说诗"问题上历来提倡的"以意逆志"和"知人论世"，可谓大相径庭。相对于新批评诗学的"文本中心"，几乎可以说中国诗学是"作者中心"或"诗人中心"。既然诗所表达的是诗人自己的"情志"，"说诗"者当然就需要"以意逆志"和"知人论世"。在新批评诗学中，中国诗学最不能接受的，大概就是"意图谬见"了。以中国诗学的眼光来看，这个"意图谬见"才是真正的"谬见"。至于新批评为了贯彻他们的"认识论诗辩"，说诗之宗旨不是表达诗人的"感情"，而是提供"相关客体的知识"，这就更与中国诗学以诗为"言志""抒情"的"心声心画"的观点直接相悖了。

从如上列举的这些新批评诗学与中国诗学的主要异同中不难发现，在新批评的诗学体系中，贯穿着一条基本线索，就是"理性"与"感性"的关系。无论诗歌结构论、诗歌语义学还是诗学方法论，都是在不同的层面上围绕这个问题展开的。而中国诗学很少谈论这个问题；如果要寻找一条贯穿整个中国诗学的基本线索的话，那就是"心"与"物"的关系，亦即"情志"与"景物"的关系。

这就涉及世界观的问题了。

三、两种世界观与两种思维方式

法国著名汉学家谢和耐在《中国文化与基督教的冲撞》一书中提出：

> 中国人思想方式的独特性在在可见。这在中国人拒绝设想一种完全独立于现象世界的永恒真理范畴和拒绝划清理性的与感知的界限上表现尤为明显。[①]

这是中国与西方两种不同的世界观的问题。从西方的哲学著作，以及新批评的诗学论著中都可以看到，在他们的思想观念中，存在着"理性"与"感性"这样两个性质迥异的世界。如略加归纳，这两个世界大致可以描述如下：

感性的世界：生成变化的世界；质料、素材的世界；肉体的世界；自然的、非人为的世界；经验的世界；生命的世界；暂时的世界；能够拥有和谐统一，但不能意识到这种和谐统一的世界。

理性的世界：纯粹存在的世界；理念、形式的世界；灵魂的世界；超

---

① ［法］J. 谢和耐：《中国文化与基督教的冲撞》，于硕等译，沈阳：辽宁人民出版社，1989年，第289页。

自然的、人为的世界；超验的世界；死亡的世界；永恒的世界；能够认识到和谐统一，但不能拥有这种和谐统一的世界。

既然世界就是"理性"与"感性"二元对立的世界，那么世界上的任何问题都必须，也只能放在这个"理性"与"感性"二元对立的格局中来讨论。诗歌问题当然也不例外。但诗歌有它的特殊性：新批评所注重的诗歌的"认识价值"、诗歌的"知识"和"真理"，本来是"理性世界"的事情；而诗歌之为诗歌，包括其中的"知识"和"真理"，又不能离开"感性世界"。所以新批评又要强调"理性"与"感性"的统一，强调"诗歌知识"是一种"感性"与"理性"结合的"特殊知识"。

中国传统文化从不这样看待世界。道家虽然强调有个形而上的"道"，但却认为这个"道"无所不在，而不能单独存在。生成变化的"感性世界"，同时即是"道"之所在的"理性世界"。所以只有一个统一的世界，而没有对立的两个世界。因此，如谢和耐所说，"中国人"当然会"拒绝设想一种完全独立于现象世界的永恒真理范畴"，"拒绝划清理性的与感知的界限"。在这个统一的世界中，最重要的就是人与天、心与物的统一，以诗歌而言就是"情志"与"景物"的统一。这也就是为什么中国诗学要以"情志"与"景物"的关系为基本线索，以"情志"与"景物"的统一为理想归宿了。

这两种不同的世界观，反映了两种不同的思维方式。

谢和耐上面这段话就是从"思想方式"说起的："中国人思想方式的独特性在在可见。"拒绝设想存在"感性"与"理性"两个独立的世界，只是这种思想方式的"尤为明显的表现"。各民族的文化差异，主要不在于思想观念，而在于思维方式。就意识领域而言，思维活动是思想观念的生产者，不同的思维方式就会产生不同的思想观念。

谢和耐的《中国文化与基督教的冲撞》，最后归结到"语言与思想"。书中申明："唯一留有大量证据，说明其精湛的哲学思考不是使用印欧系语言的文明是中国文明。"语言既是思维的工具，又是思维的载体，所以语言问题就是思维问题。书中谈道，"在考察中国人对传教士著作和讲道的反应过程中，往往可看到在所有领域存在着心理范畴和构架的差异"。西方传教士多指责中国人"缺乏逻辑"，不适合接受基督教的真理。谢和耐评论说，这固然也是实情，但是哲学家以一种不同于西方的思维方式观察世界是完全可能的，中国缺乏西方那样的逻辑范畴，并不意味着品位的低下，而是思维模态的不同。而且，"它的力度和灵活性，如果再深入研究，可能被视为是一种优点"[1]。

季羡林为北京大学《比较文学原理》第二版所写的序，也特别突出地讲到这个问题。他说："我认为，东西文化差异之根本原因在于东西方思维模式之不同，东方的思维模式是综合的，而西方则是分析的。"[2]又说："中西文化之所以有差异，根源在于思维模式之差异。"[3]可知，中西思维方式的显著差别，及其对于各方文化思想的重大影响，是一些中西学者都注意到了的问题。

那么，对中西思维方式的差别当如何概括？季羡林概括为"综合"与"分析"之别。谢和耐着重提到的是"逻辑"，就是认为中国缺乏西方那样严格的"逻辑"思维，具有的是一种"非逻辑"的或至少是"非严格逻辑"的思维方式。这实际上与季羡林的看法大体一致。本文着重从诗学方面考虑，以为不妨提出"认识"与"感应"两个概念，就是说西方的思维方式是"认识论"的，而中国的思维方式是"感应论"的。

叶维廉（Yip, Wai-lim）也谈道，印欧语言"注重细分、语法严谨"，与之相应的是一套"由柏拉图及亚里士多德所发展出来的认识论的宇宙观"，这种认识论的宇宙观"用概念、命题及人为秩序的结构形式去类分存在"；而中国的文言，"超脱语法及词性的自由，此自由可以让诗人加强物象的独立性、视觉性及空间的玩味"，与之相应的思维方式则

---

① ［法］J. 谢和耐：《中国文化与基督教的冲撞》，于硕等译，沈阳：辽宁人民出版社，1989年，第289–293页。

② 乐黛云等：《比较文学原理新编》（第二版），北京：北京大学出版社，2014年，第3页。

③ 同上，第4页。

"与认识论的演绎作用及程序相违"，最终能达成"保持物象之多面暗示性及多元关系"，追求"溶入浑然不分的自然现象"之美感意识。中国诗学的这些特征都可以概括为与西方"认识论"相悖的"感应论"。人们对万物的自然感觉，是一种"感应"万物的自然心态。但"认识论"者不满足于这种自然状态，认为这一切都是"假象"，他们要用严格的逻辑思考揭示出这些假象背后的理性真理。于是便进行不断的审视、界定、阐说，结果是用一套又一套理论，即"语言的替身"，取代了"具体的事物"。①

有了这样的"认识论"，"继之而来的"就是西方那一整套哲学与文化的传统观念了。此类观念包括："（1）观物者是秩序的赋给者，真理的认定者；（2）理性和逻辑是认知真理的可靠工具；（3）主体（观者）是拥有了先验的综合知识的理力（柏拉图所认定的知智；康德的超验自我）；（4）序次性的秩序和由下层转向高层的辩证运动；（5）抽象体系比具体存在重要。"②这里提到的许多观念，我们在新批评的诗学中都是可以找到的，如本书"认识论诗辩"一部分。

中国的思维方式与此迥然不同。有充足的证据，说明中国的思维方式不是"认识论"，而是"感应论"。最能说明问题的，就是中国哲学思想的"轴心"，被尊为"六经之首"的《周易》。《周易·系辞上》曰："易，无思也，无为也，寂然不动，感而遂通天下之故。"大意是说，《周易》之道"弥纶天地"，人能随机而感之，便能通晓天下之事。这是讲人与道的联系。《系辞下》曰："往者屈也，来者信（伸）也，屈信相感而利生焉。"大概意思是，天下万物往来屈伸，相感相生，为人提供了不尽的利益。这是讲物与物的联系。《周易》中还有一卦，是专门讲"感应"的，就是"咸"卦：

---

① 以上均见叶维廉：《寻找跨中西文化的共同文学规律：叶维廉比较文学论文选》，北京：北京大学出版社，1987年，第42–43页。

② 同上，第43页。

咸：艮下兑上。亨，利贞，取女吉。

彖曰：咸，感也。柔上而刚下，二气感应以相与也，止而悦。男下女，是以"亨，利贞，取女吉"也。天地感而万物化生，圣人感人心而天下和平。观其所感，而天地万物之情可见矣。

象曰：山上有泽，咸。君子以虚受人。

"咸"就是"感"。"咸"卦由"艮"与"兑"两个单卦组成，"艮"在下，"兑"在上。"艮"为山，为阳，为刚，为少男，为止。"兑"为泽，为阴，为柔，为少女，为悦。因而，"艮下兑上"的"咸"卦集中而全面地体现了天下万有相和相感的思想。"柔上而刚下，二气感应以相与也，止而悦"，这是整个宇宙的普遍规律。天与地，物与人，男与女，乃至圣人与众人，都是相互感应的关系，而且正是这一系列的相互感应，带来了"取女吉""万物化生""天下和平"的美好结果。这里一切都是相互感应，相互感应化生一切。

后世哲人，凡论及宇宙万有之关系，尤其是人与物之关系，皆言"感"或"感应"。如张载："上天之载，有感必通。"（《正蒙·天道》）如朱熹："圣人之心，未感于物，其体广大而虚明，绝无毫发偏私，所谓天下之大本也。及其感于物也，则喜怒哀乐之用，各随所感而应之，无一不中节者，所谓天下之达道也。"（《舜典象刑说》）如王阳明："心无体，以天地万物感应之是非为体。"（《传习录·中》）不仅"喜怒哀乐"，就连"是非"这样纯粹的"认识"问题也是"感应"的产物。

但《礼记·大学》里还有个"格物致知"，早先人们也还曾把"物理学"译为"格致学"，亦无妨。但明末学者廖燕有云：

学莫大于明德，明德莫先于格物。……格者，感也，感通之谓也。人诚能于人情物理相为感通，则天下何物非我，何我非物。由是而诚、正、修、齐、治、平，又何意、心、身、家、国、天下之隔碍

也耶？（《格物辩》）

"格"就是"感"，"格物"就是"感物"。上述朱熹、王阳明之言，讲的就是"于人情物理相为感通"。这是他们的"感应论"，也是他们的"格物"说。

而近些年来，亦有西方诗人和学者，对"认识论"中的逻辑中心主义提出了质疑，如尚·杜布菲（Jean Dubuffet）的下述言论：

> 假如乡野中有一棵树，我不想将其砍下，拿到实验室中的显微镜下观察，因为我们要想了解树的存在，吹过树叶中的风是很重要的一部分，……树枝中间的鸟儿与鸟鸣亦然。我的脑海中是要把所有环绕着树的外部的事物全然纳入。[1]

显然，这其实就是想从那种以"逻辑推理与分析"为原则的"认识论"的思维方式，返回"感应论"的思维方式。杜布菲的这段话，会使我们很自然地想起陶渊明的那几句诗："孟夏草木长，绕屋树扶疏。众鸟欣有托，吾亦爱吾庐。"（《读山海经》）这正是"感应"。

美国后期现代派诗人罗伯特·邓肯（Robert Duncan）也曾说，西方人已经失去了"宇宙万物与我们自由交谈的境界……"[2]，站在"认识论"的主客对立的立场，不可能同宇宙万物相"感"相"应"，更难以产生与之"自由交谈的境界"。

要问这两种思维方式的根本区别，就在于："认识论"的思维方式是人在物外，去观察与分析；而"感应论"的思维方式是心入物中，去感受和体验。这两种不同的思维方式究竟哪一种更适合于诗，应该是不言而

---

① Wylie Sypher, *Loss of Self in Modern Literature and Art*, New York: Vintage, 1962, pp.172–173.

② Clay Eshleman（ed.）, *A Caterpillar Anthology*, New York: Anchor/Doubleday, 1971, p.29.

喻的。

下面要考虑的是：由这两种不同的思维方式所产生的诗学，是否会有一个共同的"模子"？

四、从诗学的"模子"返回实际存在的诗

对于中西比较诗学而言，似乎需要有个可以涵盖双方的共同的"模子"，似乎只要我们抓住一个基本不变的模子，便可放诸四海而皆准，应用于所有的文化系统及其中的文学系统。

但前已论及，中西遵循着两种不同的思维方式，以及与其一致的两种不同的语言系统，相互之间具有不可替换性和不可通约性，如此能否找出一个共同的"模子"？

近些年，在文学理论领域，有一个比较通行的"模子"，就是艾布拉姆斯在《镜与灯》中提出的"四元素"说：宇宙、作品、艺术家、观众。艾布拉姆斯用这个"模子"分析西方文学理论，把模仿论、实用论、表现论、客观论这四种西方文学理论的主要派别区分得清清楚楚。但有人依据这个"模子"分析中国文学理论，结果是把中国的文学理论切割得支离破碎。原因就在于艾布拉姆斯的"四元素"说，只是从西方文学理论出发制定的"模子"，没有考虑不同思维方式的问题，所以它只适用于西方，而不适用于中国。这表明，在一个异质文化多元并存的世界上，很难有一个作为"共相"而存在的"模子"。

没有一个跨文化的统一的"模子"，中西比较诗学就只有采取以下模式："以西方诗学为出发点来整理和观照中国诗学"，或者"以中国诗学为出发点去观照和阐释西方诗学"。[①]本文就是以中国诗学为出发点，对新批评诗学所作的观照和阐释。但这并不是要把中国诗学当作另一个"模

---

① 乐黛云等：《比较文学原理新编》（第二版），北京：北京大学出版社，2014年，第175页。

子"，而是想放弃一切"模子"，放弃对"模子"的追求，回到实际存在的诗。

海德格尔与设想的一个日本人的有过一段对话，其中几句是：

> 海：不久以前，我愚笨地称语言为"存在之屋"，假如人藉语言住在"存在"的名下，则我们就仿佛住在与东亚人完全不同的屋里。
>
> 日本人：设若两方的语言不只是不同，而且是压根儿完全歧异呢？
>
> 海：则由屋到屋之对话几乎是不可能。[①]

幸亏"语言"不是"存在之家"；如果是的话，不同语言、不同文化系统的人们就彻底失去了相互理解、相互交流的可能。在语言背后、语言之外还有客观的"存在"，使不同语言、不同文化系统的人们可以参照这个客观"存在"而彼此沟通。实际上，人们就是这样学习外语的。中西比较诗学也应该可以如此。

"诗是什么？"要对这个问题作一个"定义"式的回答并不容易。但对于读过相当数量的诗的一般诗歌爱好者来说，无疑会达成一定的共识：诗，具有一定的节奏和韵律；大多用以抒发作者的人生体验，带有强烈的感情色彩；富于言外之意，令人深长思之，体味不尽；再有，就是无论写诗或读诗，都需要"体验"的、"感应"的思维方式。简单地说，以上几点大致就是实际存在的诗的"共性"。即使是一首中文翻译的外国诗，如果具有上述特征，也会受到中国诗歌爱好者的喜爱。这就表明，不同语言、不同文化系统的人们，可以在这种实际存在的诗的基础上，进行跨文化的对话。

回过头来，再看新批评诗学与中国诗学的异同。可以发现，两家诗学

---

① Martin Heidegger, *On the Way to Language*, trans. Peter D. Hertz, New York: Harper & Row, 1971, pp.4–5.

那些相会、相通的地方，正是实际存在的诗的基本特征之所在，概括为以下几点：

（一）最明显的是"言外之意"。这可以说是诗的艺术生命，所以两家诗学的艺术论都聚焦于此。新批评按照他们的思路，用他们的语言，围绕"隐喻""语境""意象"等重要概念，对这一点做了深入而充分的探讨。布鲁克斯对诗的"第二意义"及与此相联的诗的非逻辑性、不可释义性的阐发，退特对"外延"与"内涵"即言内之意与言外之意的有机统一性的剖析，维姆萨特对"隐喻"的美学意义及由此产生的"无法表达的新概念"的论述，都可以说是新批评对诗学的杰出贡献。

（二）"理性"与"感性"和"情志"与"景物"，本来属于两个不同的范畴，前者并不能包含后者。"情志"作为"主观因素"，作为"人的内在世界"，自身就包含"理性"与"感性"两种因素，并不是"纯理性的事物"。新批评把它视为"纯理性的事物"，以便与"外在的意象"即客观"景物"一起纳入"理性"与"感性"的结构框架，其实未尝不是向实际存在的诗的让步。这说明在谈诗的结构的时候，"人的内在世界"与"外在的自然界"，也就是"情志"与"景物"关系是不容忽视的。

（三）"特殊知识论"与"情感"。"知识"与"情感"是两种迥然不同的意识现象。"知识"无论怎样"特殊"，无非"理性知识""感性知识"及二者的结合几种形态，都与"情感"异质。把诗归结为一种"特殊知识"，却又以"间接表达"的说辞容留了"情感"，也是向"诗发于情"的妥协。因为，否定诗的"情感"性也就是违背了实际存在的诗。

（四）新批评强调诗歌是一种"认知话语"，诗歌活动是一种"认知活动"，对诗歌要"进行认知分析"。众所周知，认知活动是一种理性的逻辑思维活动，认知话语就是逻辑话语，认知分析就是逻辑分析。而新批评在强调这一切的同时，却又讲到"想象""体验""体会"等非逻辑的思维方式，如退特的"被体验的状态"、布鲁克斯的"想象性掌控"，等等。退特甚至提出："假如理性探讨是文艺批评的唯一方式，那我们必须记住，我们使用那种方式的办法一定会极大地影响我们对诗的体会"。布鲁克斯则"坚持诗的基本结构是不合逻辑的",因而也不赞赏邓恩"在形象之上又加了一种清新的逻辑"。借用布鲁克斯的"形象"这个词,可以说这些都是向"形象思维"的让步,也就是向实际存在的诗的思维方式的让步。

不同的社会历史背景,不同的思维方式和文化观念,造成了新批评诗学与中国诗学的差别。但只要它们面对的是共同的,至少有许多共同性的客观存在,它们就会有相通之处,就可以相互参照。而且,新批评的根本愿望,就是超越社会历史的局限,揭示出诗之所以为诗的普遍规律。而中国诗学,如前面谢和耐所说,作为"唯一留有大量证据",不使用印欧系语言来"说明其精湛的哲学思考"的"中国文明"所孕育的诗学,可以作为新批评诗学的一个参照系。两相参照与阐发,互相对话与交流,或许能够最大限度地筛选出诗歌——这个人类共同的文学种类的基本特征,因而也是对新批评学派在多大程度上实现了其宏愿——追索"文学性"的一个检验。"以中国诗学为出发点去观照和阐释西方诗学",主要意义便在此。

附

录

附录一　参考文献

[1]［英］艾·阿·瑞恰兹. 文学批评原理[M]. 杨自伍译. 南昌：百花洲文艺出版社，1992.

[2]［英］艾·阿·瑞恰慈. 瑞恰慈：科学与诗[M]. 徐葆耕编. 北京：清华大学出版社，2003.

[3]［美］爱德华·萨丕尔. 语言论[M]. 路卓元译. 北京：商务印书馆，2003.

[4]［美］布鲁克斯，沃伦. 理解诗歌（*Understanding Poetry*）[M].北京：外语教学与研究出版社，2004.

[5]程树德撰. 论语集释[M]. 北京：中华书局，2014.

[6]［美］C. K. 奥格登，［英］I. A. 理查兹. 意义之意义：关于语言对思维的影响及记号使用理论科学的研究[M]. 白人立，国庆祝译. 北京：北京师范大学出版社，2000.

[7]陈跃红. 同异之间——陈跃红教授讲比较诗学方法论[M]. 北京：中央编译出版社，2014.

[8]［法］茨维坦·托多罗夫编选. 俄苏形式主义文论选[M]. 北京：中国社会科学出版社，1989.

[9]丁福保辑. 历代诗话续编[M]. 北京：中华书局，1983.

[10]范方俊. 中西比较诗学的语言阐释[M]. 北京：人民出版社，2013.

[11]范文澜注. 文心雕龙注[M]. 北京：人民文学出版社，1962.

[12]方珊. 形式主义文论[M]. 济南：山东教育出版社，1999.

[13]［瑞士］费尔迪南·德·索绪尔. 普通语言学教程[M]. 高名凯译. 北京：商务印书馆，2007.

[14]［美］费雷德里克·詹姆逊. 语言的牢笼：马克思主义与形式[M]. 钱佼

汝，李自修译.南昌：百花洲文艺出版社，2010.

[15]〔法〕弗朗索瓦·多斯.结构主义史[M].季广茂译.北京：金城出版社，
2012.

[16]耿幼壮.敞开的视界——跨学科与跨文化视野下的文学研究[M].北京：
北京大学出版社，2016.

[17]〔清〕郭庆藩著.庄子集释[M].王孝鱼校.北京：中华书局，2012.

[18]郭绍虞主编.中国历代文论选[M].上海：上海古籍出版社，1979.

[19]郭绍虞编选.清诗话续编[M].上海：上海古籍出版社，1979.

[20]何文焕辑.历代诗话[M].北京：中华书局，1981.

[21]〔德〕黑格尔.美学[M].朱光潜译.北京：商务印书馆，1997.

[22]胡春燕.新批评派与美国汉学界的中国文学研究[J].福建师范大学学报
（哲学社会科学版），2009（2）：88-92.

[23]胡春燕."英、美新批评"研究[M].北京：中国社会科学出版社，2010.

[24]胡壮麟.认知隐喻学[M].北京：北京大学出版社，2004.

[25]黄维樑.中国古典文论新探[M].北京：北京大学出版社，1996.

[26]贾彦德.汉语语义学[M].北京：北京大学出版社，1999.

[27]焦循撰.孟子正义[M].沈文倬点校.北京：中华书局，2014.

[28]〔英〕凯瑟琳·贝尔西.批评的实践[M].胡亚敏译.北京：中国社会科学
出版社，1993.

[29]〔美〕克林斯·布鲁克斯.精致的瓮：诗歌结构研究[M].郭乙瑶等译.上
海：上海人民出版社，2008.

[30]〔美〕勒内·韦勒克.批评的诸种概念[M].罗钢等译.上海：上海人民出
版社，2015.

[31]〔奥〕雷立柏编著.拉丁语汉语简明词典[M].北京：世界图书出版公
司，2011.

[32]李梅英."新批评"诗歌理论研究[M].北京：中国社会科学出版社，
2012.

[33]〔美〕刘若愚.中国文学理论[M].杜国清译.南京：江苏教育出版社，

2006.

[34]刘万勇. 西方形式主义溯源[M]. 北京：昆仑出版社，2006.

[35]陆侃如，牟世金. 文心雕龙译注[M]. 济南：齐鲁书社，1995.

[36]〔美〕罗伯特·休斯. 文学结构主义[M]. 刘豫译. 北京：生活·读书·新知三联书店，1988.

[37]〔法〕罗兰·巴尔特. 符号学原理——结构主义文学理论文选[M]. 李幼蒸译. 北京：生活·读书·新知三联书店，1988.

[38]〔美〕罗曼·雅柯布森. 雅柯布森文集[M]. 钱军译注. 北京：商务印书馆，2012.

[39]〔美〕皮尔斯. 皮尔斯：论符号[M]. 赵星植译. 成都：四川大学出版社，2014.

[40]钱锺书. 管锥编[M]. 北京：中华书局，1979.

[41]钱锺书. 谈艺录[M]. 北京：生活·读书·新知三联书店，2019.

[42]〔美〕乔纳森·卡勒. 结构主义诗学[M]. 盛宁译. 北京：中国社会科学出版社，1991.

[43]〔美〕乔纳森·卡勒. 论解构[M]. 陆扬译. 北京：中国社会科学出版社，1998.

[44]〔法〕热拉尔·热奈特. 转喻：从修辞格到虚构[M]. 吴康茹译. 桂林：漓江出版社，2013.

[45]史亮编. 新批评[M]. 成都：四川文艺出版社，1989.

[46]〔美〕苏珊·朗格. 感受与形式[M]. 高艳萍译. 南京：江苏人民出版社，2013.

[47]〔英〕特雷·伊格尔顿. 二十世纪西方文学理论[M]. 伍晓明译. 北京：北京大学出版社，2007.

[48]〔英〕托·斯·艾略特. 艾略特诗学文集[M]. 王恩衷编译. 北京：国际文化出版公司，1989.

[49]〔英〕托·斯·艾略特. 艾略特文学论文集[M]. 李赋宁译注. 南昌：百花洲文艺出版社，1994.

[50]〔魏〕王弼撰. 周易注校释[M]. 楼宇烈校释. 北京：中华书局，2019.

[51]〔魏〕王弼注. 老子道德经注校释[M]. 楼宇烈校释. 北京：中华书局，2012.

[52]〔清〕王夫之. 姜斋诗话[M]. 戴鸿森笺注. 北京：人民文学出版社，1981.

[53]汪洪章.《文心雕龙》与二十世纪西方文论[M]. 上海：复旦大学出版社，2005.

[54]〔俄〕维克托·什克洛夫斯基. 俄国形式主义文论选[M]. 方珊等译. 北京：生活·读书·新知三联书店，1989.

[55]〔英〕威廉·燕卜荪. 朦胧的七种类型[M]. 周邦宪等译. 杭州：中国美术学院出版社，1996.

[56]〔美〕卫姆塞特，布鲁克斯. 西洋文学批评史[M]. 颜元叔译. 北京：中国人民大学出版社，1987.

[57]杨慧林，耿幼壮. 西方文论概览[M]. 北京：中国人民大学出版社，2013.

[58]杨慧林. 意义[M]. 北京：北京大学出版社，2013.

[59]〔美〕叶维廉. 寻求跨中西文化的共同文学规律[M]. 北京：北京大学出版社，1987.

[60]〔美〕叶维廉. 中国诗学（增订版）[M]. 北京：人民文学出版社，2007.

[61]〔美〕约翰·克罗·兰色姆. 新批评[M]. 王腊宝，张哲译. 北京：文化艺术出版社，2010.

[62]余虹. 中国文论与西方诗学[M]. 北京：生活·读书·新知三联书店，1999.

[63]〔美〕宇文所安. 中国文论：英译与评论[M]. 王柏华，陶庆梅译. 上海：上海社会科学院出版社，2003.

[64]俞宣孟. 本体论研究[M]. 上海：上海人民出版社，2012.

[65]乐黛云等主编. 世界诗学大辞典[M]. 沈阳：春风文艺出版社，1993.

[66]曾艳兵. 走向比较诗学[M]. 北京：北京大学出版社，2017.

[67]张伯伟编撰. 全唐五代诗格校考[M]. 南京：凤凰出版社，2002.

[68]张江. 强制阐释论[J]. 文学评论，2014（6）：5–18.

[69]张江等. 意图的奥秘——关于文本与意图关系的讨论[J]. 文艺争鸣，2018

（3）：47–56.

[70]张沛. 隐喻的生命[M]. 北京：北京大学出版社，2004.

[71]张思齐. 诗心会通——张思齐教授讲东西比较诗学[M]. 北京：中央编译出版社，2014.

[72]赵毅衡. 新批评———一种独特的形式主义文论[M]. 北京：中国社会科学出版社，1986.

[73]赵毅衡编选. "新批评" 文集[M]. 天津：百花文艺出版社，2001.

[74]赵毅衡. 符号学文学论文集[M]. 天津：百花文艺出版社，2004.

[75]赵毅衡. 重访新批评[M]. 成都：四川文艺出版社，2013.

[76]赵毅衡. 哲学符号学：意义世界的形成[M]. 成都：四川大学出版社，2017.

[77]周珏良. 周珏良选集（ "北京外国语大学70周年校庆学术成果" 系列）[M].北京：外语教学与研究出版社，2011.

[78]Blackmur，Richard Palmer. *New Criticism in the United States*[M]. Folcroft, Pa.：Folcroft Library Editions，1959.

[79]Brooks，Cleanth & Warren，Robert Penn. *Understanding Fiction*[M]. New York：F. S. Crofts & Company，1943.

[80]Brooks，Cleanth & Heilman，Robert B. *Understanding Drama*[M]. New York：H. Holt and Company，1945.

[81]Brooks，Cleanth. *The Well Wrought Urn: Studies in the Structure of Poetry*[M]. New York：Reynal & Hitchcock，1947.

[82]Brooks，Cleanth & Warren，Robert Penn. *Modern Rhetoric*[M]. New York：Harcourt，Brace，1949.

[84]Brooks，Cleanth & Wimsatt，William Kurtz. *Literary Criticism: A Short History*[M]. New York：Knopf，1957.

[85]Brooks，Cleanth. *A Shaping Joy: Studies in the Writers Craft*[M]. London：Methuen，1971.

[86]Chandra，Naresh. *New Criticism: An Appraisal*[M]. Delhi：Doaba House,

1979.

[87]Eagleton，Terry. *Literary Theory*（*2nd ed.*）[M]. 北京：外语教学与研究
出版社，2004.

[88]Eliot，T. S. *Selected Essays: 1917-1932*[M]. London：Faber & Faber，1932.

[89]Empson，William. *Seven Types of Ambiguity*[M]. London：Chatto &
Windus，1930.

[90]Eshleman，Clay（ed.）. *A Caterpillar Anthology*[M]. New York：Anchor/
Doubleday，1971.

[91]Hawkes，Terence. *Structuralism and Semiotics*[M]. London & New York：
Routledge，2004.

[92]Hawkes，Terence. *Metaphor*[M]. London & New York：Routledge，2018.

[93]Heidegger，Martin. *On the Way to Language*[M]. Peter D Hertz，trans. New
York：Harper & Row，1971.

[94]Hulme，T. E. *Speculations: Essays on Humanism and the Philosophy of
Art*[M]. Edited by Herbert Read. New York：Harcourt，Brace & company，
Inc.，1924.

[95]Jancovich，Mark. *The Cultural Politics of the New Criticism*[M]. New York：
Cambridge University Press，1993.

[96]Kao，Yu-kung and Tsu-lin Mei. Meaning，Metaphor and Allusion in T'ang
Poetry[J]. *Harvard Journal of Asiatic Studies*，Vol. 38，No.2（December
1978）.

[97]Kao，Yu-kung and Tsu-lin Mei. Syntax，Diction，and Imagery in T'an
Poetry[J]. *Harvard Journal of Asiatic Studies*，Vol.31（1971）.

[98]Lentricchia，Frank. *After the New Criticism*[M]. Chicago：University of
Chicago Press，1980.

[99]Liu，James J. Y. *Language，Paradox，Poetics: A Chinese Perspective*[M].
Princeton：Princeton University Press，1988.

[100]Liu，James J. Y. *The Art of Chinese Poetry*[M]. Chicago：The University of

Chicago Press, 1962.

[101]Liu, James J. Y. *Chinese Theories of Literature*[M]. Chicago: University of Chicago Press, 1975.

[102]Liu, James J. Y. *The Interlingual Critic: Interpreting Chinese Poetry*[M]. Bloomington: Indiana University Press, 1982.

[103]Owen, Stephen. *The Poetry of the Early T' ang*[M]. New Haven: Yale University Press, 1977.

[104]Owen, Stephen. *Traditional Chinese Poetry and Poetics: Omen of the World*[M]. Madison: The University of Wisconsin Press, 1985.

[105]Owen, Stephen. *Readings in Chinese Literary Thought*[M]. Cambridge: Harvard University Press, 1992.

[106]Ransom, John Crowe. *The New Criticism*[M]. Norfolk, Conn.: New Directions, 1941.

[107]Ransom, John Crowe. *Beating the Bushes: Selected Essays, 1941-1970*[M]. New York: W W Norton & Co Ltd, 1972.

[108]Richards, I. A. *The Foundations of Aesthetics: Selected Works 1919-1938*[M]. John Constable, ed. London and New York: Routledge, 2001.

[109]Richards, I. A. *The Meaning of Meaning: A Study of the Influence of Language upon Thought and of the Principles of Literary Criticism*[M]. New York: Harcourt, Brace & Co., Inc., 1923.

[110]Richards, I. A. *Principles of Literary Criticism*[M]. New York: Harcourt, Brace & Co., Inc., 1924.

[111]Richards, I. A. *Science and Poetry*[M]. London: K. Paul, Trench, Trubner & Co. Ltd., 1926.

[112]Richards, I. A. *Practical Criticism: A Study of Literary Judgement*[M]. London: K. Paul, Trench, Trubner, 1929.

[113]Richards, I. A. *Coleridge on Imagination*[M]. London: K. Paul, Trench, Trubner & Co., Ltd., 1934.

[114]Richards, I. A. *The Philosophy of Rhetoric*[M]. New York & London: Oxford University Press, 1936.

[115]Spurlin, William J & Michael Fischer, eds. *The New Criticism and Contemporary Literary Theory: Connections and Continuities*[M]. New York: Garland Publishers, 1995.

[116]Sypher, Wylie. *Loss of Self in Modern Literature and Art*[M]. New York: Vintage, 1962.

[117]Tate, Allen. *On the Limits of Poetry: Selected Essays: 1928-1948*[M]. New York: Swallow Press, 1948.

[118]Tate, Allen. *The Man of Letters in the Modern World, Selected Essays: 1928-1955*[M]. New York: Noonday Press, 1955.

[119]Warren, Robert Penn. *New and Selected Essays*[M]. New York: Random House, 1989.

[120]Wellek, René & Warren, Austin. *Theory of Literature*[M]. New York: Harcourt Press, 1949.

[121]Wellek, René. *Concepts of Criticism*[M]. New Haven and London: Yale University Press, 1963.

[122]Wellek, René. *The Literary Theory and Aesthetics of the Prague School*[M]. Ann Arbor: University of Michigan Press, 1969.

[123]Wimsatt, William Kurtz. *The Verbal Icon: Studies in the Meaning of Poetry*[M]. Lexington: University Press of Kentucky, 1954.

[124]Wimsatt, William Kurtz. *Day of the Leopards: Essays in Defense of Poems*[M]. New Haven: Yale University Press, 1976.

[125]Yip, Wai-lim. *Diffusion of Distance: Dialogues Between Chinese and Western Poetics*[M]. Berkeley: University of California Press, 1993.

[126]Young, Thomas Daniel ed. *The New Criticism and After*[M]. Charlottesville: University Press of Virginia, 1976.

附录二　新批评理论主要术语汉英对译表
（按首字的汉语拼音排序）

悖论：Paradox

本体论：Ontology

不纯诗论：Impure poetry

反讽：Irony

感受谬见：The Affective Fallacy

含混：Ambiguity

机巧：Wit

肌质：Texture

结构/架构：Structure

具体普遍性/具体共相：The Concrete Universal

客观对应物：The Objective Correlative）

内涵/内包：Connotation/Intension

奇迹/奇迹信仰：Miraculism

曲喻：Conceit

释义误说：The Heresy of Paraphrase

外延/外展：Denotation/Extension

文本：Text

意象：Image

意图谬见：The Intentional Fallacy

有机论：Organicism

语象：Image/The Verbal Icon

语境：Context

喻本：Tenor

喻体：Vehicle

张力：Tension

附录三　新批评重要人物名字英汉对译表

Beardsley，Monroe C.：门罗・C. 比尔兹利（简称"比尔兹利"）

Brooks，Cleanth：克里安斯・布鲁克斯（简称"布鲁克斯"）

Eliot，Thomas Stearns：T. S. 艾略特/托・斯・艾略特（简称"艾略特"）

Empson，William：威廉・燕卜荪（简称"燕卜荪"）

Hulme，Thomas Ernest：T. E. 休姆（简称"休姆"）

Ransom，John Crowe：约翰・克罗・兰色姆/约翰・克娄・兰色姆/约翰・克娄・兰瑟姆/约翰・克娄・兰塞姆（简称"兰色姆"或"兰瑟姆"或"兰塞姆"）

Richards，Ivor Armstrong/Richards，I. A.：艾・阿・瑞恰慈/I. A. 瑞恰慈/ I. A. 理查兹（简称"瑞恰慈"或"理查兹"）

Tate，Allen：艾伦・退特（简称"退特"）

Warren，Austin：奥斯汀・沃伦

Warren，Robert Penn：罗伯特・潘・沃伦（简称"沃伦"或"潘・沃伦"）

Wellek，René：雷内・韦勒克/勒内・韦勒克（简称"韦勒克"）

Wimsatt，William Kurtz：W. K. 维姆萨特/卫姆塞特（简称"维姆萨特"）

附录四 本书中主要国外学者名字中外文对译表

Abrams，M.H.：艾布拉姆斯

Aristotle：亚里士多德

Arnheim，Rudolf：鲁道夫·阿恩海姆

Arnold，Matthew：马休·阿诺德

Bergson，Henri：柏格森

Cicero，Marcus Tullius：西塞罗

Coleridge，Samuel Taylor：柯勒律治

Collins，William：科林斯

Cowley，Abraham：阿布拉罕·考利

Croce，Benedetto：克罗齐

Dante，Alighieri：但丁

Donne，John：邓恩

Doss，Françoise：弗朗索瓦·多斯

Eagleton，Terry：伊格尔顿

Foss，Martin：马丁·福斯

Gray，Thomas：葛雷

Hegel，Georg Wilhelm Friedrich：黑格尔

Herrick，Robert：赫里克

Jacobson，Roman：雅克布森

Johnson，Mark：约翰逊

Johnson, Samuel：约翰生

Kant, Immanuel：康德

Keats, John：济慈

Lakoff, George：莱考夫

Morris, Charles William：莫里斯

Payne, Robert：白英

Plato：柏拉图

Plotinus：普洛丁

Pottle, Frederick：波特尔

Pound, Ezra：庞德

Santayana, George：桑塔亚那

Shakespeare, William：莎士比亚

Shelley, Percy Bysshe：雪莱

Stanford, W.B.：W. B. 斯坦福

Tennyson, Alfred：丁尼生

Thomson, James：詹姆斯·汤姆森

Todorov, Zvetan：兹维旦·托多洛夫

Waller, Edmund：爱德蒙·华勒

Whitman, Walt：惠特曼

Winters, Yvor：温特斯

Wordsworth, William：华兹华斯

Wright, Quineey：莱特

Yeats, William Butler：叶芝